松岗中学校史

1945—2020

刘向红 主编

SPM 南方传媒
全国优秀出版社
全国百佳图书出版单位
广东教育出版社
·广州·

图书在版编目（CIP）数据

松岗中学校史/刘向红主编.— 广州：广东教育出版社，2023.11
ISBN 978-7-5548-5573-7

Ⅰ.①松… Ⅱ.①刘… Ⅲ.①松岗中学—校史 Ⅳ.① G639.286.53

中国国家版本馆 CIP 数据核字（2023）第 221483 号

松岗中学校史
SONGGANG ZHONGXUE XIAOSHI

出 版 人：朱文清
责任编辑：吴婉君　柴　瑶　王子鑫
责任技编：许伟斌
装帧设计：喻悠然
责任校对：陈妙仪　朱　琳
出　　版：广东教育出版社
　　　　　（广州市环市东路472号12—15楼　邮政编码：510075）
销售热线：020-87615809
网　　址：http://www.gjs.cn
E-mail：gjs-quality@nfcb.com.cn
发　　行：广东教育出版社
印　　刷：广州小明数码印刷有限公司
　　　　　（广州市天河区高普路83号B栋C5号）
规　　格：787mm×1092mm　1/16
印　　张：30
字　　数：600千字
版　　次：2023年11月第1版
　　　　　2023年11月第1次印刷
定　　价：89.00元

著作权所有·请勿擅用本书制作各类出版物·违者必究
如发现因印装质量问题影响阅读，请与本社联系调换（电话：020-87613102）

编 委 会

主　　编：刘向红
副 主 编：李　强　程　伟　裴天平　杨大为
编委成员：邓雯雯　龚奇锋　唐江云　施　森
　　　　　冼仲强　陈玉领　邱绍谦　吴宝珺
　　　　　刘芳宇　苏　妮　高　超　王玉红
策　　划：程显友　刘向红　邓　克　余　迅
　　　　　杨海春　陈芋鑫　曾　才　吴天德
顾　　问：胡雨青　薄根如
题　　字：文业成

東寶河畔

弦歌不輟

歲次庚子春月
寶安區非遺木器農具傳承人
文業成題並書

松岗中学的八字校风

序一

松中，生日快乐！

程显友

松中，生日快乐

程显友

即使从世界范围看，似乎也很难找出像中华民族这样对历史钟情的族群了。大到记载着王朝兴衰的国史，小到刻画着氏族变迁的家谱，无不昭示着中国人对历史的偏爱。时至今日，中国人对此依旧热情不减。不管定居何处，人们都盼望着寻根问祖；不管富贵贫贱，人们依然把"青史留名"当成人生最大的褒奖。"我是谁""我从哪里来"，中国人把抽象的哲学过成了实实在在的人生。

我不是历史学家，说不出这其中的奥妙，但我是中国人，深深地认同并接受着这份国人共有的痴情。三十年来，从哈尔滨到深圳，我经历了多所学校，无论在哪里，我对学校的校史馆都特别感兴趣。

不管是教学还是管理，都必须要了解所面对的对象，那是工作开始的前提。那些校史馆或大或小，馆藏或多或少，无不记录着学校的沧桑岁月。自己看，听同事讲，很快，一所学校的历史便清晰地呈现在我的眼前。也就在一瞬间，一个个陌生的工作场所，似乎迅速地变成了我阔别多年的"老友"。

前方，是学校的未来；背后，是这位深情的"老友"。站在历史和未来的交界点，我觉得我的头脑是清醒的，步履是实在的。和同事们谈起时，他们都说有同样的感觉。

2017年5月，我调任松岗中学校长。在此之前，我对松岗中学的印象是模糊的，上上下下也没有一个熟人，我只知道，这所学校的高考成绩还可以，且承办着内地新疆高中班（以下简称"新疆班"）。

为了尽快融入学校，按照老习惯，我要先看看校史馆。然而让我意想不到的是，松岗中学竟然没有校史馆。好吧，全新的环境，全新的同事，全新的开始，多少年了，我终于又体验了一把摸着石头过河的纯粹感觉。

一般说来，没有校史馆的学校都是新学校，但用这个理由来解释松岗中学没有校史馆似乎不那么充分。是，松岗中学目前这个东方大道校区也就建立了二十年，说是"老学校"多少有点勉强。但在此之前，松岗中学在黄松岗已经存在多年了，现在学校中不少老教师就是从那里随学校一起搬迁到东方大道校区的。

松岗中学不是新学校。在后来的工作中，我渐渐了解到松岗中学不但不"新"，而且相当"旧"，他就像一位低调而光荣的"长者"。遗憾的是，他的历史只存在于极少部分老松中人的口耳相传里。口耳相传难免出错，比如松岗中学的成立时间，有人说是1963年，有人说是1958年，传来传去，连老松中人都说不清楚了。

松岗中学需要一部校史！

松岗中学需要一部被永远铭记的校史！

地理位置的偏僻，不代表松岗中学历史的荒芜；松中人的谦卑，不代表松岗中学历史的庸碌。我们应该铭记——1945年，尽管战争还没有结束，水贝下村的陈家祠堂里，向未来而生的松岗中学正在展开它的第一片嫩叶；我们应该铭记——1965年，艰难坎坷又倔强不屈的松岗中学，在新中国的怀抱里掀开了新的一页；我们应该铭记——2000年，从黄松岗搬到东方大道后的松岗中学，开始承办新疆班；我们应该铭记——2020年，松岗中学高考成绩冲到了历史高峰，这一年，松岗中学走过了75个春秋，松岗中学新疆班也来到了它的第20个年头。

松岗中学需要一部感恩的校史。历史是客观事实的再现，但它不是冰冷的，书写历史的笔应当有温度。有了温度，我们才能在历史的"真"里看到道德之"善"和人性之"美"。

捧起这本校史，心中油然而生的首先应该是感恩。我们感恩革命先辈，感恩像杨康华、谭天度、黄研那样的共产党员，在革命尚未成功时就对东宝地区的未来深谋远虑；我们感恩宝安区松岗镇人民政府，在即将跨入21世纪之际，毅然作出以政府投资与社会捐资相结合的方式筹建新校、造福后代的决策和行动；我们感恩松岗人民，感恩像文洪磋博士那样情系乡梓的松岗各界人士，为松岗中学的建设发展慷慨相助；我们感恩各级党委政府，将承办新疆班的重任交托给我们，并将松岗中学列为"重点投资、重点建设、重点提高"的学校；我们感恩松岗中学的老领导、老同事包括我们自己，为松岗中学教育事业的持续发展所倾注的岁月和汗水；我们更要感恩这个时代，感恩中国共产党领导全国人民创造的这个伟大时代，这是托举松岗中学展翅高翔的雄风。

松岗中学需要一部继往开来的校史。铭记历史，是为了看清脚下的土地；感恩历史，是为了扛起责任、继续蓄力前行。我们是历史的传承者，更是未来的书写者，松岗中学需要我们继往开来。

75年，只是松岗中学前进的一个节点；20年，只是松岗中学新疆班交出的一小份成绩单。建设粤港澳大湾区、社会主义先行示范区的大幕刚刚拉起，我们的机遇无限，松岗中学的未来无限。

　　今天，松岗中学需要的这部校史终于完成了，我知道这其中的艰辛非三言两语可以说完。在松岗中学的辗转历程和飞速发展过程中，我们遗失了太多宝贵史料，搜集它们无异于大海捞针。但凭着松中人特有的一股韧劲儿，刘向红副书记带着李强、程伟、裴天平、杨大为、邓雯雯等一众同事硬是把这些"针"捞起来了。一句"感谢"太单薄了，但我还是要真诚地道一声，感谢你们！

　　从松岗中学走过，这里便是家园，我这么想，松中的同事们这么想，松中14个民族的孩子们也这么想。就让这本书作为生日礼物，献给我们各民族师生的共同家园——松岗中学75岁华诞吧！

　　松中，生日快乐！

2020年11月30日

序二

松湖小记

文肇伟

松湖小记

文肇伟

松岗中学（又名"文存贵纪念中学"）是校园，亦为花园。其间楼宇错落有致，绿树繁花相映成景。春花秋月，寒来暑往，时序暗换间，胜景总纷呈。述松岗中学校史，纵体例、形制多变，亦恐无胜景方寸之地，遂专记松岗中学松湖之景，以补"正史"不载之憾，并以为《松岗中学校史》之序。

进校门向左，有一巨石耸立，其正面镌刻"松岗中学"四字。沿巨石旁小径，过一百须大榕，纵目则见一丛修竹并假槟榔、冬青、鸡蛋花等环湖而列。竹树之怀，有镜湖一面，谓之松湖。松湖为人工开挖，略呈长方形，其间水色天光，波平如镜，金鳞游泳。

后，湖中植莲。三春时节，小荷尖尖才露，水面嫩叶初圆，叶上抛珠滚玉似遗梦，水下金鳞翔止轻戏莲；时至盛夏，众荷轻举亭亭姿，芙蓉花开灼灼颜。

松湖之北，有亭一间。亭为四柱重檐，柱淡黄而檐紫红，与校内建筑风格为一。亭内东西置围棋、象棋各一。黄昏初至或明月初上，人于亭中，或棋枰点兵，或谈古论今，或浅吟低诵，每有八面来风，荷香阵阵。幽荷淡远，则话语生香；风来习习，则乘风欲仙。儒雅名士之遗风，苦读学子之孜孜，于其间大备矣。

亭北靠东，有喷泉雕塑一处。喷泉池为圆形，中有冽水一汪，细鱼十数头。池正中为一雕塑。雕塑高约十米，深红色，其主体由九根紧密相连的方形钢柱构成，形似挺拔向上之松。雕塑主体中段，造型为三只鸽子，象征校园内本地初中、高中和新疆班三部之莘莘学子。鸽子上下各有两道镂空而成的斜线，似劲风吹袭。从雕塑正面看，三只鸽子的翅膀又构成一丛松叶。蓝天、绿树、淡黄色教学楼是雕塑的背景，背景之中，三只鸽子逆风飞翔，寓意学子不畏困难，迎难而上。余曾两游松湖，每于其下驻足，追思先严谋福桑梓、寄望教育之情怀，不禁感慨万千，情动于衷：精神永在，德泽长存！

亭北有树林一方，假槟榔、小叶榕、波罗蜜杂植其间。远观，则蓊蓊郁郁，高低错落，森然生凉；近之，则深树鸟鸣，曲径通幽，步移景换。林之西北，又一巨石。其石仡立如山，与湖畔巨石遥相呼应。

以石为山，树遂增色；松湖净静，亭邀来风。石仡立而顶天，树赋色而入画，水汇集而多才，风常拂而坦荡，学校之风骨竟寓于松湖之间！教育之高贵在于风骨，文化之恒久在于传承。此亦先严洪磋公捐资千万筹建松岗中学新校园，并以先祖父文存贵之名为校名之希冀也！

幸甚！幸甚！

2020年11月30日

序三

松岗中学赋

杨大为

松岗中学赋①

杨大为

珠江口下，伶仃洋湄，人烟阜盛，风物嘉美。秦之南海郡属②，今之鹏城翡翠。瞰东江③而波兴，枕南岭以霞蔚。亘阳台④之长梁，结东宝⑤之铁水。冈峦起伏，鸥鳞集萃；龙舟⑥竞渡，醒狮⑦献瑞。原夫武略文韬，或有尉陀⑧苗裔；腥浪飙风，唯见文山⑨丹心。磁石指南，诚愿披肝沥胆；沮洳⑩等闲，何惧蹈海忘身。存浩气于天地，炳大义于古今。东宝河畔，奏闻弦歌⑪；水贝村头⑫，开启黉门。

夫东宝肇造，缘东纵⑬鸿远之志；上庠鼓箧⑭，正抗倭殷忧之时。接承校训，楷模抗大⑮；丹心百炼，涅而不缁⑯。当火种之方炽，见正气于陈祠⑰。或听讲于榕树之阴，励以韬奋⑱之志；或研习于高氏⑲之舍，申以树人⑳之辞。尔乃琢玉镂金，师负铸颜㉑之任；垺㉒才角妙，生逢沂舞㉓之场。弃昏聩以亮色，破旧冻以新旸。既而东纵北撤而停办，雄鸡唱白㉔而归常。复址于陈氏之祠，再迁于白龙之冈㉕。颠沛蓬转，定址饴坊㉖。初曰公明，终名松岗㉗。望东宝之水渌，利民生之未央。

尔乃岁月不居，黄松凋敝。松叶已零，其枝堪忆。遇世事之陵替，铭初心而默继。习文武于工农，置学堂于天地。幸而改革启而春潮动，国门开而风帆扬。藉民赋之丰茂，谋教育之焜煌。依红土之故事，谱杏坛之新章。文氏洪磋之高义，指囷㉘不恤而名芳。择新址以黄道，兴泮宫㉙于田洋。遴俊乂于宇内，得玉平于豫章。赖罗氏㉚之擘画，秉松中以良方。夫其栽梧桐而引凤，筑高台㉛以千金㉜。新耕教改之壤㉝，再续东宝之音。承办内高㉞，民族教育先于同列；开启奥赛，金银奖牌冠于同尘㉟。阳春之曦，松湖雾罩，有子衿青青；三秋桂子，松园飘香，有健儿莘莘。春闱解试，卓乎拔群；松中模式，声播远邻。观夫松水㊱波粼，滟滟而盈视；东宝浪涌，悠悠而远闻。

壬辰之冬，小新伊始㊲。肃考绩而画卯，假绳墨以改治。促三化㊳而建平台，置硬件以启新智。网本研修㊴，殷殷乎八方希冀；生本课程㊵，浩浩乎六大体式。校园智慧而高台㊶，民族团结㊷而闻世。或若天降仁德，地生经略。显友掌印㊸，赓续鸿业。举井冈旗㊹，致敬革命先烈；走长征路，争写壮志誓帖。且夫调机理而掖先进，定准绳而促公平。省城竞技而双魁㊺闪耀，国家授勋而邓氏进京㊻。庚子之初，毒疫横行；护生如子，竭虑殚精。严防控而慎终如始㊼，勇逆行而丹心赤诚㊽。进太学而古丽摘桂㊾，创新高㊿而喜报霸屏。煌煌而校业旺，煦煦而人心凝。东宝之水，流而为江海；东宝之魂，结而为山峰。

凤凰(51)艳比彩霞，左柳(52)绿如新裁。雨润岭南，泽滋塞北；心泉渥树，石榴花开(53)。道逢新颜而步于湖边，内高学子；目随苍鹰而翔于南粤，天山英才。观夫彩服灼灼，欢节日也；舞姿翩跹，献才艺也；纵身飞跃，炫球技也；程门立雪，究学理也；稽首揖让，相见礼也；慷慨陈词，宣誓语也(54)；春风马蹄(55)，登科喜也。是故福祚昌而雪莲开，松湖漪而鱼龙游。雄鹰骞翮兮鹏城举，东宝涌潮兮大海流。

瞻东宝之波，尽碧浩荡；聆弦歌之韵，正动梁尘(56)。叹庚子之多难(57)，思来者之壮心。追既往而长啸，赋横槊(58)而扬昆(59)。

① 〔松岗中学赋〕深圳市松岗中学，一所具有红色基因的学校，上承抗战时期的"东宝中学"。赋，本赋属骈赋，用韵依《中华通韵》。
② 〔南海郡属〕秦朝于公元前214年在岭南设置了南海、桂林、象郡三郡，松岗中学所在地时属南海郡。
③ 〔东江〕东江是珠江水系干流之一，至东莞市石龙镇进入珠江三角洲，"东江纵队"即以此江命名。
④ 〔阳台〕即阳台山，亦称"羊台山"。位于广东省深圳市宝安区、龙华区和南山区的交界地带。抗日战争时期，当地人民和东江纵队上演了震惊中外的"胜利大营救"，从沦陷的港九孤岛抢救出了茅盾、何香凝、邹韬奋等著名爱国人士，阳台山也因此被称作"英雄山"。2020年上半年，深圳市规划和自然资源局经过考证并组织深圳市地名专家论证，此山在古代史籍中均使用"陽臺山"或"陽台山"，1960年前后，"阳台山"和"羊台山"才开始同时使用。
⑤ 〔东宝〕东宝河。茅洲河流经东莞长安与宝安松岗接壤的一段叫"东宝河"，又名"洋涌河"。
⑥ 〔龙舟〕赛龙舟是松岗地区自古就有的端午习俗。
⑦ 〔醒狮〕七星狮舞是分布于松岗及相邻地区的一种传统舞蹈，与当地民众怀念南宋爱国将领文天祥有关。
⑧ 〔尉陀〕尉陀于公元前218年奉秦始皇之命南征，略定南越后，为南海郡龙川令。汉时授封为"南越王"。
⑨ 〔文山〕文天祥号文山。"腥浪飙风""丹心""磁石"分见于文天祥《南海》《过零丁洋》《扬子江》等诗。
⑩ 〔沮洳〕低湿的地方。出自文天祥《正气歌》："哀哉沮洳场，为我安乐国。"这里指松岗历来有舍身报国、矢志不渝的文化传统。
⑪ 〔弦歌〕《论语·阳货》："子之武城，闻弦歌之声。"弦歌本义指礼乐教化、学习诵读。这里指1945年2月东江纵队东宝行政督导处在原宝安县筹办的一所新型革命学校——东宝中学。
⑫ 〔水贝村头〕指东宝中学校址原宝安县公明圩水贝下村。
⑬ 〔东纵〕即东江纵队，全称是广东人民抗日游击队东江纵队，是抗日战争时期中国共产党在广东省东江地区创建和领导的一支人民抗日军队。
⑭ 〔上庠鼓箧〕庠，古代学校的泛指。上庠，古代称位于京师的国立大学，此借指东宝中学。鼓箧指击鼓开箧，古时入学的一种仪式，这里指东宝中学正式开办。
⑮ 〔接承校训，楷模抗大〕指东宝中学以中国人民抗日军政大学"团结、紧张、严肃、活泼"的校训为校训。

⑯〔丹心百炼，涅而不缁〕化用文天祥《题苏武忠节图（其三）》："百炼丹心涅不缁。"这里指东宝中学历经艰难困苦而丹心不改的精神。

⑰〔陈祠〕即陈氏祠堂，原东宝中学旧址设在公明下村陈氏祠堂。

⑱〔韬奋〕指原东宝中学校舍韬奋室。

⑲〔高氏〕指原东宝中学校舍高尔基室。

⑳〔树人〕指原东宝中学校舍鲁迅室。"树人"属双关，这里亦指东宝中学的教学形式多样化。

㉑〔铸颜〕指孔子培养其弟子颜渊（颜回）成才，后泛指培养人才。

㉒〔埒（liè）〕才角妙，意思是比才艺、争最妙，出自汉代傅毅《舞赋》。

㉓〔沂舞〕即沂水舞雩，出自《论语·先进》。这两句是写教师恪尽职守、学生勤奋学习的情景。

㉔〔雄鸡唱白〕即中华人民共和国成立。出自毛泽东《浣溪沙·和柳亚子先生》中"一唱雄鸡天下白，万方乐奏有于阗，诗人兴会更无前"。

㉕〔白龙之冈〕学校于1961至1962年筹建的新校园在松岗山门村白龙冈，后在一场台风暴雨中，尚未完全竣工的新校舍被毁坏。

㉖〔饴坊〕指松岗糖厂。1963年，经当时副省长杨康华批示，学校搬迁到黄松岗下的糖厂，校门口题写"松岗中学"，公章还是沿用上级主管部门批复的"宝安县公明初级中学"。直至1965年10月，按宝安县人委会文件才正式更名为"宝安县松岗初级中学"。

㉗〔初曰公明，终名松岗〕学校复办后，上级批复的名称是"宝安县公明初级中学"，到1965年10月更名为"宝安县松岗初级中学"。（1965年10月之前的"公明初级中学"即松岗中学的前身，而非现在的公明中学。）"岗"也作"冈"，二字义近而有区别，而"冈"其实更切合"山"的本意，如"井冈山""景阳冈"等。后文"白龙冈"亦同，不再一一出注。这里的"岗"因押韵之需，读"冈"。

㉘〔指囷（qūn）〕慷慨资助。《三国志·吴志·鲁肃传》："周瑜为居巢长，将数百人故过候肃，并求资粮。肃家有两囷米，各三千斛。肃乃指一囷与周瑜。"这里指文天祥后人香港同胞文洪磋博士在松岗中学新校区建设中欣然解囊、慷慨捐资。

㉙〔泮（pàn）官〕古代的国家高等学校。《礼记·王制》："大学在郊，天子曰辟雍，诸侯曰泮官。"这里指1999年9月落成的松岗中学（又名文存贵纪念中学），位于宝安区松岗街道东方大道大田洋社区，占地面积11万平方米。

㉚〔罗氏〕即罗玉平。1997年宝安区在全国范围内选聘校长，南昌籍的罗玉平被任命为松岗中学校长。

㉛〔高台〕即黄金台，亦称"招贤台"，战国时期燕昭王筑，为燕昭王尊师郭隗之所。
㉜〔千金〕千金购马首之意。这里指松岗中学在全国范围内招贤纳才。
㉝〔新耘教改之壤〕指2007年松岗中学开始教学改革，全力打造松岗中学模式，此模式在省内外引起了广泛关注。
㉞〔承办内高〕松岗中学2000年9月开始承办全国内地高中班，是全国办学最早、规模最大、成绩卓著的内高班学校。
㉟〔同尘〕即同行，魏晋杨方《合欢》诗之二："来与子共迹，去与子同尘。"
㊱〔松水〕松岗中学人工湖湖水。
㊲〔壬辰之冬，小新伊始〕2012年12月宝安区教科培中心主管教育技术装备及信息化工作的副主任邹小新调任松岗中学校长。
㊳〔三化〕指学校提出"建设信息化、现代化、国际化"的发展目标。
㊴〔网本研修〕指松岗中学开展基于网络的教师专业发展实践共同体（COP）项目。
㊵〔生本课程〕指松岗中学开发的六大模块的校本课程体系。
㊶〔高台〕升级学校的教育平台。这里的"高"是使动用法。
㊷〔民族团结〕2014年松岗中学被评为第六届"全国民族团结进步模范集体"。
㊸〔显友掌印〕指2017年5月西乡中学主要负责人程显友调任松岗中学校长。
㊹〔举井冈旗〕指2019年4月松岗中学开展的以"缅怀革命先烈，传承井冈精神"为主题的井冈山社会实践活动，高中部三个年级的全体学生接受了红色爱国教育的洗礼。
㊺〔双魁〕陈爽老师2017年获广东省首届青年教师教学技能大赛高中数学一等奖第一名。言静老师2018年获广东省第七届中小学班主任专业能力大赛决赛总分综合一等奖（最高奖）和情景答辩单项一等奖。
㊻〔国家授勋而邓氏进京〕松岗中学党委副书记、新疆部主任邓克2019年荣获第七届"全国民族团结进步模范个人"，赴京接受颁奖，受到习近平总书记的接见，并受邀参加国庆70周年观礼。
㊼〔慎终如始〕出自《老子》第六十四章："慎终如始，则无败事。"2020年1月新冠疫情爆发，松岗中学以程显友为首的党政领导班子政治敏感度高，行动迅速，严格按照上级要求全面做好防疫工作，谨慎守护师生安全，不敢丝毫懈怠。
㊽〔丹心赤诚〕指2020年7月，学校党委副书记刘向红、邓克分别率领的两批由党员骨干教师组成的暑假返疆护送队，在已知新疆某地区出现疫情的情况下，仍然勇敢逆行，克服重重困难，将870多名新疆学生安全护送到家。
㊾〔进太学而古丽摘桂〕指松岗中学维吾尔族女生热孜牙·艾山考上清华大学。
㊿〔创新高〕指2020年松岗中学高考优先投档线创历史新高。

(51)〔凤凰〕即凤凰木，因鲜红或橙色的花朵配合鲜绿色的羽状复叶，是深圳主要景观树种。

(52)〔左柳〕即左公柳。晚清重臣左宗棠西进收复新疆时带领湘军一路所植道柳。后有杨昌浚诗曰：“大将筹边未肯还，湖湘子弟满天山，新栽杨柳三千里，引得春风度玉关。”

(53)〔石榴花开〕出自2014年5月28日习近平总书记在第二次中央新疆工作座谈会上的讲话：各民族要相互了解、相互尊重、相互包容、相互欣赏、相互学习、相互帮助，像石榴籽那样紧紧抱在一起。这里指松岗中学新疆各族学生和本地学生团结友爱，亲如一家，互相学习，共同进步。

(54)〔宣誓语也〕指新疆学生追求进步、积极靠拢党组织，此处指入党宣誓的情境。松岗中学开办新疆班至今已有61名学生加入了中国共产党。

(55)〔春风马蹄〕语出自唐代诗人孟郊的《登科后》。原指作者考中进士后的得意心情，这里指新疆学子收到高考录取通知书时师生同庆的欢乐场景。

(56)〔梁尘〕出自成语“声动梁尘”，比喻歌声嘹亮动听。西汉刘向《别录》：“汉兴，鲁人虞公善雅乐，发声尽动梁上尘。”这里喻指东宝精神后继有人。

(57)〔庚子之多难〕指2020年新冠肺炎疫情给世界带来的灾难。

(58)〔赋横槊〕即横着长矛而赋诗。这里指能文能武的英雄豪迈气概。

(59)〔扬昆〕2020年11月肖扬昆调任松岗中学校长，“扬昆”是取其名；“昆”的本义指二人在太阳底下一起肩并肩从事劳动，并且十分亲密。“扬昆”指发扬团结协作、艰苦奋斗的精神；“昆”也指昆仑，山名，在中国新疆、西藏和青海交界处。“扬昆”亦指松岗中学教师为培养新疆各民族人才，维护民族团结和边疆稳定，促进各民族共同繁荣和进步而无私奉献的革命精神。

目　　录

第一章　东宝中学时期（1945年2月—1945年11月）　001
办学缘起及概况　002
办学方针及特色　006
学校领导及师资队伍　009
教学生活　010
停办经过　017
办学成绩及影响　018

第二章　复办时期（1956年8月—1963年7月）　021
复办篇　022
白龙冈篇　026
迁校篇　031

第三章　黄松岗时期（1963年8月—1999年9月）　033
创业阶段　034
　综述篇　034
　德育篇　036
　教学篇　038
教育革命阶段　041
教育城市化阶段　054
　综述篇　054
　德育篇　056
　教学教改篇　063

第四章　东方大道时期第一阶段（1999年9月—2012年12月）　073
综述篇　074
管理篇　086
教师篇　091
德育篇　104
民族团结教育篇　110
教学篇　116
教改篇　136
活动篇　164

第五章　东方大道时期第二阶段（2012年12月—2017年4月）　179
管理篇　180
教师篇　186
德育篇　190
民族团结教育篇　200
教学篇　205
教改篇　210
活动篇　220

第六章　东方大道时期第三阶段（2017年5月—2020年12月）　227
管理篇　228
教师篇　243
德育篇　253
民族团结教育篇　285
教学篇　293

活动篇	300
抗疫篇	309

第七章　校史特写　327

从东宝中学到松岗中学	
——记老校友蔡志坚的革命与教育人生	328
从松岗中学走出来的非遗传承人	336
我与新疆班学生们的故事	
——讷笑春老师的回忆	344
学校文化，其实是骨子里的东西	
——同行眼中的松岗中学	349
木棉花之恋	
——记松岗中学首位正高级教师邱绍谦	353
长者之风，山高水长	
——记松岗中学党委副书记、纪委书记、新疆部主任邓克	361
不忘初心返疆路，牢记使命育英才	
——松岗中学暑期返疆护送队家访纪实	369

结语　389
光荣与梦想　390
后记　393
校史流淌着一条河　394

附录　405

第一章

东宝中学时期
(1945年2月—1945年11月)

办学缘起及概况

松岗中学的历史要追溯到战火纷飞的抗日战争时期。

1938年10月10日，4万多日军分左、中、右三路在广东惠阳县的大亚湾登陆，不到三天，淡水、惠阳沦陷。同年11月12日，日本侵略军再次在大亚湾登陆，11月26日深圳镇失守，随后，日军攻占南头城。

民族危亡的紧要关头，惠阳、东莞、宝安人民在中国共产党的领导下，纷纷拿起武器，组织抗日武装，开展敌后游击战争，抗日烽火迅速燃遍宝安地区。

1943年12月2日，中国共产党在广东人民抗日游击总队的基础上，扩编成立广东人民抗日游击队东江纵队。

1944年，日军正陷入侵华和太平洋战争的困境，战线延长，兵力分散，龟缩在一些重要的城镇里。东江纵队得到人民的拥护，迅速发展，抗日根据地进一步扩大和巩固，出现了一个较为稳定的局面。同年7月，东江纵队建立了广东第一个县级抗日民主政权——东宝行政督导处，也是路西解放区东莞、宝安一带的政治、军事、行政中心。督导处选址于松岗燕川泽培陈公祠，谭天度担任主任，何鼎华、王士钊担任副主任。

文化教育工作是根据地建设的一个重要方面。抗日民主政府的施政纲领明确提出，要在解放区实行战时教育，普及农村文化，加紧培养干部，提高人民群众的文化水平与政治水平。在文化教育政策上，积极开办学校、识字班、夜校，使所有儿童、青年、妇女都有读书识字的机会，实行普及教育。

东宝行政督导处纪念馆内游击队员塑像

在这样的形势下，为满足群众要求，同时也为了贯彻根据地政府的施政纲领，培养革命干部，东江纵队决定于1944年底筹办一所新型的革命学校——东宝中学，也就是松岗中学的前身。

具体筹办工作由东宝行政督导处负责落实。督导处在办学方针、经费、人员、学制等方面都作了详细安排，整个筹办工作有条不紊。特别是为解决经费问题，除督导处拨出一定经费外，还通过召开筹备会、乡绅座谈会等方式发动广大乡亲父老积极参与。

黄松岗青年会、黄松岗商会成员文焕庭先生积极带头响应，决定与一批商界人士联合给予经费赞助。此举获得了文姓乡绅的支持，如文炳高先生承诺将所管理的黄松岗镇的市场经济收入，每年按一定比例固定拨出经费支持办学。公明各界人士也不甘落后，麦启先生、陈灶先生等纷纷在财力、物力上给予很大帮助。最后共筹得捐款 66 万法币。

1945 年 2 月，学校正式开办，校址设在原宝安县公明圩水贝下村（现光明新区公明街道下村）陈氏祠堂。校舍是一连三间并排的祠堂（樸园陈公祠、泰宇陈公祠和思梅陈公祠），这是学校的主体。中间一间祠堂（命名为"高尔基室"）的正门上方写着"东宝中学"四个大字。大门进去是礼堂，礼堂上方写着"团结、紧张、严肃、活泼"八字校训，墙上并排挂着马克思、恩格斯、列宁、斯大林、毛泽东的画像。

祠堂内两侧房间设有教务处、总务处、图书室，里面正间是师范班教室，其余两间祠堂（左边命名为"韬奋室"，右边命名为"鲁迅室"）内分别设食堂、厨房、庶务室、会计室和初中班教室。

离学校不远的村内还有两间祠堂分别是男女学生宿舍。学校门前的土坪辟为篮球场。校舍周围有几棵大朴树和榕树，旁边有一条小河，师生们常在河里面洗浴和游泳。

东宝中学的开办使根据地人民欢欣鼓舞，群众纷纷送自己的子女入学。学校最初招收两个班：一个简易师范班（为适应办小学的师资需要），学生 30 多人，班主任黄研，班长胡剑华；一个春季初中班，学生 40 多人，班主任文萍踪，班长冼杏娟。同年夏季又招收了一个秋季初中班，学生 40 多人，班主任梁燕云，班长蔡志坚。此时，全校学生最多时超过 100 人。

东宝中学的学生来自各个方面：有的是从革命队伍中选拔推

东宝中学旧址（现公明下村小学内）

第一章　东宝中学时期

荐的中国工农红军小战士，有的是从国外回乡求学的爱国侨胞子弟，有的是从沦陷区、国统区赶过来的进步青年，更多的是东（莞）宝（安）抗日民主根据地本地的青少年。这些学生最大的20来岁，最小的13岁。虽然年龄、出身和境遇不尽相同，但大家都有一个共同的信念，就是相信中国共产党，拥护民主政府，怀着学知识、求真理、救中国的目的，聚集到东宝中学这所红色革命的熔炉里接受锻造。

东宝中学师生都在学校食宿。学生的学费和住宿费全免，其中由部队或地方政府保送入学或经济有困难的学生，经批准，则可免交膳费。

办学方针及特色

东宝中学以毛泽东同志为中国人民抗日军政大学（以下简称"延安抗大"）题写的"团结、紧张、严肃、活泼"校训为校训，以手擎一束燃烧的火炬图案为校徽。爱国主义、艰苦奋斗、勤奋学习、团结友爱成为东宝中学的精神文化。

学校的办学方针是实施新民主主义教育，着重培养人的政治思想、道德品质，树立革命人生观；同时使学生掌握科学文化知识，学用结合，使之成为为人民服务的干部，为党和政府输送新生力量。

在教学方面，东宝中学始终贯彻"因材施教，教学相长"的原则。根据抗日战争的实际需要，学校的学制有所改革，师范班

东宝中学校友会会刊
（其中火炬图案是东宝中学时期黄研设计的校徽）

为一年制，初中班为两年制。课程设置与国统区、沦陷区的旧式中学有着本质上的区别，除了正课设置语文、数学外，增设政治时事、社会发展史、哲学常识等课程，不设地理、英语。当时购买教材很困难，学校教师就自行选印或编写。选印的教材如艾思奇的《大众哲学》等。

　　为了适应农村生产和抗日战争的需要，学校还设置了农业生产知识课、动植物知识课、生理卫生和军事知识课等。同时，时事讲座、形势报告、各种专题讨论会、座谈会、文艺晚会等也成为学校的活动课程。东宝行政督导处领导谭天度、王士钊同志还经常到学校为师生作形势报告，讲解党在东宝地区的各项方针、政策，使师生受到深刻的教育。

为了贯彻中国共产党的指示，加强党对学校的领导，学校成立的同时即建立了党支部。党支部初属东宝行政督导处领导，后属中共宝二区委会直接领导。黄研任支部书记，周大洲任组织委员，梁克寒任宣传委员。

学校党支部注重在学生中培养、发展党员。最早发展的学生党员有陈燕（后改名陈仁，曾任广西壮族自治区人民政府副主席）、凌瑯、林振如、胡建华，另外加上带党籍入学的丁锦、陈月华（女）等，东宝中学的党组织逐渐完善、壮大起来。

在党支部的领导下，经当时中共宝二区委和督导处批准，学校建立了青年团组织（始称"共产主义青年团"，后改为"抗日民主青年同盟"，即新民主主义青年团的前身），团支部书记由梁克寒兼任。在学生中发展的第一批团员有冼杏娟（女，后成为中国科学院研究员）、陈琴、袁帼卿（女）、周洁莹（女）、文慧庄（女）、黄俊如、曾集明、王材英、叶雪英（女）、陈以镠、陈以燊、邓俊良、孙帼英（女）、蔡志坚、李应怀。

学校领导及师资队伍

东宝行政督导处在挑选学校领导班子和教职工问题上，始终贯彻中国共产党的统战方针，动员和团结一切抗日力量，调动一切积极因素。

学校组建了较为完备的领导班子和教职工队伍，共计20人，名单及职位如下：

校长：何恩明

副校长：曾劲夫（兼"五四"剧团团长）

教导主任：梁克寒（兼"五四"剧团副团长、编导）

教育长：郑盾（前）、周大洲（后）

党支部书记：黄研（兼春季班班主任）

宣传委员：梁克寒（兼任团支部书记）

组织委员：周大洲

总务主任：文萍踪（师训班班主任）

教师：梁燕云（秋季班班主任）、祁洪

油印室负责人：崔应嘉

图书管理员：江秋华

体育：陈福祥

庶务：曾树安

会计：曾润培

校工：陈锦善、陈新、曾九、陈植、陈月英、朱某某

教学生活

　　东宝中学在教学改革方面体现出中国共产党一贯坚持的与工农结合的办学特色和教育必须适应未来新时代发展需要的办学理念。

　　首先是教学方法的改革。"死读书，读死书"的学习方法和旧的考试制度在这里都被废除了，取而代之是小组学习制。学校把一个班分为若干学习小组，每个小组5至8人，组长负责掌握全组学习、政治思想情况，副组长则负责全组生活、文体活动。学生不论学习、生活、自修、讨论，还是体育活动、打扫卫生、下乡宣传等，都以小组为单位组织进行。

　　每天5:00哨子一响，师生以饱满的情绪和军事化的战斗作风，迅速到操场集合，参加晨操和军体训练。师生的学习生活很有规律：上午上文化课；下午排练文艺节目或组织体育活动；晚上自学、讨论、写心得，或者到周边村镇为群众演出文艺节目。

　　在学习过程中，东宝中学师生摒弃脱离实际死啃书本的呆板学习方法，以讨论式代替注入式，以写心得、谈收获、做鉴定等方法代替考试制度。

　　由于改革了教学方法，学生学得活，记得牢，联系实际好，文化水平各方面能力不断提高。学校又倡导先进带动后进，互帮互助，发扬革命英雄主义精神和集体主义精神。

　　为了推动小组学习制的顺利开展，学校还组织开展"红旗竞赛"活动。在竞赛中，老师只负责指导，主要的工作由学生完成，目的是培养学生自我管理、自主学习和合作学习的能力，以适应未来工作和斗争的需要。这都是在当时历史条件下学习方式的一些新尝试。

其次，新型教育理念营造出新型的师生关系和学风。师生关系融洽，学生能真正地"尊师守纪"。体罚制度也被废除，代之以每周一次的检讨会。

晚上，在昏黄的油灯下，一组组同学，用坦白真诚的语言，检讨自己的学习和生活。起初，部分学生还有点抗拒"批评别人，检讨自己"的方式，经过老师的帮助和先进同学的带动，认识到"虚伪是进步的枷锁，坦诚是进步的阶梯"，从而学会使用批评与自我批评的武器，逐步形成"知无不言、言无不尽，言者无罪、闻者足戒"的新风气。

有一次，学校发生了一起罕见的同学打架事件，通过检讨会上老师、同学的批评帮助，这两名同学羞愧地哭了，争着向对方道歉，主动握手言和。

检讨会也可以提老师的意见，这在当时的社会背景下是极其难得的。有个性格急躁、缺乏耐心的老师，在听取同学的批评意见后，也主动地改变工作作风。教学相长在这里得到了很好的体现。

师生在共同学习生活中，不分彼此，互相关心，互相爱护，互相帮助，亲如兄弟姐妹。若有同学生病，大家都能主动嘘寒问暖，帮其煲药，送饭，送茶水。在行军中，年长的同学帮助年纪小的同学打背包、背行李。大家互相照顾，互相鼓励，以唱革命歌曲、讲革命故事来消除行军中的疲劳。

师生同吃、同住、同学习、同劳动。老师对学生关怀备至，学生对老师尊敬有加。学生都愿意向老师倾吐自己的心事，也都能及时得到老师的开导和指引。一名姓刘的女同学，一次请假探亲返校后，情绪出现反常，整天心神恍惚，眼泪暗垂。老师发现后多次找她谈话，她终于道出原委。原来她的家人逼迫她退学，她内心非常纠结：读下去被父母责怪，不读又对不起学校和老师，也舍不得朝夕相处亲如兄弟姐妹的同学。

　　老师了解情况后，立即到她家中探访，还请当地抗日民主政府的干部做她父母的思想工作，最终她父母改变了态度，同意她继续学业。经历这次波折后，刘同学更加珍惜在东宝中学学习的机会，加倍努力，各方面进步很快，成为一个活泼开朗、品学兼优的好学生，她家长也非常高兴。后来，师生到其家乡开展征粮工作，她的父母热情接待，积极响应抗日民主政府征粮工作的号召，并很快地完成了任务。

　　当时根据地比较困难，为了节约胶鞋支援部队，学校开展独具特色的"赤足运动"，师生人人赤足走路。刚开始大家有点不习惯，石子硌脚，走起路来小心翼翼，像扭秧歌似的。经过一段时间的锻炼，大家很快地行走自如，还互相打趣：我们都成"赤脚大仙"了！

　　有道是："赤脚大仙"斗志强，河边树下是课堂；祠堂柴屋当卧室，门板稻草做睡床。

　　入学时不少女同学都留着长长的发辫，每天在梳洗上耽误不少时间。为了适应战时需要，学校号召大家剪辫。一开始有些女同学表示抗拒，舍不得剪去长辫，老师一一对她们做细致的思想工作。老师首先动员叶雪英同学带头剪发，剪发后的叶同学清纯阳光的短发形象让大家耳目一新。接着全校女同学的长辫子在短短一天内全部自觉剪去。这一系列的教育活动深刻地改变了师生的精神面貌，整个学校洋溢着"团结、紧张、严肃、活泼"的青春气息。

师生积极参加社会革命实践活动，坚持走与工农结合的道路，这是东宝中学教育教学的特色之一。

在梁克寒老师的倡议下，学校成立了"五四"剧团。"五四"剧团的活动得到了东宝行政督导处的大力支持。督导处将税站缴获来的一批走私绸布匹，拨给学校剧团作幕布和其他道具用。

"五四"剧团团长由时任副校长的曾劲夫担任，副团长由梁克寒老师担任，剧团不仅在校内演出节目，还到东宝地区各区、乡流动演出。演出类型有话剧、小组唱、大合唱、独唱、二重唱、舞蹈等。

其中，演唱的歌曲主要有《八路军军歌》《新四军军歌》《抗大校歌》《在太行山上》《游击军歌》《到敌人后方去》《生产大合唱》《黄河大合唱》《清樟河》《冲过敌人封锁线》《朱大嫂送鸡蛋》《插秧歌谣》等，还有广州方言歌曲《骂蒋介石》《反扫荡》等；舞蹈有《兄妹开荒》《插秧舞》《舞春牛》等。剧团还编了不少短小精悍的独幕剧、双簧、杂耍等节目，都深受广大人民群众的欢迎。

当时有两出话剧在东宝地区影响较大。第一出话剧是三幕五场的《奴隶养成所》，它的主题是揭露国统区官办中学的黑暗与虚伪，歌颂进步师生向往光明，投奔抗日根据地的壮举。这出话剧在校庆和剧团成立日正式演出时，附近各乡的家长和群众都争相赶来观看。观众情绪高涨，反响热烈，演出师生也受到教育和鼓舞。

有一个姓麦的学生，平日十分顽皮，剧作者有意把他写成一个角色，并邀请他扮演自己。小麦同学自己演自己，演得自然逼真，他哥哥在台下看得也十分激动。通过演出，小麦同学受到了教育和激励，也改变了自身原有的一些毛病。

第二出话剧是三幕五场的《老虎九》，主题是揭露地主恶霸残酷压迫与剥削农民，勾结日伪妄图破坏"减租减息"运动的罪行，歌颂农民开展合法的抗争，并取得胜利成果的事迹。

1945年5月，苏联红军攻克柏林的消息传来，"五四"剧团在庆祝大会上正式演出《老虎九》；7、8月间又在公明圩校本部庆祝东宝地区农民抗敌协会成立一周年的晚会上再次演出。演出时周边村镇万人空巷，盛况空前。剧中恶霸地主的残暴和阴险，激起了群众的强烈义愤，也鼓舞了他们斗争的决心。

话剧《老虎九》还随着学校暑期工作团下乡巡回演出，先后演遍了东宝地区的乌石岩、楼村、公明圩、燕川、松岗、新桥、长圳、周家村、唐家村、西乡、连平、大朗、寮步等地。

在演出中，同学们因陋就简，每到一个地方，自己动手搭舞台，拉布幕，自制或向群众借用道具；遇到没法搭舞台时，就因地制宜在村旁山坡上演出。台上演员全情投入，演技逼真；台下群众义愤填膺，摩拳擦掌，纷纷声讨"老虎九"的罪行。

这两出话剧都是梁克寒老师自编、自导并任主演，全团演员共同参与，演出非常成功。最难忘的一次是在刚从敌军手中收复不久的宝安县新桥乡演出。新桥地处抗日根据地与敌伪交界的边缘地带，当时的形势还很紧张，但学校还是决定到那里演出一场。出发前学校领导向剧团全体师生做了思想动员，叮嘱大家提高警惕，随时准备战斗和转移。部队也派人为剧团演出放哨，监视敌人。

演出期间，驻守在沙井的伪军陈培部向新桥方向放了几声冷枪进行骚扰，但是由于剧团和群众事前有了足够的思想准备，演出仍按计划进行，自始至终秩序良好，没有发生任何意外。演出结束后，当地群众为剧团加菜慰劳师生，之后部队连夜掩护剧团撤出。

经过这次演出，师生得到了很好的锻炼。事后同学们兴奋地说："《老虎九》居然在'老虎'身边演出成功了！"

1945年7至8月，学校利用暑假，组织师生成立暑期下乡工作团，到东宝地区各区、乡进行"查粮度荒"工作，协助区、乡政府计算征收抗日公粮田亩和征收公粮数量；同时在各区、乡开展减租减息运动，发动群众，对不法的地主富农进行斗争。学校师生通过各种形式宣传我党抗日战争时期各项方针、政策和工作任务，使抗日群众受到很大鼓舞。

暑期下乡工作团的生活是非常艰苦的，但由于共同置身于一个坚强而温暖的革命集体中，同学们感到其乐无穷。

有一次，日伪军连日进行扫荡，敌人已与师生住地距离很近了，处境很危险。为了迅速转移，大家连晚饭也顾不上吃，立即打上背包行军几十里路。等转移到东莞大岭山区新二区连平圩时，已是凌晨三点了。这时，每个人都十分饥饿和疲劳，很想找点东西填填肚子，并好好地睡一觉，但是师生们牢记八路军的"三大纪律，八项注意"，不去惊动群众，就在村边的荔枝园大树下露宿过夜。

天亮了，师生们忍着饥饿、忘记疲劳，又分头到老百姓家中去开展宣传工作，帮助群众劳动；晚上又在露天广场演出《老虎九》。群众十分感动，赞扬他们说：这是真正的"老模"（东江抗日模范壮丁队，俗称"老模"）传统！

暑期工作团既配合民主政府的革命工作，又深入群众，了解农民生活疾苦，增进了师生和人民群众的感情，让同学们学到了书本上学不到的知识，锻炼了革命意志，坚定了革命信念。因为暑期工作团成绩突出，学校得到了东宝行政督导处的表扬。

1945年9月，日本宣布无条件投降，抗战终于取得胜利。就在此时，宝安县西乡敌伪据点被我东江纵队攻克，获得解放。当时，东宝行政督导处在宝安县公明圩附近的合水口召开庆祝抗日战争胜利大会，"五四"剧团和东江纵队的"东流"剧团共同参加了庆祝大会的演出。

当时有几名从宝安县南头起义过来的"反战同盟"日军士兵在庆祝大会上也表演了日本的《渔民舞》，文艺节目直至深夜才结束。一幕幕精彩的演出，一张张充满胜利喜悦的笑脸，永远留存在东宝师生的心中。

停办经过

抗日战争胜利后，国共两党在重庆谈判后签署了《政府与中共代表会谈纪要》（即《双十协定》）。东宝中学奉东江纵队东宝行政督导处之命，暂时停办，全校师生疏散回家或转移到其他城市读书、工作。

1945年10月末的一个晚上，在学生第三宿舍前面的一棵大树下，学校召开了全体党、团员大会。大会由梁克寒主持，黄研向大家传达了当时形势和上级关于暂时停办东宝中学的决定，号召大家离校后要继续革命，回家后不论环境怎样恶劣，必须坚持革命立场，不投敌，不叛变，等待时机，继续为革命工作。同时向每个党、团员约定好今后联络的暗号，留下去向地址，以便组织联系。

第二天晚上，全校师生紧急集合，在校本部的小礼堂，由曾劲夫副校长主持大会，东宝行政督导处副主任王士钊同志向全校师生说明当时东宝地区敌我斗争险恶形势后，宣布了上级关于暂时停办东宝中学的决定。全校师生听了，好像晴天霹雳，不少同学当场痛哭起来。紧接着学校领导强调，这次东宝中学停办是形势所迫，要求全校师生迅速疏散回家或转移外地工作，希望大家回去后，要坚持革命立场，等待时机，主动参加各地的革命斗争。

会后，全校师生把学校一些公物疏散到附近农村李松蓢、罗田村的老百姓家里，大家才依依不舍，互相勉励，互相道别。

11月上旬，全校师生疏散完毕。

何恩明校长、曾劲夫副校长、梁克寒老师和陈琴、陈干华、陈海、丁锦、叶雪英、冼杏娟、邓俊良等同学撤退到香港；大部分同学疏散回自己家乡；梁燕云老师和黄曼同学随东纵部队北撤山东。

不幸的是，黄研老师于10月末离开学校参加东莞新五区（即宝太线霄边一带）区府工作，11月中旬在霄边附近与敌伪军的一次"反抢割"战斗中壮烈牺牲，他的忠骨始葬于井冈头山，后迁于霄边村后的将军山上。

李应怀（女）同学于1945年11月初疏散复员回东莞县城家中，后被国民党逮捕入狱，折磨了几个月，直至在狱中病危时才释放出狱，回家不久去世。

办学成绩及影响

东宝中学作为东宝地区乃至华南地区由中国共产党领导的东江纵队所创办的第一所革命中学，办学时间虽然短暂，但意义重大，影响深远。

东宝中学为有志青年提供了接受革命教育的机会，为革命培养了一批党政干部和人才。

1947年，中共中央指示要在广东迅速恢复武装斗争，原东宝中学不少师生纷纷回到东宝地区继续战斗。有的参加当地武工队、组工队、情报交通站工作，有的参加东宝两县地方党组织领导的地下斗争。

1948年，曾劲夫副校长和陈琴、陈干华、陈海、丁锦等同学，响应上级党组织的号召，先后从香港回到东宝地区参加惠东宝人民护乡团的武装斗争；陈月华同学由部队领导安排在情报交通站工作；胡剑华（即胡克强）、钟英奎（即钟德来）同学复员回家后转到东莞中学读书，期间接受东莞地方党组织交给的任务，在学校组织开展斗争活动；方烈（即方德永）同学疏散复员回太平镇后，一边读书，一边在虎门、太平一带担任党的地下交通员。

留在香港的师生，如周大洲、梁克寒老师，陈燕（即陈仁）、冼杏娟、麦国光、叶雪英、凌瑯等同学也为党做了大量工作。

1949年春天，全国形势大好，解放军渡过长江，解放了南京。

林振如、凌瑯、黄俊如等同学在当年春夏间回到宝安县参加当地武装斗争；陈泽、陈育同学回到东江游击区参加中国人民解放军粤赣湘边区纵队东江一支二团工作；曾劲夫副校长于1949年初被任命为东宝县人民政府副县长，8月东宝分县，任宝安县副县长；梁克寒老师则于5月被任命为华南分局属下华南文工团的副团长；东莞的邓俊源同学于1949年初参加东莞新二区区政府工作；叶雪英同学于1949年8、9月间从香港回到东莞大朗参加区、乡政府革命工作；其余在内地和港澳地区的同学也为解放战争作出了应有的贡献。经过革命斗争的考验，大部分师生都光荣地参加了中国共产党和新民主主义青年团。

中华人民共和国成立后，原东宝中学师生分布在祖国各地，虽然每个人的经历和所处环境不同，所担负的工作职务各有差异，但他们在社会主义革命和建设中，经历过各种斗争的锻炼和考验，始终保持革命光荣传统，勤勤恳恳、兢兢业业地为党工作，后来都成长为建设祖国的优秀人才，有的成为副省级、厅、处等级的领导干部，有的成为教授学者、技术人员，有的成为桃李满天下的教师、校长，有的成为企业部门的经理，等等。他们都在各自不同的工作岗位上，为社会主义建设作出了自己的贡献。

第二章

复办时期
(1956年8月—1963年7月)

复　办　篇

　　1956年，全国社会主义改造基本完成，各地进入轰轰烈烈的社会主义建设阶段。

　　随着社会的发展和生活的稳定，当地老百姓对教育的需求越来越迫切，多次向公社和县政府请求在本地办一所初中，以解决公明、光明、松岗三地孩子就近读书的问题。与此同时，东宝中学老校友们也希望自己有着光荣历史的母校能尽快得到复办，他们积极呼吁，通过各种途径联系原东江纵队东宝行政督导处主任、时任广东省委统战部副部长谭天度和原东江纵队政治部主任、时任广东省主管宣传文教工作的领导杨康华反映情况，寻求支持。

　　在广东省委及宝安县委的关心和支持下，学校复办的请示得到批准。但囿于当时的客观条件，复办计划的具体落实还存在诸多困难，主要集中在资金、师资和校舍三个方面。

　　在资金方面，由于当时政府财政相当困难，单独依靠政府拨款还存在很大的缺口。于是，松岗、公明两地人民的捐助就成为办学资金的主要来源。

　　当时，以松岗文氏为代表的松岗、公明当地群众为学校复办积极奔走，踊跃捐款捐物。在师资方面，原来东宝中学毕业的学生就成为学校复办的主要师资。在校舍选址上，仍然以原东宝中学在公明水贝下村陈氏祠堂的老校址作为学校校舍。

　　关于学校复办后的命名问题，前后也经历了多次讨论。在学校正式开班以后，应原东宝中学校友的要求，当地公社曾向上级主管部门申请恢复"东宝中学"旧名。但是，当时政府主管部门有明文规定，凡是学校都要统一按照所在行政区域地名来命名，致使恢复"东宝中学"旧名一事未获批准。

1956年9月，学校正式复办，招收初一年级两个班。按照就近入学原则，招生的主要对象是公明、松岗及光明的小学毕业生。由于班额不足，学校管理班子都无法建立，校务暂由公明中心小学代管。

1957年秋季，再招收初一年级两个班新生。

基于学校校舍场地限制和师资缺乏等客观原因，1958年下学期，上级教育主管部门将学校两个年级（1956年秋招收的初中二年级、1957年秋招收的初中一年级）的学生，分别整体转到南头中学和沙井中学就读。

校史组采访中，据萧进洲老校长回忆，1958年是沙井中学建校第二年，这一时期他正好在该校任教，他记得当时他的学生中就有由公明转到沙井就读的。

1958年秋季，学校重新招初一新生，此后每年招生规模有一定程度的扩大。公社办学各项条件仍然简陋，但是学校师生克服困难，顽强坚持。

1959年9月，李光老师被指定负责中学事务。1960年8月，学校独立出来，定名为"宝安县公明初级中学"，廖政祥主任被指定为学校负责人。1961年8月，何如德被宝安县教育局正式任命为校长。

虽然校名不同，但复办的学校与原东宝中学有着直接的传承关系。

首先，学校复办者在主观上是以恢复东宝中学办学，解决本地学生就近读中学的困难为理由而向政府提出诉求的。其次，学校的复办是直接得到了东宝行政督导处谭天度、东江纵队杨康华等老领导的关心和东宝中学校友的大力支持的。另外，通过采访这一时期的老校友，他们共同回忆说，当年学校确实非常重视复办学校与东宝中学的传承关系，经常邀请老革命、老校友来校给师生讲述东江纵队的革命故事和东宝中学的光荣历史，老师们也经常教育学生要发扬东宝中学的传统，努力学习，刻苦锻炼，当好革命接班人。

当时松岗的学生所占比例很大，学生年龄尚小，上学要徒步很远的路程。特别是这一时期，由于陈氏祠堂的校舍已不能满足三个年级的教学需要，学校曾多处借地上课。扩建校舍、改善办学条件已迫在眉睫。

时任广东省副省长的杨康华同志得知情况以后，给予了极大的关心与支持，指示宝安县政府将建设新校提上议事日程。

广东省副省长、原东江纵队政治部主任杨康华携夫人
出席东宝中学建校42周年纪念会
(1987年5月摄于宝安县政府西园招待所)

东宝中学旧址(摄于1998年6月)

白龙冈篇

老校友回忆，杨康华曾委托夫人亲赴松岗、公明两地实地考察新校舍的选址问题。考虑要照顾到松岗和公明两地的学生上学距离，最后选址确定在松岗与公明交界处的松岗山门村白龙冈，并请来专业人员绘制了新校建设规划蓝图。

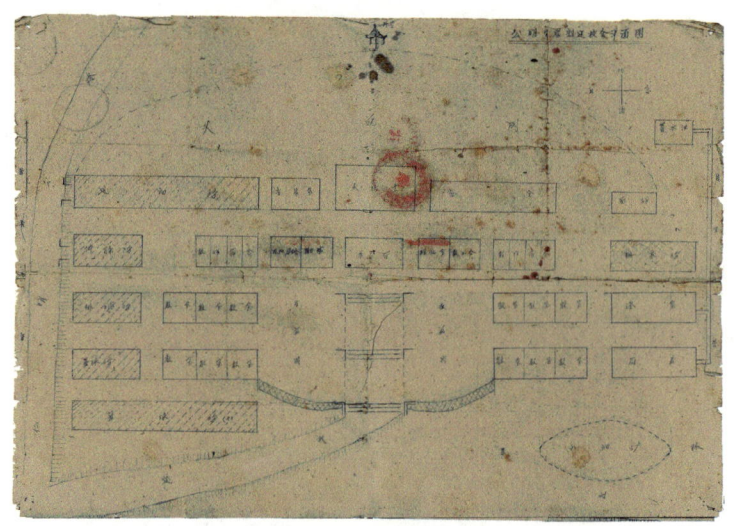

白龙冈校舍设计图

白龙冈校区位于松岗境内，是在上承东宝中学基础上复办的公明初级中学，下启松岗初级中学的关键一环。

新校址的建设始于1961年下半年，此时国家正处在"三年困难时期"，各级政府财政十分困难。新校建设虽然开始，但是由于缺乏建设资金，学校决定采取让高年级同学以半工半读的方式，自己动手参与建设新校园。

为了筹集建校物资，学校还广泛发动学生及村民捐赠建设材料，号召每个学生要捐献木料和青砖等支持建校。当时大多数家庭都很困难，但是他们还是想尽一切办法支持建校。学生和家长到处拾取砖块、木料，有的甚至拆出自家门杠，送到学校来。

当时直接参加建校劳动的主要是初三年级的学生，他们一边学习，一边劳动。初一、初二的学生劳动课也从公明校区赶来帮助建校。至1962年2月，建成了三间教室，一间教师办公室，还有一间简易食堂。其中一间教室用来做学生宿舍。

率先搬进新校区的是1961年秋至1962年夏的初三年级（1959年秋入学的一届）。白龙冈校区地理位置非常好，前望海，后靠山，很适合读书。新校蓝图规划布局合理，规模宏大，但限于当时的条件，新校完全建成遥遥无期，师生们已急不可待，他们就在学校靠马路的地方，用青砖砌一个校门，抹上石灰泥，自己动手写上校名：松岗初级中学。

正经历"三年困难时期"的学校师生，学习、生活条件都异常艰苦，学校没有专门的宿舍，更没有专门的洗澡间，同学们大都是到河边洗澡、洗衣。但课程学习却安排得相当全面而紧凑。学校设置有语文、代数、几何、英语、物理、历史、生物（植物、动物）、地理、体育、美术、音乐、劳动等多门课程。每天七点多就开始上课，晚上学校还组织同学们自习，由于当时还没有用上电，同学们都在煤油灯或者蜡烛下完成作业、复习功课。

在紧张的学习之余，适当舒缓的体育锻炼自然是大家的最爱。

当时学校的体育教师莫耀荣就是一位敢于在体育课程的形式和内容上创新的老师。

莫老师在完成既定的体育教学内容的同时，把中国传统体育项目太极拳引入课堂，利用体育课或课间活动时间，教授同学们练习太极拳，这一体育项目既传承了中国传统文化，又丰富了同学们的学校生活。（时间推进到近半个世纪后的2010年，松岗中学又开始在全校大力推广太极拳运动，学校统一将常规课间操改成打太极拳。更值得称道的是，由于高中三年一直坚持太极拳练习，2013届毕业生滕玉竹在考入安徽医科大学之后，先后参加国际武术大赛太极拳比赛和全球太极拳网络大赛均获一等奖，学校太极拳课程文化由此得到了很好的传承。）

1962年在校学生，由于当时我国国民经济严重困难，不少同学陆续辍学。

据校友们共同回忆，1961年秋季开学时，学校共有三个年级七个班级。其中当年招生的初一年级三个班，1960年招生的初二年级、1959年招生的初三年级各两个班。初二、初三年级尽管还保留最初的两个班，但学生人数均有不同程度的减少。

1962届校友是亲历白龙冈校区建设并在此完成了初三学业的一届。时隔半个世纪，校友们还清楚地记得，他们刚入学时有两个班共122人，甲班63人，乙班59人，在旧址祠堂读完初一，初二第一学期迁至合水口粮仓，第二学期又借址公明圩镇乡公所上课。初三第一学期再迁至光明薯粉厂，此时两个班尚有99人在读。等到1962年过完春节回来，即初三第二学期开学搬来白龙冈新校时，同学已经从99人锐减至44人。

在最困难的时候，政府给予了在读学生及时的救助，按年龄分两个等级（20斤、24斤）统一为他们配发了粮食指标，由当地粮食所直接发放到学校食堂，基本保证了学生的口粮，帮助他们度过了那段最艰难的岁月。现在回忆起这些，老校友们都心存感激。

当时学校的廖政祥主任还给同学们作过关于当前形势的报告，告诉大家国家经济困难只是暂时的，鼓励大家克服困难，坚持学习。在老师的教育鼓励下，留下来的这44名同学都坚持到了毕业。最后考上南头中学的有14人，考上观澜中学的有2人，还有1人考上了东莞师范学校。

校史组采访白龙冈校区毕业的1962届校友叶冠民（右三）

这一届坚持下来的44名同学，经历了"三年困难时期"、"文化大革命"、改革开放，尤其是直接参与了深圳经济特区40余年的建设，见证了国家和深圳的发展及取得的巨大成就。他们没有

校史组与 1962 届部分校友座谈会
前排（左起）：刘向红、麦汉桥、曾太康、叶冠民、麦意胜、文业成；
后排（左起）：陈锡南、黎治平、薄根如、杨大为

忘记老师的教导，没有忘记东宝中学的光荣传统，坚守故土，自强不息，勇立时代潮头，在各行各业都颇有建树。

他们中有政府官员，有教育工作者，有民营企业家，有乡村基层干部，还有参军入伍、保家卫国的革命军人……他们十分珍惜同学友情，几十年保持联系，退休后还经常相约到白龙冈附近聚餐谈心，以此缅怀当年在此共同度过的难忘岁月。

白龙冈校区仅使用半年时间，就在 1962 年初三毕业后的那个暑假，校舍因遭受台风暴雨损毁严重而无法继续使用。这样，本届初三成了唯一使用过白龙冈校区，并在未竣工的校舍前拍过毕业合影照的一届。

叶冠民先生保存的老照片

迁 校 篇

1962年秋季，学校招生规模进一步扩大，班级数也不断增加，学校仍旧回归四处借地上课的"游击战"时代，几乎所有的年级都经历了在水贝下村陈家祠堂、光明农场薯粉厂、合水口粮仓和公明圩镇乡公所等地的轮回上课。

年级、班级过度分散，学校不便于管理，也影响了正常教育教学工作的开展，学校亟需一个空间较大、建筑坚固的场所办学。而下村陈氏祠堂不便扩建，白龙冈的校舍因建筑材料匮乏和建造时间仓促，在台风暴雨的袭击下坍塌，重建无疑困难重重。

新建校舍遭毁、学校办学再度陷于困境的情况很快反映到时任广东省主管文教卫工作的副省长杨康华处。1962年9月，时任广东省副省长杨康华和时任广东高教局副局长袁溥之（陈郁同志夫人）一行，到白龙冈和黄松岗实地考察。后经杨康华亲自批示，宝安县政府给予学校巨大支持，在财政十分困难的情况下，拨款一万元给当时宝安县党校，将位于黄松岗下的县党校旧校舍一部分连同相邻的松岗糖厂的职工宿舍一起划给学校使用。

终于，在东江纵队老领导和宝安县政府的支持下，学校有了固定的且条件较好的校舍，师生们奔走相告，并做好秋季搬迁准备。

当时限于经济和交通条件，缺乏用于整体搬迁的装载器械和运输工具，时任校长何如德号召全校师生采取蚂蚁搬家的方式自己动手搬迁学校。同学们异常兴奋，有的骑来自行车，在后座上横放木棍木板，再放上教具书籍；有的推来家中的小推车、小拖车等简陋运输工具，装上桌椅和器材；更多的是在没有任何运输工具的情况下，采用肩扛手提，或两个人合作，抬起桌椅板凳和黑板，徒步好几千米，从公明走到松岗。

搬迁到黄松岗校址时，学校名称仍用"宝安县公明初级中学"，但师生们日常中已自然而然将学校改叫"松岗中学"。（后公明水贝村下村旧址改为"下村小学"和"下村幼儿园"）。

在文业成农具模型展览厅，1965届校友黄培新（左）向刘向红副书记（右）介绍当年迁校的运输工具——独轮推车

第三章

黄松岗时期

(1963年8月—1999年9月)

创业阶段

综 述 篇

据史料记载，1960年7月，原松岗公社析置为松岗、公明两公社。1961年7月，设区析社，宝安县设南头、松岗、布吉、横岗、葵涌5区，松岗区管辖福永、沙井、松岗、公明四个公社和光明农场、罗田林场。松岗中学仍然负责招收松岗、公明两公社和光明农场的学生。

学校全部搬迁到黄松岗山下校区以后，结束了学校校区不固定、上课方式多变的动荡阶段，其基本教学条件也有了很大改善。宝安县政府除了把宝安党校的旧校舍划给学校以外，还通过协调，把当时已经停产的松岗糖厂的职工宿舍也划拨给学校使用；同时与松岗房管所协商，借用了松岗糖厂的车间作为学生宿舍兼学校礼堂。

学校进入新的创业阶段，师生们的热情都非常高。学校号召全体师生发扬自力更生、艰苦奋斗的精神，自己动手，大兴土木改善办学条件。师生一齐动手修好了办公室，建好了一间学生大宿舍。学校还向县教育局请示，拆掉白龙岗受损的校舍房屋，利用这些建筑材料在糖厂车间内修建音乐室、图书阅览室、团队学生会办公室等。

1965年，学校搬到黄松岗校区的时间虽然仅有两年，但在师生的共同努力下，学校已经变成一所绿树成荫，整齐美观，农、林、牧、副、渔课程齐备的社会主义新型学校。

宝安县公明中学[1]用笺　　地址：松岗公社

报　告

宝安县教育局：

　　我校接宝安县人委通知：决定将公明中学改名为"松岗初级中学"后，师生极为高兴。同时糖厂车间物资已全部清理。目前我校师生正在抱着自力更生的精神，大兴土木修建车间。到目前师生一齐动手修好了办公室和间（建）好学生大宿舍一间。但按照学校需要和车间大有间房余地的条件，我校还需在车间内间（建）音乐室、图书阅览室、团队学生会办公室等。可是师生虽然有劳动干劲而目前缺乏青砖使用。

---

① 〔公明中学〕为宝安县公明初级中学，即由公明水贝村下村厝地迁于位于松岗公社黄松岗的松岗中学，而非现在的深圳市公明中学。

现根据学校需要和白龙冈（新校舍）的厨房情况（瓦面被台风破坏，窗门框等已经腐烂，不少群众不断将青砖偷走，如果不再处理，一来有全部倒塌的可能，二来损失极大）。学校初步意见想将白龙冈厨房宿舍那间，把它拆掉，利用这些旧砖瓦来间（建）学校急需用的图书阅览室和音乐室等。不知是否同意（公社没有意见），请予批复。

松岗中学[①]

1965 年 11 月 5 日

为了继承东宝中学的光荣传统，激发广大师生的学习热情和革命干劲，1965 年 5 月 4 日，学校师生在黄松岗新校区举行了一场简朴而不失隆重的建校 20 周年庆祝大会。

因为考虑到学校刚迁校不久，条件简陋，学校没有邀请各级领导和广大校友们来校参加，但杨康华、谭天度、周大洲等老领导得知消息后，都捎来了题词表示祝贺，这对刚刚迁校不久的松岗中学师生是莫大的鼓舞。据老校友回忆，当时大会上师生代表都作了发言。代表学校发言的是廖政祥，代表学生发言的是一名家住红星村，名叫叶派民的男生。

德 育 篇

这一时期，学校在德育方面，重视以校史为教材对师生进行教育。每逢新学期开学，学校老师都要对新生讲述东江纵队和东宝中学的光荣历史；每年清明节，学校还会组织全校师生前往东莞霄边祭扫烈士墓。同时，学校还通过组织师生调查村史、家史等对学生进行社会主义思想教育，使学生确立为革命而发奋读书的理想，使教师确立为革命事业教书育人的积极态度。

---

① 〔松岗中学〕为宝安县松岗初级中学。

学校还经常邀请原东宝中学的师生、革命老干部来校与师生座谈。比如学校曾前后两次邀请原东宝中学副校长、暨南大学教授曾劲夫同志来校讲座，还邀请东宝中学董事会董事张倩芳到学校讲述东宝中学时期的革命故事。老师们最喜欢用时任广东省副省长杨康华同志来校考察的照片，用杨康华、谭天度、周大洲等同志为校庆20周年的题词来激励师生。时任广东省教育工会副主席周大洲题词内容为："**发扬革命传统，正确贯彻教育方针，促使学校革命化。**"

黄松岗时期资料节选

教 学 篇

这一时期，在教学方面，学校坚持贯彻毛泽东同志对教育工作的指示精神，大兴调查研究之风，有的放矢、对症下药地解决教学中的难题。学校秉承毛泽东同志为延安抗大提出的"理论联系实际，少而精"的教学原则，首先通过调查，了解农村和学生家庭的情况，然后根据农村生产劳动的实际需求以及学生学习和生活现状，对教学工作进行改进。

在语文科教学中，学校加强了应用文写作教学，还专门编写了应用文教学教材。

在数学科教学中，初中一年级和初中三年级都增设了珠算教学，初一以巩固小学珠算为主，初三以熟悉农村会计项目的实际应用为主。同时还在几何科中加强实地测量知识教学。

在生物科教学中，学校根据当地实际情况，详讲水稻、番薯等南方作物种植和化肥使用方法，而棉花、玉米等北方作物则作略讲。同时，学校建立起生物实验园地，有时把课堂搬到田间地头。

在政治科教学中，学校除根据课本内容进行一定的理论知识学习之外，还经常结合当前形势和当地实例进行教学，把课内课外紧密结合起来，如邀请参加过抗美援朝战争的志愿军战士讲战斗故事，组织学生调查一些农村干部腐败变质的实例，等等，用现实生活中活生生的案例对学生进行"防腐拒变"的思想政治教育。

在物理科教学中，学校结合农村用电的实际情况，安排学生上电学课，组织电灯安装和使用的课外活动小组，以实际应用来巩固强化初三学生的电学理论知识。初三毕业时几乎全体同学都能够自己动手安装电灯，有不少同学还成为学校电工组的得力助手。

在体育科教学中，学校除了把投掷手榴弹、操练红缨枪等军事体育引入课堂，还结合学校的天然条件，加强爬山、游泳等项目的锻炼，到毕业时全校男女学生都具备了游泳技能。

在这一时期，学校还开展了以"减轻学生负担，提高教学质量"为主要内容的教学改革。在减轻学生负担、提高教学质量的问题上，学校首先组织师生学习并理解关于减轻课业负担与提高教学质量矛盾统一关系的原理。在全校师生都统一思想、明确这一改革的积极战略意义基础上，再从讲、练、辅方面下功夫，使各科教学都能达到讲少些、讲好些和堂上练、课后练相结合的要求。

数学科的作业规定了必做与选做相结合，全收全改与轮流收改相结合，精批细改与略改相结合。语文科的作文坚持作文前一两天发布题目的制度，并以学生最熟悉的题材作为写作内容，使学生写作鲜活生动，有血有肉，言之有物。

学校还重视提高老师的业务水平，不但坚持教什么学什么，而且具体规定了业务学习的内容。如要求初一年级老师首先要学习和精通初二年级教材，以便衔接；要求初二、初三年级老师在熟悉全部初中教材基础上进修高中教材。另外，要求老师要加强专业进修，不断丰富知识体系。比如，语文科的老师要认真学习毛泽东同志《在延安文艺座谈会上的讲话》、现代汉语知识、古典文学知识等。

这一时期，学校将劳动教育与校园建设相结合，在困难时期，师生们发扬艰苦奋斗精神，自己动手建设和美化校园。

自 1963 年搬到黄松岗校区以后，学校以勤工俭学和美化校园为中心工作。从 1963 年下半年到 1965 年，学校师生种了各种果树 2000 余棵，其中香蕉、木瓜获得丰收；植树 5000 余棵。开挖三个生活用水井；多方筹措物资建成了一个露天舞台，一条 150 米长的校道，一个运动场，一条总长达 150 米的学校围墙，一座花果山，一个学校小型农场。学校师生还通过校外劳动收入，不断改善学校的办学条件和师生生活。

1965 年 10 月，宝安县人民委员会正式通知学校，将位于黄松岗的"宝安县公明初级中学"更名为"宝安县松岗初级中学"（以下简称"松岗中学"），招生范围仍然为松岗、公明两公社和光明农场的学生。任命廖政祥为松岗中学首任校长，上级领导亲手将学校公章交给廖政祥。

学校更名后，为了提醒后人不忘历史，同时为巩固 20 周年校庆活动的成果，学校还特地举办了一次师生书画展。语文老师曾闻历别出心裁地画了一幅画，取名为"三重门"。他用艺术的形式将三个校门由远及近推出，揭示学校从东宝中学，到公明初级中学，再到松岗初级中学的历史变迁。

教育革命阶段

学校正式更名后不久，上级决定将廖政祥校长派往新的岗位任职，调龙华中学刘汝祥来松岗中学担任副校长，拟接手廖政祥的校长工作。

刘汝祥1955年毕业于华南师范学院物理系，被分配到宝安县深圳中学（当时称宝安县第二中学）工作，1965年调到龙华中学担任学校负责人。1966年4月，刘汝祥调来松岗中学后不久，"文化大革命"就开始了，廖政祥继续留任松岗中学校长职务。刘汝祥副校长后来被安排去搞"社教"运动，直到1968年5月，刘汝祥重新回到松岗中学副校长岗位。

1969年8月，刘汝祥当选为学校党支部书记；1970年8月，被正式任命为松岗中学校长，全面接手廖政祥校长的工作。刘汝祥前后在松岗中学校长岗位上辛勤奉献十余年，直到1980年调去深圳市教育局基建科工作。

刘汝祥校长

校史组采访刘汝祥校长（左一）

学校迁至松岗后，继续承担松岗和公明公社、光明农场区域内的初中办学任务。从1966年起，按照国家发展教育的新要求，学校开始办普通高中，但1967年学校未能正常招生。1968年5月，学校教育教学秩序逐渐恢复。为了贯彻落实毛主席在"七二一"指示中提出的"学制要缩短，教育要革命"的要求，学校将初中、高中的学制均由三年制缩短为两年制。

1968年复课后，学校执行上级教育部门的指示，将1965年、1966年考上南头中学的本地学生全部转回松岗中学就读。这两届学生一共30多人，分别于1969年和1970年毕业。

松岗中学前后坚持高中办学14年，一直到1980届学生毕业，高中班停办。

1973年，全校教职工为26人，办学规模为初中、高中四个年级共八个班，各年级均为两个班。

20世纪70年代初期，为了贯彻"教育必须要与生产劳动相结合"的社会主义学校的办学原则，学校实行开门办学，老师将学生带出校园，开展"学工""学农""学军"的教学活动。

在"学工"方面，主要是组织学生到松岗农具厂劳动学习，开展现场教学。同时，学校还会请来工厂技术员，给同学们讲解工业生产知识。

"学农"的活动课程更加丰富多彩。当时学校在白龙冈废弃校址旁拥有一片农田，用来作为师生的农业实践基地。师生们在农田里按季节栽种水稻、花生、木薯等农作物。同时，老师教授给学生关于杂交水稻的知识。每到劳动课，老师就带领学生到校办农场参加农业种植实践。

　　师生们还在学校旁边的黄松岗山上开荒种地，数学教师薄根如当时负责炸山开荒的工作。据薄老师回忆，他带着学校开具的公函去联系有关部门，申请购买炸药。进行爆破时，为了学生的安全，薄老师亲自点燃炸药引线，炸开黄松岗山上的石头，然后让学生用铁锹和锄头将碎石整平，再铺上泥土，开成田地，种上甘蔗、花生等经济作物。

薄根如（右一）向校史组程伟（左）描述当年炸山开荒的情境

　　当时驻扎在光明农场的有人民解放军陆军的一个师部，还有一个坦克团，这给"学军"提供了极好的资源和条件。学校经常组织学生前往光明农场的解放军军营，接受军事教育，开展军事训练活动。通过直观的军事装备，规范的军事训练，学生不仅丰富了知识，也增强了体质，锻炼了意志。

　　学校还特别重视将书本知识与社会实践相结合。1974年，在

043

数学老教师萧进洲的指导下，刚毕业参加工作的薄根如带领学生前往松岗燕川开展实地勘测。师生们借来小平板仪等测绘工具，对松岗燕川的地形地貌进行了全面测量，同时还测量了学校旁边的黄松岗山，得出等高线数据。

这时期，学校组建了一个50人的文艺宣传班，由文雅丽老师担任班主任。在学习文化课的同时，注重发展学生的音乐、舞蹈、表演等方面的才能。师生们带着自编自导的歌舞、戏剧等文艺节目下乡表演，既提升了学生的文艺素养，也丰富了群众的文化生活。其中，最让人难忘的是文艺宣传班深入潭头大队"麻风村"进行的那场慰问演出经历。

松岗潭头大队有一个村，因之前有村民感染了麻风病，当时虽然已经阻断了传染源，村民也都恢复了健康，但仍遭到很多不明真相群众的歧视。

文雅丽老师带领文艺宣传班的学生来到这个村里，为村民献上自己编排的文艺节目。村民也纷纷拿出家里自己都舍不得吃的食物招待演出的学生。当村民们看到还未卸妆的学生演员毫无顾忌地接过食物放进嘴里的时候，他们被深深感动了，流下了热泪。

这一时期，学校还成立了武术队，与文艺宣传班形成"一文一武"相呼应的学校文体教育特色。武术队由古劳咏春拳传人吴传海担任总教练。吴传海原是下放到松岗公社的广州知青，先后被抽调到松岗小学、松岗中学等学校担任教师，后来又被调到惠阳地区体育队任总教练。武术队和文艺宣传班一起，参与到下乡演出的宣传活动中，受到广大村民的热烈欢迎。

文雅丽（左一）讲述当年带学生去"麻风村"演出的情况

到1975年，学校开展先进农业技术学习活动，除了利用学校拥有的一台手扶拖拉机对学生进行教学之外，还组织学生到公社各个大队学习四轮拖拉机驾驶技术，很多学生毕业之后直接成为各个大队的拖拉机手。

1977年10月21日，国家公布了恢复高考的消息，同年12月份，全国各地举行了高考，这是新中国历史上唯一一次冬季高考。此时由于1977届学生已经毕业离校，加上时间仓促，学校无法集中组织学生参考，基本是由学生自己报名参考。学校决定全力以赴备战1978年夏天的高考。

恢复高考看上去只是一道命令，但要做的工作有很多。一是备考时间只有半年，二是当时纸张和书籍供应紧张，必要的复习资料也严重缺乏。面对这种情况，学校领导想学生之所想，急学生之所急。

得到恢复高考的消息之后，时任松岗中学校长的刘汝祥迅速组织全校师生投入备战高考的工作中。校长发动教职工通过各种途径为学生寻找复习资料。同时，学校教师不仅开展正常的教育教学工作，还利用课余时间，组织大家进行高考复习。

教师加班加点辅导学生，学校还从校外聘请专家来校对学生进行辅导。甚至当时学校还通过多方沟通努力，实现了高考备考复习的"远程教学"。

当时报名参加1978年高考的学生很多，各地都缺乏可以对学生进行高考复习指导的教师。当时省里决定请华南师院（现华南师范大学）相应学科的教授用电视转播的方式，对全省学生进行高考备考辅导。

得知这一消息后，学校领导立即联系当时的松岗公社，由公社出面协调，为学校争取到一台电视机。每天晚上八点钟，华南师院（现华南师范大学）教授们的高考辅导课准时开课，同学们守着电视机聚精会神地听课、做笔记，对知识充满渴望。

1978年高考报名人数很多，宝安县教育局决定在松岗中学设置考点，考场主考由宝安县教育局领导担任，刘汝祥校长担任副主考，具体负责考场组织工作，成为松岗中学历史上第一位高考考场主考官。当时共有100多名考生在松岗中学考点参加考试。

在1978年高考中，松岗中学有三名学生考上大学——张海鹰，中山医科大学；文立章，湛江医学院；文树威，广州体育学院，实现了历史性的突破。

到 1979 年，松岗中学高中毕业年级有三个班，蔡根来、薄根如、刘秉权三位老师分别担任三个班的班主任。为备战高考，老师们倾注了全部心血，学校对这一届给予了很大希望。当时学校亟待改善办学条件，也希望通过高考获得教育局的奖励以添置图书仪器等设备。但是由于当年"大逃港事件"影响，即将参加高考的学生流失严重，最终只剩下 9 名学生在薄根如老师带领下前往公明考点参加考试。

1980 年，最后一个高中班共 21 名学生毕业之后，学校停止了高中招生。直到 1986 年又恢复普通高中招生，同时还与南头中学合作办了两个中专班。从 1993 年秋季开始，学校响应上级规范高中办学的指示，又暂停了普通高中的招生，在读高中学生全部集中转入宝安中学就读。

进入改革开放新时期的 20 世纪 80 年代，社会结构发生巨大变化，深圳步入迅速发展的快车道。

地处深圳西北角的松岗中学也因经济条件的好转，各项办学条件都得到较大程度的改善。当时社会风气崇尚工商，教师的社会地位普遍不高。到 1985 年，国家开始设立教师节，教师的地位才逐渐得以提升。但是松岗地区历来就有尊师重教的传统，即使是在经济最困难的时期，松岗百姓都非常重视教育、尊重教师。

这一时期，松岗人民及源于松岗的港澳同胞为家乡的建设和教育的发展踊跃捐款，教学设施和办学条件不断改善。同时，教师更加爱岗敬业，松岗中学教师经常深入学生家中了解学生的家庭学习、生活状况，远至燕川、罗田、沙浦围、碧头等村的学生都不会落下，这也体现了松岗中学历来重视"家校共育"的光荣传统。

从 1980 年到 1993 年，松岗中学先后经历张志文、刘鉴宏、高桂熊、赖辉强、曾闻历、蔡根来、萧进洲等七任校长。虽然每位校长在任时间都不长，但对学校的发展都作出过各自的贡献。他们的共同特点：一是重视老校区建设的升级改造，在政府拨款和社会捐款的共同支持下，学校逐步建成了现代化的教学楼、综合楼，办学条件和办学水平一年一个新台阶；二是重视抓常规管理，重视抓教学质量；三是关心教职工，尽力帮助他们解决实际困难。

据老教师黄启德和薄根如共同回忆，在张志文校长任期内，松岗中学教学成绩提高较快，中考语文学科还曾名列宝安区第一。

时任初三毕业班的语文老师叫邓美典，后来邓老师因教学成绩突出，顺利调入深圳中学工作，并担任初三年级级长。期间，她还利用深圳中学的优势资源，为松岗中学备考工作提供过不少帮助。

刘鉴宏担任校长时，学校部分教职员工家庭经济出现一些困难，刘校长想方设法帮助教师家属解决就业问题，亲自去区教育局和镇政府争取招工指标。学校退休职工邓丽芳就是那时入职的教师家属之一。

在赖辉强校长任期内，中考六科综合排名曾居全区第六，其中蔡根来老师所教的英语学科排名全区前三。

在20世纪60年代后期到70年代，师生的生活条件都很艰苦，学校教师住房条件非常差——单身教师被安排住在原宝安党校只有几平方米的职工宿舍，成家的老师也只能住在黄松岗山脚下的简易平房。

长期住在黄松岗脚下的教师家庭有蔡根来、曾闻历和容安宅等三家人，他们被师生们戏称为"三家村"。"三家村"生活条件十分简陋，住的都是用原来糖厂职工浴室改建的不到10平方米的泥砖房，平时做饭都是烧木糠炉，只要一家生火做饭，几家老小都会被熏得睁不开眼睛。

教师的住房条件直到20世纪80年代初也没有得到根本的改善。新来的教师经常是三两家挤住在学校从松岗友谊公司、石油公司租来的套房里。为了让教师安居乐业，赖辉强、曾闻历、蔡根来、萧进洲等几任校长前后接力，主持建成了一栋单身宿舍、四栋家属宿舍，基本解决了教师的住房问题。

在曾闻历校长任期内，为了解决教师的后顾之忧，学校还组织筹建了教工子弟幼儿园。由学校工会出面筹集资金，找镇政府和妇联拉赞助，同时动员全校教职工捐款。学校工会主席薄根如带领工会干部亲自去广州购买幼儿园教学设施、玩具。松岗镇中心幼儿园成立后，学校教工幼儿园停办，全部器材无偿捐给了中心幼儿园。

1988年8月，宝安县教育局任命蔡根来担任松岗中学校长。

蔡根来1970年大学毕业来到松岗中学工作，长期担任英语教师。

当时松岗中学严重缺乏英语教师，直到蔡根来分配来校后，英语课才得以正常开设。在英语教师极度缺乏时，蔡根来勇挑重任，几乎包下了整个学校的英语教学。1986年担任部门主任后，还担任初三年级四个班的英语课。甚至在担任校长后，他还坚持兼任一个班的英语教学工作，尽心尽责上好每周的七节课。当年松岗中学英语成绩稳居宝安县前三名，其中蔡惠尧（现任深圳市博物馆副馆长）同学就以优异的总分成绩及英语单科高分考入深圳中学；新安中学英语名师、优秀班主任庄红冰老师也是蔡根来当年的学生。

在蔡根来任校长期间，学校领导班子团结一致，及时发现和处理问题，确保学校教学活动正常开展，不出现政治安全问题。同时，蔡校长进一步发挥他作为本地居民的优势，发动松岗人民支持教育，支持学校建设与发展。

蔡根来校长于1990年8月调任松岗镇政府科教卫办公室主任，后又担任松岗镇民政统侨部主任。担任这些职务期间，他一直非常关注松岗中学的发展尤其是东方大道大田洋新校区的建设，他多次联系松岗本地热心企业、热心人士及华人华侨、港澳同胞为学校建设捐款。香港同胞、原山门村居民文洪磋老先生热心公益事业，为松岗文教卫生事业作出过重大贡献。蔡根来担任松岗镇民政统侨部主任时期，每年都要去香港拜访文洪磋老先生。

校史组采访蔡根来校长（中）

萧进洲也是一位从教学一线走出来的既专业又务实的校长。他早在 20 世纪 50 年代初从广东肇庆师范学校毕业后就来到宝安县工作，先后在深圳小学、沙井中学担任数学老师。1970 年调到松岗中学工作，曾兼任宝安县中师数学函授和大专数学函授辅导教师。

1988 年 8 月，萧进洲开始担任学校副校长，1990 年 8 月接替蔡根来担任松岗中学校长。他在任时期（1990—1993 年），面对社会上"人人下海""全民炒股"的汹涌浪潮，教师队伍也难免受到影响。一些教师因工资待遇不高、学生难教等，出现人心浮动、无心教学的现象，不安心本职工作，备课、上课敷衍塞责，教师辞职下海、兼职经商等情况时有发生。部分学生无心上学、纪律涣散、考试作弊的不良风气也亟待整顿。

学校领导班子本着对国家、对学校、对学生负责的精神，竭尽全力改变这种局面。一方面及时加强对教师的师德师风教育，另一方面加强学校教学常规管理。学校建立了行政课堂巡察和听课制度，萧校长经常带头深入课堂，了解教师的教育教学情况，掌握第一手资料，并根据课堂教学效果，向教师提出改进建议。同时加强对学生的诚信教育，狠抓考风考纪。

校长的严格要求、身体力行、内行而真诚的指导和帮助，对维持教师队伍的稳定起到了很好的作用。在萧进洲担任校长期间，教师的教风与学生的学风、考风都得到很大程度的改善。

校史组采访萧进洲校长（中）

教育城市化阶段

综 述 篇

1993年8月，原政教主任吕静锋被提拔为副校长，开始全面主持学校工作；一个月后，被正式任命为松岗中学校长。

20世纪90年代初，是中国教育事业大发展、大变革的一个时期。中国共产党第十四次全国代表大会明确提出："必须把教育摆在优先发展的战略地位，努力提高全民族的思想道德和科学文化水平，这是实现我国现代化的根本大计。"1993年3月，中共中央、国务院颁布《中国教育改革和发展纲要》，规定了新的形势下教育工作的任务和建设有中国特色社会主义教育体系的主要原则。

这个时期，松岗中学学校环境和教育教学设备得到较大的改善，同时通过接收教育局分配来的面向全国招调的教师和高校毕业生，师资队伍得到了极大的充实和优化。

到1996年，学校教职工已达133人。其中高级教师4人、副教授1人、中学一级教师56人。不少教师毕业于北京师范大学、华东师范大学、华南师范大学、湖南师范大学。学校规模已发展到29个教学班，其中高中班5个（含企业管理和财会专业两个中专班），初中班24个，在校生1200余人。

这一时期，为了贯彻落实宝安区教育局提出的"教育观念从应试教育向素质教育转变，办学水平和模式由农村教育向城市教育转变"的总要求，学校领导班子提出了"上等级，创特色"的发展目标，确立了"先成人，后成才"的办学理念，全面推行"六化"工程，即设备现代化（扩建校舍），生活艺术化（美化校园），行政制度化（施行系统），管理科学化（上等级），课程合理化（调整课程），师资专业化（教师培训）。

松岗中学黄松岗校门（山门路 17 号，摄于 2020 年 11 月）

1996—1997 学年全体教职工合影

学校功能室

德 育 篇

　　当时，松岗中学是拥有10余万人口的松岗镇的唯一一所完全中学。松岗镇的社区环境十分复杂。其一，松岗镇交通网络四通八达，107国道、广深高速公路和龙岗至太平的公路在此交汇，距深圳国际机场及福永码头仅10余分钟车程，因此来往的人员复杂。其二，改革开放初期，由于种种原因，不少涉黑团伙在此暗中发展，使这里的教育环境不尽如人意。其三，学校地处原深圳二线关外，许多"三无"人员滞留学校周边，给学校安全带来很大隐患。受外界的影响，曾经的松岗中学打架斗殴被视为平常之事，学生之间的群殴群斗及外来人士入校捣乱的情况时有发生。一些家庭经济条件优越的子弟不思上进，热衷赌博，花钱大手大脚，无心向学，整个德育环境令人担忧。

针对这样的教育现状，学校班子提出了"先成人，后成才"的口号。他们认为，教师要想教育学生成才，应先教学生立德，再教学生做人。"以德为先"成为全校上下的共识。

确立了德育的核心地位以后，学校紧接着制定了德育的目标与内容。为突出德育工作的重要性，学校行政分工时专由一名副校长主管德育，兼任政教处主任，再由一名各方面能力都较强的副主任负责具体运作。

在德育目标定位上，当时的松岗中学因其地理位置导致生源结构复杂，教学质量不理想，属于深圳特区中学里不折不扣的"三流"学校。但学校班子认为，不能以此为理由降低学校的德育标准。因此，学校按照《深圳市大、中、小学德育一体化方案》的实施要求，确定了学校德育工作目标：初中阶段以培养良好的道德品质、遵纪守法的行为习惯和辨别是非的能力为重点，引导学生有正确的人生追求；高中阶段以培养道德评价能力、法制观念和初步树立正确的世界观、人生观和价值观为重点，引导学生追求成功，立志成才。

目标确定后，学校又在德育内容上提出具体要求。以《深圳市大、中、小学德育一体化方案》为蓝本，结合本校实际，由政教处分别拟定《松岗中学初中生思想品德要求》和《松岗中学高中生思想品德要求》，印发各年级各班，要求利用班会组织学生认真学习，严格按要求执行。

松岗中学学生思想品德要求共有三大项 38 小项：第一大项是思想政治方面的"三大要求"，包含"9 个做到"；第二大项是道德品质与行为习惯方面的"六大要求"，包含"23 个做到"；第三大项是个性心理素质方面的"三大要求"，包含"6 个做到"。

这些思想品德要求最基本的是爱国家，拥护党，有理想，关心集体，热爱劳动，守纪有礼，学习勤奋，生活文明，遵守公德。个性心理素质方面须做到积极上进，独立思考，意志坚强，诚实正直，性格开朗，是非分明。

确定了德育的目标与内容，整个德育工作就有了明确的方向，这个方向就是培养学生具有正确的政治方向，初步树立为人民服务的思想和为建设有中国特色的社会主义而奋斗的志向；有良好的道德品质和文明习惯；具有与社会主义市场经济相适应的良好个性和心理品质，具有"开拓、创新、团结、奉献"的深圳精神，成为合格的社会主义公民。

确定了德育工作的方向和基本框架后，学校选定七大教育主题，即爱国主义教育、理想教育、马克思主义常识教育、道德教育、劳动教育、社会主义民主法制和纪律教育、身心卫生和个性发展的教育。

松岗中学领导班子充分认识到实施德育必须充分发挥校内外各种教育途径的作用，互相配合，形成合力，才能创建良好的育人环境，共同完成德育任务。

这一时期，学校德育管理的具体措施有以下几个方面：

一是强化班级德育管理制度。首先要求全体科任教师充分发挥各学科的德育功能，将思想教育寓于课堂教学之中，同时主动关注学生的学习动机、态度、习惯；其次为班主任配备"副班主任"，协助班主任做日常德育管理和操行评定工作。

二是利用团队和学生会开展德育活动。比如，学生会长期负责学校广播室工作，并每天写一句英语礼貌用语挂在校门口；创办文学油印刊物《松中风》；少先队开展"雏鹏"活动，有力促进了学校德育工作。

三是通过社会实践加强德育体验。学校建立了社会实践基地，组织学生到宝安区戒毒所、广州博物馆、光明农场的少年军校等地参观和训练，还经常组织学生到松岗敬老院做好事。中专班参与了社会调查和实习活动，团委经常组织团干、学生会干部参与社会实践，上街做好事。初、高中学生军训已成惯例。由于学校加强了社会实践的指导，学生在理论与实践的结合中加深了对社会的了解，开阔了视野，增长了才干。

四是通过校园文化优化德育环境。松岗中学充分发挥校园文化的陶冶教育功能，把校园文化当作学校德育工作的一个重要阵地。建立和健全了学校各种规章制度，编成《深圳市松岗中学管理条例》上下册，上册适用于教职工，下册适用于学生。这些制度对学生起着激励与约束作用，同时也要求教职工以身作则，做到教书育人、管理育人、服务育人，共同构建了"三育人"机制。

学校设立了"三风一训"墙、"五心"教育墙,还通过学科墙报、阅报橱窗和"三史一情"室形成学校德育工程宣传阵地。学校还下大力气整顿校容,用几十万元绿化、净化、美化校园,优化了学校的育人环境,学校的绿化覆盖率达40%,超过国家标准。学校大力扶持、发展学生社团,开展对健康有益的课外活动,成立了文学社,组建了合唱团、美术兴趣小组、航模兴趣小组和音乐兴趣小组,学生的课外生活丰富多彩。由于全校师生的共同努力,松岗中学的校园文化建设曾在宝安区教育局组织的评比中荣获二等奖。

学校元旦文艺汇演

五是通过家庭教育拓展德育途径。学校成立了家长委员会,有重要事情时会召集家长委员会委员开会商讨。学校每学期都组织一次大规模的家长会,分年级分班召开,同时每学期还进行一次大规模的家访，所有的科任老师分配到各班随同班主任进行普访，由学校统一安排车辆接送家访教师。同时，学校还不定期地召集家长进行校访。每个班都建立了家长通讯录，教师与家长联系渠道畅通。通过这些形式，家长加深了对学校的了解，教师也更了解学生，达成了学校、社会与家庭教育的一致性。

学校军体操表演

六是通过社会教育增强德育实效。学校积极发挥社会环境在德育工作中的作用。例如为了解决流失生问题，学校向镇政府反映流失情况，建议政府部门采取措施控制流失，以确保九年义务教育的实施。镇政府采纳了学校的建议，在镇教育工作会议上下发文件，明确规定凡初中未毕业者，村里不予分红。又如关于学生打电子游戏问题，镇政府教育会议上明确下文，要求电子游戏机室有限制地对学生开放。非节假日，不得接待学生入室打电子游戏。学校还请司法部门的同志对学生作法制教育报告，请武装部的教官来校对初一、高一新生进行军训；组织全校师生统一观看话剧《托起明天的太阳》和电影《白粉妹》；组织学生到博物馆、戒毒所等地参观；通过派出所，遏制破坏干扰学校教学秩序的现象，坚决打击抢劫勒索学生钱物、殴打污辱师生等违法犯罪行为。

几年的德育工作探索实践取得了良好的成效，得到社会和家长的好评。每天清晨上学时，佩戴红袖章的值周教师排着队站在校门口迎接学生，全校学生按学校"五统一"的要求，穿着整齐的校服和校鞋，留着统一的发型，挎着统一的书包，佩戴统一的学生牌，一一向值周教师问好，然后走进校园，开始新一天的学习生活。

一时间，在深圳特区西北角松岗镇的大街小巷，身着松岗中学校服的学生，俨然成为一道城市文明的风景。

学生走进校园，开始新一天的学习生活

1996年，松岗中学被确定为宝安区三所德育试点学校之一。学校接受宝安区教育局委托，拍摄了全面反映学校德育工作的专题片《一枝红杏出墙来——松岗中学德育工作纪实》，此专题片作为宝安区中小学德育理论骨干培训班教材和兄弟学校经验交流材料在不同场合多次放映，受到广泛好评。

教学教改篇

松岗中学也是宝安区教育界比较早重视教科研工作的学校之一。1996年下学期，学校引进时任北京师范大学教授、教育心理学院副院长、教科所所长裴娣娜主持的国家教委人文社会科学博士点基金项目、"九·五"重点课题"中学生主体性发展"实验研究，启动了倡导"教师是主导，学生是主体"，变"授之以鱼"为"授之以渔"，侧重学法指导的课堂教学改革。

学校进行了课堂教学结构改革、教材引进实验、教法学法改革实验、德育基地实验、第二课堂改革实验等一系列教改探索，其中以课堂主渠道改革的实验研究为重点。

在课程结构上，引进上海中学"四个板块"的做法，并加以改进，把必修课、选修课、综合课放在五个工作日里进行，把活动课放在星期六的上午（一周一次）进行。

在课时的划分上也作了调整，具体安排为：必修课每节为40分钟，选修课每节为30分钟，活动课每节为60分钟，这样既可以减轻学生的负担，又可以增加信息的吸收和能力的训练，多方面地培养和发展学生的个性特长，促进学生"学会学习，学会创造，学会合作，学会生存"四大素质的整体提高。

当时学校实施素质教育的必修课、选修课、活动课的安排一览表如下表3-1：

表3-1 课程一览表

级段	课程类型		
	必修课	选修课	活动课
初一	语文(5) 历史(2) 数学(5) 生物(2) 英语(5) 音乐(3) 政治(2) 体育(2) 地理(2)	英文听力与口语(2) 普通话训练(1) 阅读指导(2) 数学速算训练(1) 乐器教学(2)	乐器练习合唱队训练(2) 少年篮球队训练(1) 英文打字电脑(1) 英语角活动(1) 动脑动手拆拆装装(1) 学科兴趣小组活动(2)
初二	语文(5) 历史(2) 数学(5) 生物(2) 英语(5) 物理(3) 政治(2) 美术(3) 地理(2) 体育(2)	英文阅读与理解(2) 文学鉴赏(2) 作文专题辅导(2) 几何解题技巧(2) 物理化学实验活动(2) 电脑(2)	乐器练习合唱队训练(2) 少年足球队训练(1) 数学奥校(1) 快速阅读训练(1) 学科兴趣小组活动(1) 书法绘画训练(1) 小制作活动(1)
初三	语文(5) 物理(3) 数学(5) 化学(3) 英语(5) 体育(3) 政治(3)	写作系列训练(2) 数学系列训练(2) 理化训练讲座(2) 英文写作与翻译(2)	学科小组活动(5) 体育专项训练(3)

在教学内容上，从提高学生四大素质的总体目标出发，对教学内容在不违背国家教学计划的前提下进行相对集中组合，形成便于培养学生自学能力的教学大单元。由这样的大单元将必修课、选修课和活动课贯穿起来，使学生的知识和能力形成素质，通过

学生在练习打字

教学内容中的一个大的载体得以在较短的时间内见到学习成效，不断沿着成功的阶梯去攀登更新的高峰。

　　在教法改革和学法指导上，以大教育观为各科教学改革的指导思想，做到"两统一""三同步"和"三活动"。"两统一"是：实现学生主体与教师主导的统一，建立新型的师生双向关系；实现知识掌握（学会）与智能发展（会学）的统一，着力发展学生智力，培养学生能力。"三同步"是：知识形成时，全力教给学生方法；知识深化时，引导学生参与教学；知识应用时，着重培养学生能力。"三活动"是：一章一活动，一季一竞赛，一年一答辩。同时，要求因势利导，深化拓展，树新立异，教学相长。课堂教学中，既充分运用现代化教学媒体，优化教学手段；又充分调动学生的各种感官作用，动口、动脑、动手、动眼，尽量做到"活""实"相济，讲练结合。

学法指导的改革，一方面抓好"预习、听课、复习、作业、反馈、巩固"六环节，充分调动学生非智力因素的积极功能，培养学生良好的学习习惯和肯钻肯问的良好学风；另一方面，试验"课堂笔记，自学笔记，课内外作业"一条龙的训练方法，多方面培养学生的自学能力。

在教育活动方面，也从学生的素质发展需要出发，不断拓展新的教学领域。在校期间的两操、读报、校会、班会、团队会、运动会、艺术节、科技节、读书节，都纳入学校课程体系，通过校园文化的建设来进行指点导向，周六、周日也视情况作出教育活动时间、内容的安排建议，使学生在每一时空都感受到自我意识的健康形成和自身素质的不断提高。

学校提出"教为不教，学要会学"的口号，在教法改革和学法指导上，要求教师站在未来的高度，按照"培养跨世纪人才"的高要求来指导今天的教学，从学生的主动性、独立性、创造性和参与性这"四性"着眼，从学生的可持续发展能力和自我完善能力这"两力"着手。

学校借鉴"成功教育"理论，根据初中学生爱听表扬话、爱表现自己的年龄特征（老师称之为"二表"人才），学校建立了一个意在激励学生的评价体系，包括：教师见到学生时的肯定表情；上课时的赞许语句；形成性测验（如单元测验、作文、批改等）的激励功能；总结性评价（如期末考核、升学考试等）的促进作用。学校专门开设一个特长展示厅，拥有各种各样特长的学生可以在这里争相展示；同时设置专项特长奖，学生们可能会因为某个特长而受到奖励。

作为一所地处农村城市化边缘地带、与外市交界的镇级中学，校外环境的确存在不可忽视的负面影响，抵御社会不良习气的入侵显得十分重要。学校的做法有：一是请已经在册的劳教人员当反面教材，给已出现不良品德倾向的学生现身说法；二是对社会上的热点、学生已有的困惑和难点展开讨论，进行澄清，不回避，也不要求学生马上得出结论；三是对校内先进学生与后进学生，分别实行"跳高工程"和"齐步工程"，使先进的学生不要因为进度慢了而得不到应有的发展，使后进学生不要因为进度快了而跟不上节奏，以致知识缺口越来越大。

学校提出"重在参与，贵有阅历"，要求学生积极参加综合实践活动，动脑、动口、动手。为了配合活动课、综合课乃至必修课的实验，学校还编写了《爱国主义教育作品鉴赏》和《松岗格言知多少》等辅助读物，全校师生人手一册。

教学科研实验促进了教育教学质量的全面提高。

1994年有17名同学在国家、省级竞赛中获奖，其中4人在全国航模大赛中跻身前10名，均夺得金牌。

1995年中考，600分以上高分层、升学率超历史水平，居全区前列。同年有41人参加各级各类竞赛获奖，其中获国家级书画、作文、小发明、小制作奖17项。

1995年5月，松岗中学（黄松岗校区）举办第一届科技艺术节；1996年1月，校报《松岗中学报》创刊；1996年11月，校刊《教科研》创刊。

学校于 1994、1995 年连续两年被评为深圳市宝安区教育工作先进单位，并荣获 1995 年度"深圳市卫生先进单位""宝安区文明单位""宝安区体育先进单位""宝安区模范党支部""宝安区中等学校统一招生考试先进单位""宝安区成人中专优秀分教处"等称号。1996 年，学校获评"深圳市卫生和群众体育先进单位"。

1996 年，有 60 余名同学在区级以上各类竞赛中获奖。全校有 35 名教职工分别被评为市、区、镇级先进。教师参与编著诗集、学术专著 10 部，发表论文及各类文学、科普文章 200 余篇。

1996 年 8 月，吕静锋调任宝安区教育局局长助理，由常务副校长王熙远主持学校工作。

1998 年，新任校长罗玉平及学校行政班子
（前排左起：黄少雄、张世建、罗玉平、陈伟林、吴作桓、冼仲强；
后排左起：金雍城、谭海明、谢建林、孙树桃）

1997年4月，宝安区在全国范围内公开选聘优秀校长。1997年8月，罗玉平被任命为松岗中学校长。

松岗中学黄松岗校区经过30余年的发展，已颇具规模，但难以满足即将到来的21世纪教育现代化要求。为实施科教兴国战略，培育跨世纪人才，造福于松岗本地百姓，以姚世华为党委书记、曾稳高为镇长的松岗镇党委、镇人民政府于1996年毅然决定，采取政府投资与社会捐资相结合的方式筹建松岗中学新校。一贯热心社会公益，情系乡梓的山门村居港同胞文洪磋博士闻讯后欣然解囊，捐资1000万港币。

1999届初三（5）班毕业师生合影（黄松岗校区最后一届初三学生）

前后三年，社会各界共捐资 2799 万元，其中包括松岗中学教职工（100 人左右）的捐资 14.62 万元和松岗中学工会从松岗各村委、松岗商会、松岗本地企业家，以及松岗和公明两地校友处募得的校庆捐款 100 万余元人民币。

松岗中学捐款芳名册

经过两年的建设，坐落于东方大道大田洋，占地 11 万平方米，总投资 5000 万元的欧陆式风格的现代化新学校终于落成，并于 1999 年 9 月正式启用。为表彰文洪磋博士之善举，弘扬松岗地区百姓尊师重教之传统，根据文洪磋博士希望以其父文存贵先生的名字命名之意向，经上级教育部门同意，松岗镇人民政府决定将松岗中学又名为"文存贵纪念中学"。

松岗中学（文存贵纪念中学）东方大道 26 号校门

第四章

东方大道时期第一阶段
(1999年9月—2012年12月)

综 述 篇

一、发轫期

1999年9月至2000年7月,是松岗中学发展史上重要的大过渡、大转折时期。

这一年,松岗中学迁入新校址,全校三个年级共20个初中班。

这时深圳经济特区已经成立19年,松岗镇及其周边的经济得到极大发展,松岗镇人口急剧增加,不断增长的适龄学生对松岗中学的初、高中学位有了更大的需求,松岗中学高中招生已在酝酿中。

松岗中学在即将翻开自己的崭新篇章的时候,又欣逢党中央、国务院为深入实施"西部大开发"战略,加快新疆各民族人才培养步伐,促进各民族共同繁荣、共同进步,决定从2000年起在北京、

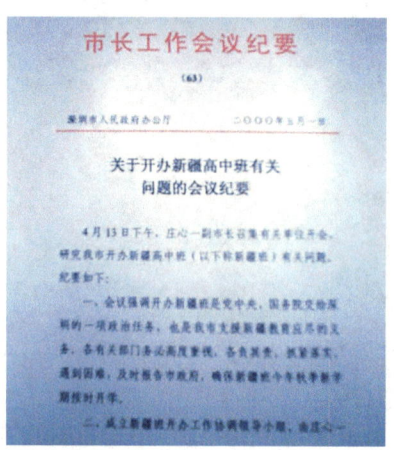

深圳市政府文件

上海、深圳等 12 个经济发达城市举办内地新疆高中班（以下简称"新疆班"），开启国家"以智力人才支持新疆发展"新纪元的历史机遇。

松岗中学时任校长罗玉平携领导班子，在宝安区教育局、松岗镇政府的支持下，不断完善办学条件，积极争取承担深圳市举办新疆班的任务。深圳市政府经过认真考察和研究，最终把深圳市新疆班的办学任务交给松岗中学，并把松岗中学列为"重点投入、重点建设、重点提高"的学校。学校抓住机遇，制定了《松岗中学五年发展规划》，提出"追求现代化，追求创新，将松岗中学建成国家级示范性高中"的办学目标。由此，松岗中学进入发展史上的辉煌阶段。

秉承东宝中学"团结、紧张、严肃、活泼"的办学精神，松岗中学确立了自己在新的历史阶段的办学宗旨和理念，将传承的红色精神具体化为校训、校风、教风、学风及管理原则，同时还设计了校徽、确定了校歌。

校训：爱国利民 自强不息

爱国利民：热爱自己的祖国，这是全体师生的责任和义务，爱国主义是学校精神文化的核心；为人民谋利益，为社会谋福祉，强调的是笃行与奉献。

自强不息：为理想而自觉地、不懈地努力，永不停歇。强调的是勇往直前的奋斗精神。

校风：团结 守信 严谨 活泼

团结：各民族同学之间、师生之间、领导与群众之间，为了共同的使命与目标，要团结友爱，互相信任与支持。强调的是友善和睦的校园文化和团结奋斗的集体主义精神。

守信：要坚守信诺，忠于自己应承担的责任。强调的是中华民族的传统道德规范和文明社会的契约精神。

严谨：对学习和工作要有科学严谨的态度，脚踏实地的作风。强调的是严谨求真的治学精神。

活泼：要阳光向上、活泼开朗、充满活力和自信。强调的是师生积极乐观的精神面貌。

"团结、守信、严谨、活泼"这八字校风，是对东宝中学"团结、紧张、严肃、活泼"八字校训的直接继承，仅有三个字做了点小的改动，称之为"新八字"。

松岗中学的八字校风

教风：诲人不倦　学而不厌

诲人不倦：要耐心地、不辞劳倦地教育学生；要永远忠诚于党的教育事业，坚守自己的专业信念，兢兢业业追求最好的教育效果——这是对师德师风的要求。

学而不厌：要努力学习，永不满足；要有志存高远、虚怀若谷的品质和积极进取、永不停步的情怀——这是对教师专业化发展的要求。

学风：学贵有疑　不懂就问

学贵有疑：学习贵在善于发现问题，敢于质疑。

不懂就问：面对疑惑思而不得时要虚心求教。

强调的是批判精神和虚心好学的品质。

管理原则：更高　更细　更严

学校承担着办新疆班的政治任务，容不得半点马虎。学校对教育教学管理要求更高，教师对学生的关爱体察更细，管理原则更加严格、规范。

校徽、校歌

松岗中学校徽为圆形。外圈上面部分为"松岗中学"的大写拼音，下面为"松岗中学"四字。最中间为一本展开的大书，书的中间是一棵松树的图案。书和松树分别代表着"学校"和"松岗"，也有松岗中学的学子将如松树般顽强、向上的寓意。

校歌歌曲简洁明快，由弱渐强，从起始平缓到跌宕激越，展现出奋发向上、自强不息的学校精神；歌词简明朴实，紧扣学校特殊的建校历史，激励两地学子团结友爱，努力成才，热爱松岗，

松岗中学校徽

松岗中学校歌

感恩松岗人民,寓爱国主义教育、民族团结教育于校歌之中。

"一训三风"和校徽、校歌的确立,集中体现了面对 21 世纪教育现代化的新要求,松岗中学党政领导班子践行"以人为本"的科学发展理念和"办好人民满意的教育"的坚强决心,也体现了对学校红色历史文化的自觉传承。

由此,松岗中学正式掀开了时代新篇章。

二、发展期

2000 年 9 月至 2004 年 7 月为松岗中学迁入新校址后的初步发展阶段。2000 年 9 月,伴着新世纪初升的太阳,松岗中学东方大道大田洋新校区迎来了第一届三个新疆班共 120 名学生。学生的民族构成多样，包括维吾尔族、汉族、回族、满族、蒙古族、东乡族、哈萨克族、塔吉克族、柯尔克孜族、俄罗斯族等十数个民族。同年，学校成立了松岗中学新疆部。这意味着新疆班这一国家教育史上的新生事物与松岗中学正式结缘，随着与全国兄弟新疆班办班学校的交流交往，松岗中学也因此进入了全国人民的视野。

为了让新疆生与本地生能够在一起互相学习，共同生活，实现民族团结与文化融合的目的，2001 年 9 月，松岗中学恢复了已中断五年的高中招生。新校区第一届本地生高中班共招收 48 名学生。

当时的松岗中学，仅仅是一所地处特区西北一隅的镇级初中。深圳市委、市政府选择松岗中学承办新疆班，是党和人民对学校

松岗盛开雪莲花

《内地新疆高中班管理制度（试行）》

的极大信任，也体现了党和政府对推进深圳偏远地区教育事业发展、实现深圳农村城市化战略的决心。

但客观地说，当时社会上也有人对一所镇级中学能否办好新疆班心存疑惑，甚至连一些远在新疆的学生家长，对学校的教学质量，也明显感到信心不足。

面对党和政府高标准的要求和相对薄弱的客观条件，摆在松岗中学领导和教师面前的只有一条路：迅速求变。如何改变既是对以罗玉平为校长，张世建、陈伟林为副校长的学校班子勇气的考验，也是对其智慧的检验。使命在肩，必须迎难而上！

首先是及时调整学校管理机构，确立管理原则和管理制度。新疆班是松岗中学教育教学中的新生事物，它除了有一般教育教学的共性，还有它自身的特点，比如学生的成长背景不同，他们远离家乡一年只能回家一次等。为了更好地服务教育教学，助力学生的成长，学校根据教育部的指示，第一时间成立了专门负责新疆班事务的新疆部，由主任、副主任和生活管理教师组成。新疆部自成立之日起，就以教育引领、以服务关爱为己任，以"严、

表4-1　新疆部历任领导和管理教师

时间	分管校领导	主任	副主任	管理教师
2000—2004年	张世建	杨海春	—	邓克、卓娅、古丽扎·阿不都热合曼
2004—2013年	张世建	邓　克	—	卓娅、阿友希、热孜完古丽、伊力哈木、阿依登、安增银、索菲娅·司马仪、胡琳凤、米合阿依·艾力、木沙江·买买提、吾塔西·旦曾、张志宝、哈斯叶提古丽、乃吉木
2013—2018年	杨海春	邓　克	王立平	魏翠清、袁德荣、侯湘剑、木沙江·买买提、阿布力米提·艾海提、哈斯叶提古丽、乃吉木、尚均安、张翌、程利、努尔古力·居麦、哈拜有拉·木斯尔阿勒、加马力丁·比拉力
2018—2020年	杨海春 邓　克	邓　克	王立平 贺　君	尚均安、张翌、程利、努尔古力·居麦、哈拜有拉·木斯尔阿勒、加马力丁·比拉力、娜孜热·哈依尔拜克、谭青梅、李碧琳

爱、细"为原则，二十年如一日，忠诚履职，为新疆学子在松岗中学的学习、成长提供了重要的帮助和有力的保障。

其次是建立学生的信心，获得各方面的信任。毋庸置疑，办法只有一个，那就是尽快出成绩，出一流好成绩，让成绩说话！

经过认真研讨，学校决定以奥林匹克竞赛（以下简称"奥赛"）为突破口——一条非常规出成绩的捷径。三年卧薪尝胆，奥赛首战告捷，新疆班拿到了3个全国一等奖！教育部民族教育司、新疆维吾尔自治区教育厅都为之震动，新疆学生和家长对学校的担忧也随之消失。在随后的高考中，首届新疆班的表现也相当出色：166人参考，录取率100%；达重点线39人，重点上线率为23%，名列深圳市第八、宝安区第二；白雪、尚文欢、包宁疆、

尚文欢（右二）给新疆部送锦旗（左二为特级教师肖灿芝，左一为杨海春，右一为邓克）

罗玉平校长（右二）在新疆家访

王晶晶等 4 名学生分别考上北京大学、清华大学。

学校领导班子抓住契机，乘势而上，狠抓师资队伍建设，狠抓教学质量，以新疆班的影响带动本地班和初中部的发展，松岗中学正式进入了一个全新的发展阶段。

2004 年学校被评为深圳市教育系统先进单位、深圳市高中教育教学先进单位。

三、成熟期

迁入新校址的松岗中学经过四年的探索、实践，以辉煌的成绩送走了第一批高中毕业生，完成了其发展史上的一次华丽蜕变。

2004年9月至2012年12月，松岗中学在各个方面都取得突出成绩，进入学校发展的成熟期——松岗中学成为全国办学规模最大、成绩最突出的新疆班学校，为高校输送了大批优秀人才；本地生高中招生规模急剧扩大且高考成绩稳居宝安区前列。同时，松岗中学初中部招生的规模也继续扩大，中考成绩逐年提高，并开始进入宝安区中考的第一梯队。

　　科技艺术节成为每年学生展示自己才华的盛会，科技创新、文学社、体育活动等都结出丰硕成果。

　　截至2007年广东省高中教学水平评估通过时，学校有教学班65个，其中初中36个班，高中29个班；在校学生3316名，其中初中1881人，高中1435人；新疆班学生800人；教师学历达

张世建副校长（右三）、裴天平老师（中）与首届新疆班学生合影

标率为100%，其中特级教师9人，中学高级教师76人，占教师总人数的29%；中级职称教师102人，占教师总数的35%。

随着师资力量的不断加强，学校初、高中教学成绩也得到大幅度提高。以2012年高考为例，本地班参考学生330人，文、理科和术科总分重点上线88人，本地班高考重点率达26.7%。其中600分以上达38人；本科上线248人，本科上线率75.2%；国际班重点上线率达66.7%。新疆班高考成绩也再创辉煌，刘磊同学以657分，夺得广东省新疆班理科第一名，被清华大学录取。

2012届中考，800分以上2人，700分以上44人，占全校考生总人数的7.1%（全市比例为2.28%）；600分以上222人，占全校考生总人数的35.86%（全市比例为15%）；平均分为560.1分。700分、600分人数和比例均位列全区第二，连续9年保持平稳快速增长。

由于上述成绩，松岗中学连续8年被评为深圳市高考工作先进单位，并获得深圳市高考工作"卓越奖"。

2000年至2012年这一阶段是松岗中学理科奥赛的非凡十年。学校先后获得全国奥赛竞赛奖共180多人次，其中获省级赛区一等奖63人次，28人进入全国奥赛冬令营，共有38人因奥赛成绩优异被保送进清华大学、北京大学、上海交通大学、复旦大学等重点大学。

各方面的进步使松岗中学成为松岗周边学子的理想学校，松岗中学新疆班也成为新疆初三学子报考内地高中班的优先选择，办学的社会效益日益显著，社会影响不断扩大。

管　理　篇

一、"依法治校"的管理制度

学校实行校长负责制的现代中小学管理制度，学校的各项规章制度、重大的决策在校长工作（扩大）会议上通过。《校长工作会议纪要》除公示外还上送街道政府和区教育局审阅、备案。学校实行校务公开，重大事务都请学生、家长和社区有关人员参与决策，以监督学校工作。

在具体管理中，学校实行层级目标管理。校长办公会是决策层，讨论决定学校重大事项，同时，领导班子成员每人分管一条线。学校行政成员是管理层，负责校级各项决定的细化、贯彻、督促、检查、考核，抓好工作的落实。各级组为基层执行层，负责执行下达的各项指令，组织教职工具体落实。横向分权，纵向放权，既分工负责，又协作互助。层级目标管理模式，形成了学校和谐的管理网络，使学校各项工作层层有人抓，事事有落实。多年的实践证明，这种层级目标管理科学、有序、团结、高效。

学校坚持依法治校，严格执行教育法律法规、方针政策，行使法定权利，履行法定义务，并聘请法律顾问，为学校提供法律保障。学校有完善的规章制度，为克服学校工作的随意性、盲目性，学校组织教职工认真学习教育法律法规文件，提高员工以人为本、以法为绳、以章为据的认识，加强依法治校治教。多年来，学校都没有发生重大责任事故，2006年被授予"宝安区依法治校示范学校"称号，2007年获评宝安教育系统行风评议工作先进单位。

2007年学校行政班子（前排左起：顾大猷、谭海明、刘向红、罗玉平、张世建、陈伟林、王玉珍；中排左起：熊胜芳、李荣庆、廖国军、陈创怀、孙树桃、曾才、程华；后排左起：田树波、杨海春、郑传林、邓克、陈文嘉、萧雁、余金水）

二、"以人为本"的管理理念

松岗中学领导班子坚持以邓小平理论和"三个代表"重要思想为指导，深入贯彻落实科学发展观，积极探索教育改革之路，围绕素质教育的目标，结合学校课改实际，确立了"以人为本，主动发展"的管理理念。

学校班子认为，"以人为本"就是以全体学生的发展为本，学校教育必须面向全体学生，满足每一名学生身心发展的需要。坚持"以人为本"就是坚持"学校的一切工作都是为了学生的发展"的人文主义教育理念，就是坚持全心全意为学生服务，让学生在学校"吃得好，住得好，学得好，玩得好"，就是坚持学校发展必须依靠教师的发展，建立并依靠一支"师德好，业务精，创新强"的优秀教师队伍，努力营造一种人文、和谐、宽松、向上的校园氛围，激发广大教师的工作热情和创造潜能，促进教师专业发展。

"主动发展"强调的是"以学生为中心"的教育理念。时任校长罗玉平多次强调，对于学生来说，学校作为专门的教育机构，有教师、有书本、有课程计划，有教室、实验室、体育场所等设施设备，聚集了同学伙伴，等等，这些都是外部条件。而学生的学习效果主要取决于学生对学习的主动性和认知水平，因此，学生才是学习的主体，求知欲和学习能力是其发展的内因，教学的根本在于激发学生自我发展的内动力。

"主动发展"强调的是培养学生的主体意识和主动发展的精神，主体意识是学生进入未来社会的必备素质，主动发展的精神是学生成为未来成功者的重要前提。

在松岗中学领导班子的管理理念中，"主动发展"还包括教师的主动发展。日新月异的知识经济时代的到来，要求广大教师要不断学习、主动发展，以适应教育现代化发展的需要。

"以人为本，主动发展"是一个整体。"以人为本"是前提，"人的发展"是目的，"主动发展"是途径、是方法。"以人为本，主动发展"就是为了实现德、智、体、美全面发展，就是为了实现知识与技能、过程与方法以及情感、态度与价值观的统一，就是为了培养学生创新精神、实践能力和个性特长，达到素质教育的终极目标。

三、"质量立校"的思想共识

信念是事业的推动器。松岗中学地处深圳经济特区的边缘小镇,与市区直属中学相比,在经费、设备、师资、生源等方面均有较大的差距,然而这并不妨碍松岗人民对优质教育的热切期盼。更重要的是,松岗中学承担着深圳市委、市政府交给的承办新疆班的重要任务。

对松岗中学而言,新疆班是学校发展的强大推力,优良的教学质量则是办好新疆班的重要前提。在几年来的办学实践中,"质量是学校的生命线"成为松岗中学全体教职员工的深刻共识和独特体验。

在松岗中学校园文化体系中,"质量第一""质量立校"的质量文化观念成为校园文化建设的核心,成为松岗中学的教育教学的基本理念。这种质量意识,潜藏在每一名师生的信念和行动中,成为一种文化积淀,这就为新课程改革在松岗中学的成功实施,为教育教学质量的提高提供了重要的思想保障。

四、"双线三级"的行政体系

松岗中学建立了"双线三级"的行政管理体系,包括:

德育线:校长室—德育处—年级组;

教学线:校长室—教学处—学科组。

"双线"集中由校长领导,分别由主管德育副校长和教学副校长主抓。罗玉平校长具有二十多年的校长工作经历和丰富的现代学校管理经验,是宝安区教育界较有影响的名校长之一。张世建、陈伟林、刘向红副校长曾先后担任学校德育处、教学处主任工作多年，熟悉初、高中德育规律和教学业务，并有着较强的协调能力。所有中层管理人员都兼任教学工作并承担课题研究。

为了加强对新课改和教学常规工作的指导，确保教学管理策略在级组层面的落实，学校聘任了顾大猷、李荣庆两名特级教师作为教学处顾问，并在各年级增设一名教学副级长，负责整个年级备课组工作的协调、教学质量的监控、课改意见的反馈等管理工作。

德育处、教学处及其所辖的管理层级，有着不同的工作内容和教学质量管理监控重点。学校通过制定岗位责任制度，明确双线各自的职责、权力及相互关系——双线并行；枢纽唯一，这个枢纽就是学校的中心工作——教学质量。由此，形成一个齐头并进、交互关联、衔接紧密、上下协调、目标一致的教学质量管理共同体，为新课程的实施和教学质量的提高提供了有力的组织保证。

2010年8月29日，松岗中学教代会六届三次会议代表合影

教　师　篇

　　松岗中学以创建广东省一级学校、广东省国家级示范性普通高中为契机，加强教师队伍建设，坚持"敬业爱岗、关爱学生、刻苦钻研、严谨治学、勇于创新、奋发进取、淡泊功名、志存高远"的师德标准，树立了"诲人不倦、学而不厌"的优良教风，形成了一支高素质的优秀教师团队。

一、诲人不倦，践行师德标准

　　松岗中学的教风是"诲人不倦、学而不厌"。"诲人不倦"就是要忠诚于教育事业，这是对教师无私奉献精神的生动写照，也是对学校师德建设的严格要求：一方面，教师应当专注自己所从事的教育事业，不动摇自己的专业信念；另一方面，教师应当永远兢兢业业追求最好的教育效果。"不倦"不仅是一种负责任的态度，更是一种充实而乐观的精神境界。

　　根据师德要求，学校制定了《松岗中学师德师风建设方案》《松岗中学关于严禁体罚或变相体罚学生的规定》等规章制度；结合"八荣八耻"教育，学校又制定了本校教师"十坚持十不准"条例，以规范教师教育教学行为。学校还特地邀请了全国师德楷

于漪老师来学校作报告

模于漪老师来校作报告，以鼓励教师在教学岗位上践行师德规范，在活动中提升理念认知，为人师表，恪敬师德，立德树人，无私奉献。

　　学校在师德建设中，涌现出了一大批感人至深的师德标兵，如邓克、杨海春、郑传林、邱绍谦、顾球瑛、讷笑春、杨雪梅等教师，他们一心扑在工作上，为学生的健康成长倾注了全部的精力和心血，在政治上做学生的引路航标，在生活上做学生的严师慈母，在学习上做学生的良师益友。他们以高尚的师德和出色的业绩，获得了广大学生的爱戴和家长的赞扬。在教师的感染熏陶下，学生的思想觉悟也有明显提升，一批又一批优秀学生光荣地加入中国共产党。

　　同时，学校为了广纳群贤，建立了有利于发掘、吸纳和培养优秀教师的有效机制，特别重视发现、引进、选拔和培养师德高尚、教艺精湛、德才兼备、勇于创新的优秀教师。一批又一批的优秀教育人才加盟松岗中学，使学校成为优秀教师的云集之地，为学校、

2006年特级教师团队合影
（前排左起：陈礼风、刘祥君、顾大猷、肖灿芝；
后排左起：卢体强、王道先、朱道霖、赖炜周、程金印、李荣庆）

松岗街道乃至深圳特区的优质教育积蓄了强大的人才力量。他们的才华和奉献精神，是松岗中学最宝贵的财富。

2008年9月10日，学校召开庆祝第24个教师节大会，松岗街道党工委书记、街道办主任吴汉明同志来校慰问，发表了题为"认识松岗，热爱松岗，奉献松岗"的热情洋溢的讲话，给全校教师以极大的鼓舞。

二、学而不厌，促进专业发展

"学而不厌"是松岗中学教风建设的一个重要方面，也是对教师专业化发展的明确要求。"学而不厌"就是要努力学习，永不满足。这不仅是志存高远、虚怀若谷的品质，更是积极进取、永不停步的情怀。它告诉我们"学然后知不足，教然后知困"，即教学相长，只有不断学习，才会不断提高；只有不断实践，才会不断进步。

松岗中学逐步形成了适合教师发展、具有松中特色的校本培训课程体系，构建了推动教师专业发展的三维动力系统，创新了灵活多样、富有实效的"五结合"培训模式，以达到"优化、整合、提高"的目的。

三维动力系统包括：内在动力、外在驱力、场景引力。

内在动力：教师认识到专业化发展对生命的意义。

外在驱力：学校建立促进教师专业化发展的激励机制。

场景引力：学校构建教师专业化发展平台。

制定"青蓝工程"计划。实行"导师带教"制度，对青年教

罗立松（右一）、吴惠清（左一）与特级教师王玉珍（中）
研究初、高中英语一体化教学改革

师和指导教师分别作出了不同的要求，为青年教师展示风采搭建了一个提升师德、师品、师艺的平台。几年来，学校共结成师徒对子120对。学校规定，师徒对子中，凡是徒弟在教学比武、教学质量评价中获得了奖励的，师傅也要获得相应比例的奖励，另外师傅每周多计算一个课时的工作量。

　　创建书香校园。学校是深圳市首批书香校园，以创建深圳市书香校园活动为契机，大力加强图书馆建设。在2007—2009年期间，学校共出资15.1927万元，购置了大批现代教育理论书籍，订阅了270多种有关新课程改革、教师专业发展和其他类别的报纸杂志。每学期不仅定期为教师发放图书，还另外拨出专门经费给教师购买专业书籍。学校教学处和图书馆人员密切关注教改前沿信息，及时向教师推荐新书目。学校要求师生员工以务实的态度，祛除浮躁，潜下心来阅读，形成热爱读书、奋发向上、团结友爱的校园氛围。

书香校园

倡导网络阅读。教育网络平台为教师培训拓展了空间，丰富了教师的阅读内容。教师充分利用网络资源，在网上学习先进的教育理念和专业知识，学会与理论对话，进一步解放思想，转变教育观念；在网上选择优秀的专家，学会与专家对话，在对话中分享教育智慧；在网上寻找优秀的教学资源，用于自己的实践，学会与实践对话，提高自己的实践能力。

"五结合"培训模式包括：全员培训与骨干培训相结合、学历进修与继续教育相结合、岗位培训与校际交流相结合、同伴互助与自我反思相结合、德育研讨与教改分享相结合。

全员培训与骨干培训。全员培训一是专家培训，包括请著名教育专家和市、区教研员来校作报告。例如，先后邀请了全国著名语文特级教师于漪、国家副总督学王文湛、全国优秀班主任任小艾、中央教科所邓友超博士,以及省、市、区教研室教研员为全校教师作专题报告;二是活动培训。罗玉平校长任期内,多次承办区、市、省、全国教研活动。通过承办各类教研活动,拓展教师的视野,丰富教师的学识,促进教育观念的转变和教育教学水平的提高。

　　2008年5月,由广东省教育厅教研室主办的全省高中英语课改研讨会在松岗中学举行,与会代表对英语教学界的"松岗现象"大加赞赏。2009年4月,学校成功承办了首届港、台与内地(祖国大陆)语文教学圆桌会议报告会暨散文教学研讨会,各地专家"松岗论剑",学校教师获益匪浅。2011年1月,全国语文名师高峰

学校教育研究周会

论坛暨语文"名师育名师"活动在松岗中学举办，全校师生再次一睹语文界名师风采。

骨干培训则是每年选送优秀教师参加国家级、省级、市级骨干教师培训，包括上级主管部门组织的海外培训。

学历进修与继续教育。截至2010年，学校共有37人参加了各类学历的进修。其中，参加研究生学历进修的有26人。另外，学校要求40岁以下英语科组教师参加"雅思"培训，高薪聘请教师来校为英语科组上课，并给参加学习的老师1500元的经费补贴。

同时，学校大力支持在职教师参加继续教育学习，全面做好经费保障和车辆接送等后勤服务。

岗位培训与校际交流。岗位培训的主要形式是师徒结对、学段带教、教学展示。学校在实施"青蓝工程"计划、"导师带教"制度的同时，还采取"学段带教"的办法，在教师安排上，让高、初中各学段师资有目的地进行交流，使优秀的教师把自己在本学段的成功经验带到另一个学段，以带动更多的教师成长。

课堂教学是教师专业发展的主要平台，教学展示活动是岗位培训的重要形式。教学处精心组织了各类公开课、示范课、教学比武、教师综合素质大赛等。例如，2004—2007年，共有110名青年教师参加了教学比武，其中获一等奖的40人。据不完全统计，其他公开课、示范课、展示课每年都有200多节。通过这些活动，加强了教学交流，提高了青年教师素养。

广东省高中英语研讨会

首届港、台与内地（祖国大陆）语文教学圆桌会议报告会暨散文教学研讨会

班主任外出培训

　　松岗中学的一个特色是学科奥赛，松岗中学的奥赛在广东和新疆都赫赫有名。学校鼓励有奥赛任务的学科组自编奥赛校本教材，打造奥赛名师。数学、物理、化学、生物都形成了自己的奥赛系统校本教材。在培养奥赛选手的过程中，也同时培养、锤炼了一大批青年教师，其中获得全国优秀奥赛教练的教师有4人。

奥赛金牌教练团队
（左起：程国良、龚文龙、吴锋、刘乾武、顾大猷、郑传林、邱绍谦）

校际交流方面，学校与省内外名校（如华南师范大学附属中学、广雅中学、深圳市高级中学）建立了固定的联系，定期组织对口交流，让教师走进名校，让名师走进松中讲堂，从而开拓了教师的教育视野，提升了教师的业务素质，推动了教师向专家型、学者型方向发展。

同伴互助与自我反思。学校以团队为基础的同伴互助活动主要有两种形式：一是集体备课。学校始终把集体备课当作引领教师专业成长、推进教学改革、学案教学的主要工作来抓。集体备课的开展，增强了教师间的合作意识和互助精神，凝聚了教师的教育智慧与工作合力，创造出了良好的教研氛围和人际关系。二是学科组内的听课、评课，这是各学科组教研最常用的方式。由于学校科组、备课组的组建是按照时任校长罗玉平提出的"把一群和谐的人整合到一起工作"的原则，真诚、友好、平等、和谐的人际氛围，促使大家在听课、评课的时候畅所欲言，群策群力，很多优秀的课例就是在这样的同伴互助过程中产生的。在同伴互助教研中特别强调教师自我行为反思与调整的切实跟进，把听课、评课的真实目的引导到促进教师专业发展的方向上来。

自我反思。"吾日三省吾身"是圣人的修身之道，也应是教师的学术行为。学校规定，每节课要有教学反思，每阶段要有教学小结。教学处在检查教案时把检查教师的教学反思当成一个重要的环节。常规的教学反思主要从四个方面进行：一是抓妙点反思，二是抓疑点反思，三是抓败点反思，四是抓常点反思。

另外，每年高考、中考后，学校都要组织毕业班教师集中学习一个星期，要求教师将自己一年中的教育教学情况，写成教学反思和教育叙事笔记；对第一次带毕业班的年轻教师，学校要求要回顾反思上岗以来的教学经历，对课堂教学、学科知识体系（包含大学内容）等进行全方位总结。高三年级青年教师涂丰牡、王璇璇、常红侠等，在2009年暑假，认真研究高考试题和学生的成绩，结合大学课程内容与中学教学的实际应用，对三年来的教学作了长达一万多字的反思总结。这种反思让青年教师在专业发展的道路上又向前迈进了一大步！

德育研讨与教改分享。开展"松岗中学模式教学改革行动研究"校本实验，促进教师专业成长，提升教师教育教学水平，这是学校长期坚持做的一项重点工作。学校规定，每周二下午 5:00—7:00 是全校教育研究例会时间，每月前三周由各年级自行组织，第四周由学校教学处、德育处轮流负责组织，全校统一集中进行。

年级的教育研究周会内容主要侧重两个方面：一是针对学生问题的德育研究，促进学生成人；二是教育教学经验交流，促进学生成才。在教育研究例会中，人人参与，相互启迪，达到整合资源，形成共识，实现优质教育资源共享的目的。

学校的教研周会有时是由校长亲自主讲，对全体教师进行新课改培训；更多的是由平时在工作中做出优异成绩的教师作专题发言，及时总结推广一线教师的经验。2010—2012 年，在全校性的例会上展示的优秀案例共有 70 多件。学校通过教研周会这个抓手，把"以学生为本"的办学理念落到了实处，经过校本研修培

罗玉平校长在语文课改研讨会上讲话

养,学校中青年教师成长迅速,其中有市级中青年骨干教师6人,区级以上学科带头人12人,区骨干教师6人,区教坛新秀3人,区学科中心组成员7人。

三、教师主要获奖

几年间,学校教师参加各级教学比赛获得优异成绩,例如:2005年12月,唐小军获广东省新课程优秀教学设计及录像课例二等奖;张清获中图版《地理》教材实验区教学研讨会说课展示优秀奖。2006年,彭彬玉获全国中小学信息技术与课程整合优质课大赛二等奖。2008年郎新蕾获广东省信息技术教学评比二等奖;袁志杰获首届深圳市高中物理青年教师教学技能大赛一等奖。2009年,李俊勇获深圳市高中物理青年教师教学技能大赛一等奖第一名；吴天德获宝安区教师基本功大赛总决赛一等奖。2010年，在宝安区高中数学青年教师高考题解题大赛上，青年教师喻颖、涂丰牡双双以满分100分（全区仅有两个满分）获宝安区并列第一名，学校获集体特等奖；李卫获全国中学高效课堂案例研修展示邀请赛二等奖；岳铮获宝安区第三届中学教师综合素质大赛初中科学综合类一等奖；吴天德获广东省教师基本功大赛历史与社会教学设计一等奖，阙道国获二等奖。2011年，程伟获广东省初中语文古典诗歌鉴赏教学优秀论文一等奖；李卫获深圳市优质课比赛一等奖；李卫、朱春凤获宝安区初中数学录像课评比一等奖（全区一等奖共5人）；唐少玲获广东省阅读教学设计一等奖。

李俊勇获深圳市高中物理青年教师教学技能大赛一等奖第一名

德 育 篇

学校从实际需要出发，在新课程观引领下，把德育作为一门课程纳入教学工作范畴。围绕"爱国利民，自强不息"的育人目标，学校在学科教学、常规管理和各项活动中，全面渗透思想品德教育，坚持走德育课程校本化之路。

一是德育内容特色化。松岗中学是一所由多民族学生组成的全寄宿制学校。新疆班大多数是少数民族学生，本地班以松岗本地生为主体加以近年随迁就读的学生，他们彼此不同的社会背景、个性特质、风俗习惯和地域文化特色，会导致更多不可预料的问题出现。为了增强德育的针对性和实效性，学校除了开展一般的心理素质教育、道德素质教育、思想素质教育、生活理想教育等之外，还根据实际情况，通过班会、级会、校会，开展认同教育、纪律教育、感恩教育、爱国主义教育、马克思主义民族观教育。每届新生入校第一周，新疆部领导和老师要向全体学生介绍学校的发展历史和新疆班开办以来所取得的成绩，培养学生热爱祖国、尊师爱校的高尚情感和自觉维护祖国统一和民族团结的神圣责任感。

二是德育管理网络化。学校成立了德育领导小组，校长亲自挂帅，另配一名副校长主管。除了建立纵向的德育行政工作主线之外，还建立了各职能部门之间的横向协调关系，形成了德育网络；除了要求班主任除召开家长会、定期家访外，还要用电话、短信等形式，主动与学生家长联系沟通；要求学生每月给家里写一封信，汇报学习、生活情况，教育学生不忘父母养育之恩。暑期各学科为学生布置研究性课程作业，要求学生积极参加社会实践，写出调研报告，引导学生关注社会、关注环保。充分利用社区、家庭和新疆等方面的教育资源，建立学校、家庭、社会相结合的立体德育网络，形成了教育合力，取得了良好的效果。

三是德育形式多样化。学校提出"教书育人，管理育人，服务育人，环境育人"的全员育人理念，要求全体教职员工在各自的教学和服务工作中，自觉做到"有情、有意、有机、有效"地渗透德育。优化育人环境，建立校园广播站、电视台，组织学生参与制作、收听、收看时事新闻；设立黑板报长廊和墙头中英文名言警句，建设民族文化宣传长廊；购买大量的爱国主义影片光碟，定期播放。

学校历来注重学生实践能力的培养和健全人格的塑造，培养学生高度的社会责任感、良好的团队意识、积极向上的工作态度等现代公民素养，最终实现素质教育的目标。"红马甲"学生义工队、"心灵方舟"朋辈援助队是学校两个最大型的学生社团，共有队员近300人。社团在学校团委和心理咨询室直接领导下，广泛开展各类爱心援助活动，立足本校，延伸社区，取得了良好的育人效果和社会效应。

开展丰富多彩的社会活动，寓德育于活动之中。组织学生去莲花山瞻仰邓小平铜像，观看深圳改革开放成就展，参观高新技术博览会、文博会、大亚湾核电站、华为集团等；组织深圳市区一日游，前往广州、珠海、中山等地观光，让学生真实地感受改革开放和现代化建设的伟大成就；参观虎门炮台、林则徐虎门销烟纪念馆、孙中山故居、文天祥纪念馆、宝安一大会址等爱国主义教育基地，游览中华民族文化村、世界之窗、欢乐谷、明思克航母世界、深圳东部华侨城等大型主题公园，开阔学生视野和胸怀，增强学生对伟大祖国的热爱和作为中华儿女的自豪感，在实践活动中进行爱国主义和民族团结的教育，使本地学生与新疆学生的感情更加融合，同学之间的友谊也得到增进。

松岗中学学生在宝安一大会址举行入团宣誓

莲花山邓小平爷爷塑像前

大梅沙看海

第四章 东方大道时期第一阶段

四是心理教育规范化。心理健康教育是新形势下德育的延伸和补充。青少年学生都面临高考升学的压力，尤其是新疆孩子远离故乡和亲人，置身于一个全新的环境中，难免会出现这样或那样的思想问题和心理问题。

学校的心理健康教育始于2003年。刚开始是对有心理不适应或心理障碍问题的学生进行咨询辅导。随着素质教育和新课改的推进，特别是全寄宿制、新疆班办学规模的不断扩大，学校领导及心理健康教育工作者认识到，必须关注学生的心理健康，让每个学生都能发现、发挥自己的潜能和创造力，学会生存和生活——做健康人，学会交往和关心——做社会人，学会创造和学习——做智慧人，最终实现全面、和谐发展。

学校重新构建了心理健康教育整体框架，建立学校心理咨询室，由富有经验的校医担任辅导教师。心理咨询室主要负责三个方面的工作：一是对少数学生的心理不适应和心理障碍问题进行咨询辅导；二是指导学生心理援助义工团——"心灵方舟"的工作；三是为班主任、科任教师开展心理健康教育提供理论指导和技术支持。

为了提升"心灵方舟"义工团团员和老师们心理辅导的专业素质和服务水平，咨询室不定期为大家举办各种培

袁素琴教授在"心灵方舟"社团与学生交流

训讲座，并组织编写了《"心灵方舟"义工团章程》《心理辅导活动指南》。同时，开设心理辅导课，面向全体学生进行心理健康辅导。

学校心理辅导课开设方式主要有两种：一种是在校本课程中设立心理辅导课，由专职教师通过学校电视台进行授课，两周一次或一个学期不定期安排一些主题讲座，先后举行了"走进青春'神秘园'——青春期指导""学会独立，学会相处——新生住校教育""松中——梦开始的地方""无形的网络，有形的规矩""珍爱生命""学会感恩""如何走出考前焦虑"等30余个专题讲座；第二种是在团队活动中开设辅导课，由班主任授课，这类活动针对性强，及时快捷，效果良好。在学校的倡导和支持下，部分骨干教师参加了深圳市心理辅导兼职教师培训班，并取得B级证书。

学校为学生创设了有利于身心发展的校园物质生活环境和人际心理环境，努力营造了一个温暖、信任、和谐、恬静的校园文化氛围。学校的心理健康教育还注意引入中华民族的优秀传统文化内容。例如，学校曾开设"墨香琴韵十分钟"课程，每天晚修前10分钟，全校同学听古琴、练书法，犹如进入古人所描写的"鸟鸣春涧融琴韵，花落砚池染墨香"的诗情画意中，在琴韵雅曲中品味中华民族传统文化，陶冶心志性情。

民族团结教育篇

　　培养"政治过硬、德才兼备"的优秀少数民族青年是松岗中学新疆班办学的根本宗旨，为此学校坚持不懈地紧抓学生的思想政治教育工作。每届新疆班入学，校领导都会为新生作马克思主义"五观""五个认同"和"三个离不开"教育以及新疆班管理制度的培训，让学生树立正确的政治思想观念，并尽快适应高中的学习和生活。

　　这一时期，学校主要以体验式德育的方式对学生进行爱国主义教育、民族团结教育、爱心教育和感恩教育。

　　一般说来，空洞的说教往往对学生来说形同"水过鸭背"，而亲身经历的事情却让人刻骨铭心，终生难忘。在对新疆班学生的教育和管理工作中，学校特别强调，既要有坚定的政治方向，又要避免"假大空"的说教。要善于选择恰当时机，抓住教育契机，让学生置身于特定的教育现场，感同身受，润物无声，以提高新课程背景下民族团结教育的有效性。

　　2008年4月7日，新疆班维吾尔族学生司马义在深圳市眼科医院成功接受角膜移植手术。为他捐献角膜的是一名湖南籍打工青年。司马义同学来自新疆吐鲁番市，2006年9月来松岗中学学习。他在儿时便患有角膜白斑，需要进行角膜移植才能治愈。

　　由于家庭比较困难，又苦于没有角膜来源，他多年来一直没有得到医治。后来，他的右眼病情突然恶化，从模糊转为完全失明，情况十分紧急。在征得本人和家长的同意后，年级长顾球瑛老师帮他联系到了自己的朋友、深圳市爱心企业家黄远贵先生。不巧正碰上黄先生的父亲刚刚去世，黄先生强忍着失去父亲的悲痛，当即为救助一名素未谋面的新疆孩子操劳奔波。

深圳市南山区的爱心企业家周国雄得知情况后也十分关心，不仅帮忙联系深圳市眼科医院著名的眼科专家姚晓明博士，还表示愿意提供全部手术费用。司马义同学听后很受感动，他说："我的左眼还能看见，如果有比我更需要的人，你们一定要把这来之不易的角膜留给别人。"

手术那天，周国雄先生、黄远贵先生、顾球瑛老师和其丈夫肖平顺老师、班主任张志峰老师、新疆部阿尤希老师，以及司马义的好友、蒙古族同学米热克在手术室外面全程守候；出院那天，张世建副校长、邓克主任前往医院迎接，并代表学校向医院和爱心人士送上锦旗，诚表感谢。

司马义角膜移植手术成功（右一为姚晓明教授，右二为周国雄先生）

出院后，在顾球瑛、肖平顺老师的悉心照顾和同学们的帮助下，司马义同学不仅身体很快康复，课程学业也没有落下。后来，司马义以优异成绩考上中国人民武装警察部队学院，他表示自己今后不管走到哪里，不管从事什么工作，都会永远记得老师和同学的关爱，记得深圳人民的大恩大德。他一定会刻苦学习，努力工作，争取以优秀的成绩回报党和国家及人民。

大学毕业后，司马义回到新疆和田，成为一名优秀的边防军军官，多次立功受奖。

这场爱心接力活动本身就是一曲感人至深的民族大团结的颂歌，是对学生进行民族团结教育、爱心教育的绝好教材，学校抓住这一契机，利用电视台、校园新闻网和校报进行宣传，取得了良好效果。

司马义与恩师顾球瑛

在2010—2011学年首次发放普通高中国家助学金之前，学校团委书记陈文嘉在经过深入调研、广泛征求师生意见之后，向学校提出助学金发放向新疆班学生倾斜的建议，此建议经校长办公会讨论获得通过，并作为松岗中学的一项长期制度确定下来。

学校团委、新疆部联合组织了首次国家助学金发放仪式。刘向红副校长代表学校在发放仪式上作了讲话。

刘副校长抓住教育契机，阐述了国家助学金的意义，并对受助同学提出希望和要求：

一是要学会感恩。首先要感恩国家和深圳市政府。因为国家助学金是由中央和地方政府共同出资设立的，能有幸成为第一批受益的学生是十分幸运、幸福的；其次要感恩学校和老师。是学校领导和老师实事求是、因地制宜，作出了向新疆班同学倾斜的决定；最后要感恩同学，特别是本地班同学。因为广东地区并未完全实现区域经济均衡发展，一些广东籍同学家庭其实并不富裕，不少同学还是打工者子弟，是他们的主动退出、友情谦让，才能使这批国家助学金惠及更多、更需要帮助的新疆班同学。

二是要发愤图强。助学金其实也是奖学金，这是一份特别的关爱，这也是一份特别的荣誉，更是一份特殊的责任。希望同学们今后在政治上更加热爱祖国，热爱党，坚定维护国家利益和民族团结，不参与违反四项基本原则、影响国家统一和社会稳定的活动；希望同学们生活勤俭节约，艰苦奋斗，合理使用奖、助学金，杜绝浪费，俭以养德，珍惜党和政府的关爱，珍惜纳税人的劳动成果；希望同学们勤奋学习，不断进取，德、智、体、美、劳全面发展，早日成为建设祖国的栋梁之材，共同创造中华民族更加灿烂辉煌的未来。

再如 2008 年四川汶川大地震，正值学校科技艺术节期间。学校电视台及时转播灾情消息，老师们还将报纸上刊登的抗震救灾的感人故事剪辑下来，张贴在年级公布栏里供同学们阅读。校园里迅速掀起一场为灾区捐款献爱心的热潮。学校科技艺术节的文艺晚会变成了一场轰轰烈烈的赈灾捐款的义演、义卖活动，下面是这次活动的实况片段：

2008年5月12日14时28分，

四川，汶川，地动山摇，汶川罹难，举国之殇，情何以堪！

2008年5月19日14时28分，

深圳，松岗，风鸣雨泣，松岗悲恸，鹏城同祈，天佑中华！

心碎，无语，

唯有遥遥相祭，

为你们送行，

用祈祷和眼泪；

生命或许如此之轻，

如篱草飘摇，

生命应当如此之重

如泰山千钧！

……

如泣的悲乐暂停，深圳市松岗中学3000多名各民族师生默默致哀，深情祈祷！为了逝去的手足，为了幸免于难的同胞！

15时02分，捐赠活动开始。

各班课室里，悲痛的各民族学子纷纷走向捐赠箱，为灾难中的同胞献出真诚的爱心。

学校报告厅，在校的 366 名教职工，排着长长的队伍向捐赠箱挪动，用无言的行动诉说：孩子啊！别怕，老师永远爱你！四川，挺住，深圳与你同在！

截至 2008 年 5 月 21 日，全校师生共捐款 346688.6 元，其中教职工捐款 115085 元，学生捐款 231603.6 元。松岗中学的全体师生以悲悯的胸怀，以人道的力量，以博大的爱心明誓：请不要放弃，我们众志成城，任何灾难我们都能抗拒！让我牵起你的手，擦拭流血的伤痕，好好活下去，开始新的征程！

活动中，新疆班和本地班的同学共同体验了人间大难与大爱，经受了中华民族精神的洗礼，感受了中华民族的磅礴伟力，明确了肩上的责任与使命。自然，民族团结教育的功效和目的也就在其中了。

教　学　篇

进入新时期以来，学校的教育教学成绩一年一个新台阶，春华秋实，捷报频传。

一、中、高考成绩

（一）中考成绩

2000 年： 600 分以上 17 人。（本届年级长为**杨海春**）

2001 年： 600 分以上 20 人。（本届年级长为**廖国军**）

2002 年： 最高分 791 分；600 分以上 27 人；平均分 487.4 分。（本届年级长为**钟超文**）

2003 年： 800 分以上 1 人；700 分以上 5 人；600 分以上 51 人。（本届年级长为**廖国军**）

2004 年： 800 分以上 1 人（820 分）；700 分以上 8 人；600 分以上 62 人；平均分 529 分。（本届年级长为**程华**）

2005 年： 800 分以上 2 人；700 分以上 23 人；600 分以上 112 人；平均分 548 分。（本届年级长为**廖国军**）

2006 年： 800 分以上 1 人；600 分以上 98 人；平均分 529 分。（本届年级长为**顾球瑛**）

2007 年： 原始总分 470（满分 490 分）以上 4 人，460 分以上 36 人，高分率居宝安区第一；平均分 366.4 分，居宝安区前列。（本届年级长为**吴金凤、艾凤琴**）

2008 年： 平均分 541.5 分；700 分以上 19 人，占全校参考人数的 3.8%（全市为 2.28%）；600 分以上 144 人，占全校参考人数的 28.8%（全市为 15%）。（本届年级长为**吴金凤、艾凤琴**）

2009 年：平均分 547 分（全市平均分 500 分）；800 分以上 1 人，占全校参考人数的 0.18%；700 分以上 23 人，占全校参考人数的 3.9%（全市为 2.28%）；600 分以上 181 人，占全校参考人数的 30.8%（全市为 15%）。（本届年级长为**汪旺富、陈小良**）

2010 年：平均分 454.3 分；700 分以上 17 人，占全校参考人数的 3.2%（全市 2.28%）；600 分以上 148 人，占全校参考人数的 27.9%（全市为 15%）。（本届年级长为**李有根、殷国甫**）

2011 年：总平均分 541 分；800 分以上 3 人；700 分以上 27 人，占全校参考人数的 4.5%（全市为 2.28%）；600 分以上 170 人，占全校参考人数的 28.4%（全市为 15%）。（本届年级长为**吴金凤、丁文祥**）

2012 年：800 分以上 2 人；700 分以上 44 人，占全校参考人数的 7.1%（全市为 2.28%）；600 分以上 222 人，占全校参考人数的 35.86%（全市为 15%）；平均分 560.1 分。700 分、600 分人数和比例均位列全区第二，连续 9 年保持平稳快速增长。（本届年级长为**陈小良、艾凤琴**）

（二）**高考成绩**

2004 年：166 人参考，录取率 100%。达重点线 39 人，重点上线率为 23%，名列深圳市第八名；白雪等 4 名同学分别考上北京大学、清华大学。新疆班除一人被专科院校录取外，其他同学均被重点本科大学录取，重点录取率为83.3%。本地生在生源较差的情况下，经过努力，46人参考，全部达大专线以上，其中10人达本科线。（本届年级长为**李永进**）

2005年：171人参考，录取率94.7%。总分800分以上1人，700分以上20人；达重点线51人，占30%；达本科线96人，占56%。单科800分以上11人。其中，姚燕同学以844的高分摘取了深圳市历史单科状元（任课教师为王渭彬）。金磊、张锐、姚燕3名同学均被清华大学录取。高考综合实力居宝安区第二位、深圳市第八位。本届有62名本地学生参加高考，700分以上3人，达重点线9人，达本科线17人。（本届年级长为**孙之明**）

2006年：242人参考，录取率95%。总分800分以上2人，700分以上26人，达重点线69人，重点率为29%；达本科线142人，本科率59%。高考综合实力稳居全区第二。其中，卡力哈尔获深圳市地理单科状元（任课教师为唐小军）；王娟获深圳市生物单科状元（任课教师为许兴华）；许有磊、师蕾、曹卉等3人分别被清华大学、北京大学录取。本届80名本地考生中，800分以上1人，700分以上6人，达重点线17人，达本科线46人，本科录取率58%。各项指标取得了全面突破，在社会上引起很大的反响。（本届年级长为**郑传林**）

2007年：313人参考，达重点线147人，占47%，列全市第七名；达本科线205人，占65%。冶晓倩同学获深圳市英语状元（任课教师为葛莉萍）；高杰同学获深圳市物理单科状元（任课教师为顾大猷）；王琨同学获深圳市历史单科第四名。朱佳、

高龙两名同学分别考上清华大学、北京大学。这是新课改实施后的第一届高考，松岗中学再创辉煌。（本届年级长为**邱绍谦**）

2008年：333人参考。其中，新疆班156人，本地生177人。达重点线92人，占27.6%。其中，新疆班达重点线56人，本地生达重点线36人；达本科线215人，占64.6%。其中，新疆班达本科线108人，本地生达本科线107人。刘姗取得666分的成绩，为宝安区理科第一名（班主任为何建文），被北京大学录取。（本届年级长为**李永进、刘丕**）

2009年：419人参考，其中，新疆班183人，本地生236人。达重点线99人，占23.63%。其中，本地生50人，占21.19%；新疆班49人，占26.78%。达本科线266人，其中，本地生143人，新疆班123人。何璐同学总分659分，为深圳市生物科考生第一名（班主任为司马静波）；刘利同学生物138分，获深圳市单科第一名（任课教师为许兴华）。（本届年级长为**顾球瑛、吴明**）

2010年：新疆班199人参考，达重点线48人，占24.1%；达本科线140人，占70.4%。本地生229人参考，达重点线46人，占20.1%；达本科线168人，占73.4%。马文梅（新疆班）以687分获宝安区理科总分第一名（班主任为司马静波），被北京大学录取。吴利鑫以总分686分获宝安区理科总分第二名（班主任为熊胜芳）。本届是松岗中学首届艺术高考，其中美术专业文化和术科双上重点线率21.9%；文化和术科双上二本线率51.2%（不含一本）。曾文韬的音乐专业联考成绩列宝安区第一名（任课教师为杨克勇），总成绩超过音乐专业重点本科线137分，考上星海音乐学院；麦巧欣、陈依铭通过中央美院专业考试，文化总分分别超过美术专业重点本科线163分和137分。(本届年级长为**邱绍谦、王立平**)

2011年：536人参考，高考重点率居宝安区第二名。全校文科、理科、术科总分达重点线116人，占21.64%。其中，本地生73人，占22.6%；新疆班43人，占20.2%。全校达本科线366人，占68.3%。其中，本地生227人，占70.3%；新疆班139人，占65.3%。(本届年级长为**李永进、邱学知**)

2012年：本地班330人参考，文科、理科和术科总分达重点线88人，占26.7%，其中600分以上38人；达本科线248人，占75.2%；其中国际班达重点线人数占66.7%。松岗中学新疆班高考成绩也再创辉煌，刘磊同学以657分夺得广东省新疆班理科第一名(班主任为田茂东)，被清华大学录取。(本届年级长为**吴明、刘先军**)

表 4-2　2004—2012 年被清华大学、北京大学录取的松岗中学学生

时间	学生姓名	录取学校	照片
2004 年	王晶晶	清华大学	
	尚文欢	北京大学	
	包宁疆	北京大学	
	白雪	北京大学	
2005 年	金磊	清华大学	
	张锐	北京大学	

（续表）

时间	学生姓名	录取学校	照片
2005 年	姚燕	北京大学	
2006 年	许有磊	清华大学	
	师蕾	北京大学	
	曹卉	北京大学	
2007 年	朱佳	清华大学	
	高龙	北京大学	

（续表）

时间	学生姓名	录取学校	照片
2008 年	周小光	清华大学	
	刘姗	北京大学	
2010 年	马文梅	北京大学	
2011 年	唐文杰	北京大学	
2012 年	刘磊	清华大学	

二、学科竞赛亮点纷呈

本着让学生"全面发展、激发兴趣、发展特长"的目的，松岗中学积极引导学生参加全国数学、物理、化学奥赛和各类作文大赛，并取得了优秀成绩。

2004年在全国数学、物理、生物、化学奥赛中，获奖23人次。其中6人获全国一等奖，另有13人获二等奖。

2005年，10人获全国数学、化学、生物奥赛一等奖。

2006年，10人获全国数学、物理、生物奥赛一等奖，朱佳同学在全国物理决赛中获金奖，被清华大学提前录取，并入选国家集训队。

2007年，2人获全国生物奥赛一等奖；3人获物理奥赛一等奖。其中，安建民同学获新疆赛区第二名，被选拔参加全国总决赛。获一等奖的3名同学，均获得保送名牌重点大学的资格。

2007年，朱佳获全国物理奥赛决赛一等奖，保送清华大学

2005至2007年,学校组织学生参加"新世纪杯"全国作文大赛,先后有3名同学获得一等奖,其中林洁慧获特等奖;在第八届"语文报杯"作文大赛中,有2人分获省级特等奖、一等奖。2005年12月,孙倩同学获第六届深圳市读书月现场作文大赛一等奖第一名(指导老师为裴天平)。

2006年12月,赵雅博再夺第七届深圳读书月现场大赛一等奖(全市仅5名,指导老师为彭彬玉)。

2011年7月,李柴全获第九届"叶圣陶杯"全国中学生作文大赛决赛特等奖(指导老师为罗冲锋);罗海霞等12名同学获一等奖(指导老师为唐少玲、伏自平、程伟)。12月,在深圳市第二届"名著新编"短剧大赛中,初一舞台剧《一磅肉的官司》获深圳市第二名,夏洛克的表演者张杰威获得最佳表演奖(指导老师为周德英、周湘莲),学校获第八届深圳童话节优秀组织奖。

2012年2月,在全国新疆班演讲比赛中,马文杰获广东省片区第一名,马星获第三名;马文杰代表广东省参加全国决赛获一等奖(指导老师为邓雯雯、衣美莹、邓光缘、陈玉领)。在首届"小作家杯"中小学生作文大赛中,李嘉惠等8名同学获一等奖(指导老师为周湘莲等)。

表4-3 2003—2013年奥赛获省级赛区一等奖以上并被重点大学录取的学生名单（不完全统计）

时间	学科	学生姓名	辅导老师
2003—2004学年	数学	尚文欢（保送北京大学） 金磊 （二人均进入全国奥赛冬令营）	郑传林
	物理	王晶晶（保送清华大学）	顾大猷 刘乾武
2004—2005学年	数学	金磊（保送清华大学；获全国决赛三等奖） 赵中魁（保送上海交通大学） 张锐（保送北京大学）	吴　锋
2005—2006学年	数学	许有磊（保送清华大学） 许蔚翔（被重庆大学录取） 赵军（保送上海交通大学） 王倩倩（保送复旦大学）	郑传林
	物理	师蕾（保送北京大学） 朱佳	刘乾武
	化学	陈丹（被上海交通大学录取） 吴玉洁（保送复旦大学） 张昆（被中山大学医学院录取）	邱绍谦
	生物	艾力亚江（被中国农业大学录取）	龚文龙
2006—2007学年	数学	尹蔚珊（保送南京大学） 崔俊鹏（被复旦大学录取） 周小光 王伟（被中国科技大学录取） 陈丽	李荣庆 吴　锋
	化学	于万里（被中国科技大学录取） 王婧（被中国人民大学录取） 王晨晨（保送上海交通大学）	程国良
	生物	张颜杰（保送南京大学）	龚文龙
2007—2008学年	数学	陈丽（保送复旦大学） 周小光（保送清华大学） 李海啸（保送上海交通大学） 安建民（获数学、物理双科一等奖，保送上海交通大学） （陈丽、周小光、李海啸进入全国奥赛冬令营）	李荣庆 胡士军
	物理	朱佳（保送清华大学，获全国决赛一等奖） 安建民（保送上海交通大学）	江浩东
	生物	樊世杰（保送复旦大学） 古丽松木（保送南京大学）	龚文龙

(续表)

时间	学科	学生姓名	辅导老师
2008—2009学年	数学	张琳（保送中国科技大学） 哈帕尔江（保送复旦大学） 崔亚昆（保送上海交通大学） 三人均进入全国奥赛冬令营	胡士军
	物理	安建民（保送上海交通大学；进入全国奥赛冬令营） 毛吾兰（被北京理工大学录取） 党月豪（保送浙江大学）	江浩东
	化学	时伟（被南京大学录取）	程国良
	生物	廖德元（被南京理工大学录取） 干新星（保送南京大学）	龚文龙
2009—2010学年	数学	郑雪菲（保送上海交通大学；进入全国奥赛冬令营） 吴勇（保送中山大学）	胡士军
	物理	田震震（保送上海交通大学；获全国决赛三等奖） 周娟（被复旦大学录取）	江浩东
	生物	郑涛（保送中山大学；进入全国奥赛夏令营） 刘利（保送华中科技大学）	龚文龙
2010—2011学年	数学	赵少博（被华中科技大学录取）	胡士军 刘先军
	物理	马萍（保送上海交通大学）	江浩东
	化学	刘雪瑶（保送浙江大学） 张龙（保送河海大学）	李平坚
	生物	刘帜鹏（保送复旦大学；进入全国奥赛夏令营，获决赛二等奖） 李国书（被天津大学录取） 乃比·努热提斯（被西安交通大学录取） 班涛（被武汉大学录取）	杨秀碧 常红侠
2011—2012学年	数学	梁晓（被中国科技大学录取） 赵静（进入全国奥赛冬令营，被浙江大学录取） 鞠安康（保送上海财经大学）	刘先军
	化学	田甜（保送南京大学）	李平坚
	生物	吕雅杰（保送中山大学）	常红侠
	信息技术	李维欣（保送上海交通大学） 常若飞（被合肥工业大学录取）	张辉
2012—2013学年	生物	蔺婷娟（获全国决赛一等奖，被复旦大学录取）	杨秀碧

三、艺术高考

2008年5月期中考试之后，为了更好地贯彻"面向全体，全面育人"的教育原则，学校领导班子在认真分析国家高考政策、社会发展趋势，全面调研宝安区各高中学校应考策略和本校生源现状之后，决定从本届高一开始，开办美术（含音乐、传媒）高考班，为部分有艺术兴趣但文化课相对薄弱、成绩排名靠后的学生拓出一条升学之路，以鼓励学生德、智、体、美和谐发展，全面成才，推进素质教育。

年级领导小组在广泛听取学生和家长意见后，将有意向的42名（含1名传媒生、3名音乐生）学生集中起来，组成首届高考艺术班，开启了艺术高考探索之路。

这是学校第一届艺术班，组班时间较之其他兄弟学校推迟了将近一年，特别是美术科组全是年轻教师，没有一人具有高考备考经验，领导和老师倍感压力。

美术科组长曹强和班主任隆国念两名年轻人勇挑重担，虚心学习，扎实教学，主动思考，备考工作逐渐有了喜色。在完成高二常规专业教学任务之后，学校本着对学生、家长高度负责的精神，决定学习、借鉴省内兄弟学校美术高考备考的成功经验，在高考前的冲刺阶段，组织学生前往广州和北京两地培训基地进行封闭式专业强化训练。由于大部分学生主要集中在广州基地，在教学管理上，学校共配备了4名专业老师，有时根据教学需要，临时还调派助教，以加强个别辅导。

在生活管理上，学校配备了2名班主任，实行双班主任管理制度。其中曹强和吴江南两名老师常驻集训基地，与学生同吃同住同作息，全天候跟踪管理与服务，两名老师恪守职责，三个月中从未离开过学生。

在集训期间，刘向红副校长、高三级长邱绍谦、班主任隆国念代表高三领导小组多次去看望师生，给学生送去慰问品和御寒用品。面对流感的袭击，校医室黄谋红等医生悉心指导，帮助集训师生做好全面的预防和监护，确保师生平安度过整个艰难的冬天。

年轻的美术科组教师团队（前排左起：肖楠、陈建国、蒋慧；后排左起：范东旭、李晓燕、戴明锋、曹强、吴江南、林伟玲）

给首届高三（8）班美术班全体同学的一封信

高三（8）班全体同学：

　　你们好！经过两年艰苦奋斗，我们已经进入了美术联考备考的关键时期，开始了最后的冲刺与拼搏。这最后的40天，对我们每一个人来说，每一天都应该是特殊的、珍贵的、刻骨铭心的。

　　这是充满期待和渴望的40天。父母在关注着你们，他们为你们牵肠挂肚，你们身上凝聚了他们全部的心血和爱，寄托着全家对未来生活的希望和梦想；老师在关注着你们，他们传艺授业，日夜为继，为了你们的成才，他们不惜燃烧青春，透支生命，无怨无悔！

　　校长在关注着你们，他运筹帷幄，决胜千里，科学布局，因材施考，兵分五路，目标唯一。你们的学习生活、你们的身心健康、你们的成绩与进步，无时无刻不在牵系着他的心。

　　"儿行千里母担忧"，同学们，出征的号角已吹响，在你们整装踏上征途时，你们的身后凝聚了无数道关爱的目光，我们的爱将伴随你们扬帆远航！

　　这是机遇与挑战并存的40天，我们应当怎样去度过？

　　第一，要树立理想，冲刺目标。无须讳言，从前的我们曾经历了太多失败与伤痛，那种以文化成绩论英雄的单一评价方式让我们感到自卑与无助。是学校领导的英明决策，让我们来到了这个班级；是理想，是追求，是自强不息的精神，让我们42颗青春的心相聚在一起。两年的努力与付出，我们的成绩与进步，让家长和老师倍感欣慰，也让同伴对我们刮目相看。我们这群曾经失意、自卑的孩子，终于昂起了头，迎着阳光绽放着青春笑脸！如今，在距联考40天的日子里，让我们继续用理想的火炬去照亮脚下的道路，照亮我们向高考目标"冲刺"的每一天！

第二，坚定信念，决胜联考。要相信自己的能力，要相信我们的辅导老师和美术备考领导小组的智慧和经验，相信家长和学校是我们的坚强后盾。当你在学习中遇到挫折与失败时，不仅需要老师正确的引导，更需要自己的坚定信念。人不是为了失败而来到世上，我们的血管里流动的是奔腾向前的血液。咬紧牙关，战胜失败，终会成功。

还记得挂在我们教学楼六楼墙上的一幅名人名言吗？"当我们遭到嘲讽和怀疑，当有人说我们办不到的时候，我们将用一个凝聚了民族精神的永恒信条来回应：是的，我们能做到！"

第三，贵在坚持，永不言弃。高尔基说："天才出自勤奋。"我们要用勤奋来充实每一天。本着坚持不懈的精神，我们才走到了现在。而在最关键的40天里，我们相信同学们一定会以坚忍不拔之志、坚持不懈之精神奋战到最后。要知道，联考最后的冲刺阶段也是学习效率最高的时期，成绩的提升还有很大的空间。

只要努力，只要坚持，什么奇迹都有可能发生。"是的，一切皆有可能！"每年联考都会有意想不到的考试结果出现：看似没有希望的考生，由于最后阶段的奋起直追而一鸣惊人；看似大有希望的学生由于最后的分心和懈怠，最终名落孙山的也大有人在。

谁笑到最后，谁笑得最好！只要坚持不懈，最后的成功者一定是我们！

第四,要放下包袱,保持一颗平常心!俗话说:持平常心处世,则永立不败之地。何谓平常心?说到底不过是"立足脚下常进取、不骄、不馁、不急、不躁"等观念的汇合。任何时候我们都不能让自己乱了方寸!急是没有用的,愁也不能解决问题,恐惧并不能给我们加分。越是关键时刻,就越要冷静,越要按部就班,越要心平气和,这就需要一颗平常心。

常言道"胜败乃兵家之常事""成功总伴随着失败而生",我们不能因为一次考试失利而情绪波动、郁闷、烦躁,这对紧张的复习来讲无疑是雪上加霜;我们应把复习中的每一次考试都看成是进步的机会,以求发现问题,改进学习策略,快速地提高自己的成绩。同学们,不管我们现在是名列前茅,还是暂居人后,都要在未来的40天里充分利用每一寸光阴,为着目标而努力拼搏!

第五,惜时守纪,全力冲刺。为了梦想必须全力以赴!最弱小的人,只要你集中力量干好一件事情,也能取得好的结果;最强大的人,如果浪费时间,分散精力,也可能一事无成。美术班的同学们,一定要努力,让这40天变得更有价值,用行动证明,我们曾经把握过;用汗水证明,我们曾经努力过;用结果证明,天道酬勤,付出必有回报!在珍惜时间的前提下,要想提高学习效率,就必须遵守纪律,因为纪律是学习秩序的保证。我们必须严格遵守集训基地的一切规章制度,服从带队老师的安排,积极营造良好的学习氛围。

第六,战胜困难,磨炼意志。异地学习,必然会遇到很多我们以前不曾经历的困难,那里没有家里温暖的大床,也没有松中明亮的教室、熟悉的校园，附近也没有我们喜爱的小吃店。特别是今冬天气寒冷，流感不断地侵扰我们，寒风时时在考验我们的意志力。

面对这一切，我们不要怨天尤人，不要害怕退缩，我们要把这次集训当成人生的一次历练、人生的一笔财富。"宝剑锋从磨砺出，梅花香自苦寒来"是我们耳熟能详的励志名言，俄国伟大的文学家契诃夫的谆谆教导也让我们谨记心中："困难折磨对人来说，是一把打向坯料的锤，打掉的应该是脆弱的铁屑，锻成的将是锋利的钢刀！"

同时，我们要互相关心，互相帮助，互相鼓励，共同进步。这里是我们人生的又一个起点，我们在这里为理想扬帆起航；这里也是我们友谊的驿站，是我们共同圆梦的地方，待到高考成功、金榜题名、我们再聚首时，"那过去的一切，必将成为美好的记忆"。

总而言之，希望同学们树立和坚持"激情备考、科学备考、全力备考"的理念。因为满怀激情是我们开拓创新的精神源泉，是智慧的源泉。满怀激情，执着地追求，什么奇迹都可以创造。希望同学们能点燃激情，满怀信心，全身心地投入到联考冲刺中来。最后，让我们借用丘吉尔的名言与同学们共勉：

"我们的目的是什么？胜利——不惜一切代价去争取胜利！"

最后祝同学们身体健康，学习进步！联考取得优异成绩！

高三领导小组和全体老师
2009年12月5日星期六

谈及带首届艺术高考班的经历，班主任隆国念记忆犹新。带首届美术班是他大学毕业的第二年，当班主任的第一年，美术班主要是以他原来带的文科普通班为基础组成的，这些学生通过纯文化高考考上理想的大学机会渺茫，老师和家长都很着急，多次反馈给学校领导。学校经过认真研究，决定尝试美术高考探索。但绝大部分同学连术科基础都没有，基本要从零开始，班主任和美术科组面临的压力是非常大的。

经过两年多师生的艰苦努力，最后达美术专业重点线的学生有11人。其中，在广东省美术联考中，李诗敏和李思贤两名同学分别取得了253分和250分的优异成绩。麦巧欣、陈依铭通过中央美术学院专业考试，文化总分超过美术专业重点本科线163分和137分。美术专业文化和术科双上一本线9人，上线率21.9%，超过文科重点班的上线率；文化和术科双上二本线人数为21人，上线率51.2%（不含一本）。曾文韬同学音乐专业联考成绩列宝安区第一名，总成绩超过音乐专业重点本科线137分，考上星海音乐学院；另有两名学生上了二本线。传媒专业文柏林同学考上复旦大学视觉影视学院。首届艺术班实现开门红，得到了学生和家长的认可。

曹强老师感慨万事开头难，首届高考备考的磨炼让他和他的团队伙伴获得迅速成长。如今美术科组已经有了自己的一套成熟的备考模式，成绩一年比一年好。比如2011届美术班，文化和术科重点双上线24人，上线率50%，其中蒋志聪考取北京电影学院，很多学生考取了广州美术学院、江南大学、天津美术学院、鲁迅美术学院、北京服装学院等重点大学。

又如2017届美术班，文化和术科双上线率52%，叶子潼考取中央美术学院，张盈盈考上华中师范大学，麦媛婉考上华南农业大学，等等。2020届文向荣考上中国传媒大学，林臻妮考上中国美术学院，等等。

学校的成绩得到上级领导和社会各界的广泛认可，被媒体称为"一所高考成绩十分突出的学校，一所竞赛亮点纷呈的学校，一所基本没有课外作业的学校，一所不用请家教的学校"。

时任国家民族事务委员会副主任、新疆维吾尔自治区政协副主席、新疆维吾尔自治区副主席及教育部基础教育司、民族司、国家民委教育司、法规司、深圳市各级领导等都曾到校视察，对学校的管理、教育教学给予了高度的评价，认为学校各方面都取得了跨越式的发展，是一所变化和发展非常显著的学校，是一所校风良好、教学质量高、政府放心、群众满意的学校，是深圳市中小学农村实现城市化成功的典范。

教　改　篇

松岗中学经过起步阶段的发展后，学校把教研提到了特别重要的地位，建立健全教研机构，鼓励老师申报课题，全力打造松岗中学模式。以观点为舵，以理想为旗，2008年新课程改革的春天里，《松岗中学教育研究》诞生了，一本杂志携同一种梦想正式起航！

《松岗中学教育研究》于2008年3月创刊，至2013年7月停刊，共出版了33期，主编为唐江云老师。刘向红副校长在发刊词里，把本刊物的理想描述为：我们恪守"真实记录与敢于建言"的精神，客观记录改革者的理念与实践、思考与困惑，鼓励勇于探索、敢为人先的精神，真实描述具有教育理想和人格魅力的教育人物群像，继而从我们学校、我们自己的某一个侧面，记录中国教育改革与发展的轨迹。

《松岗中学教育研究》杂志

《松岗中学教育研究》虽然只存在了 5 年多，但它为松岗中学教师提供了一个很好的交流、提升的平台，很多老师借助这个平台得到了提高和发展。2009 年，学校被评为"宝安区教科研工作先进单位"。

　　与此同时，学校领导班子基于学校的发展需要，带领全校师生，依托学校自身的资源优势和特色，依靠全校教师的智慧和力量，开展以行动研究为主要方式的校本课题研究。教师们根据新课改理念和学校教育价值观，在各学科教学岗位上且行且思且总结，全力打造松岗中学课改模式。

一、课改的背景和主要过程

　　松岗中学课程改革始于 2007 年，到 2012 年 12 月，大致可以分为三个阶段。

　　第一阶段：从"三苦精神"到"四环节"课堂模式（2007—2009 年）。

　　2007 年之前的松岗中学曾以"三苦精神"——当校长的苦抓、当老师的苦教、当学生的苦读而"享誉"宝安教育界。"三苦精神"换来了松岗中学的巨大变化，学校的中考、高考重点上线率位列深圳市中学前列，从一所偏居一隅、默默无闻的三流学校，变为享誉全市的中、高考先进学校。

　　但随着高中新课改的深入和义务教育的均衡发展，罗玉平校长清醒地认识到："不改革是没有出路的！"松岗中学必须走科学发展之路，必须创建一套符合教育规律、适应自身特点、科学严密而又富有人文精神的教育管理模式和教学创新模式。

学校借创建"广东省国家级示范性高中"的契机，及时调整方向，从"三苦精神"到走向改革前台。

2007年5月，学校提出以"培养学生自主学习能力"为目标的"四环节"课堂教学模式，即任务交代要清楚—导学点拨要精当—当堂测评要过关—课后辅困要落实。

第二阶段：由"四环节"模式到"ALTER"模式（2009—2010年）。

经过两年的探索实践，取得了一些成绩，也形成了一些经验，松岗中学课改模式已具雏形。在中央教科所邓友超博士的启发下，学校将"一个中心、四个环节"中的五个关键词：合理任务（Assignment）、自主学习（Learning）、即时点拨（Teaching）、当堂测验（Evaluation）、跟踪研究（Research）的第一个英文字母抽出来，组成了一个英文单词——ALTER。而"ALTER"在英语中正好是"改变"的意思，这与学校求变的决心和行动不谋而合。于是，"'ALTER'模式"的说法得到大家的普遍认可。

2009年10月，学校申报"松岗中学ALTER教学模式研发"区重点课题获立项；2009年11月，刘向红副校长代表学校向宝安区教课培中心汇报松岗中学教改模式创建情况，并提交召开研讨会的申请。

第三阶段：由"ALTER"模式到"一个中心、四个基本点"的松岗中学模式（2010—2012年）。

松岗中学的先进理念和着眼于课堂变革的实践探索，以及取得的成功经验，得到了市、区主管部门和业内同行的高度关注和普遍认同。2010年1月，宝安区教育局、教科培中心召开教改模式研讨会，向全区正式推广松岗中学"ALTER"模式。

无论是初始的"四环节"模式，还是后来的"ALTER"模式，都始终坚持以"培养学生的自主学习能力"为目标。围绕这个目标，学校进一步提出了"让学生学会自学，让教师学会导学，让教学回归学科，让管理走向人本"四项基本要求。

"一个中心、四个基本点"的提出，将课堂教学改革提升到学校整体改革的层面，为松岗中学的全面改革确立了基本框架；各学科的全面参与，各部门的相互联动，既自上而下又自下而上、集思广益、汇聚智慧、尊重个体、鼓励创造等一系列举措，使松岗中学模式的内涵得到了极大的丰富和延伸，模块特色逐渐彰显，各项辅助操作性策略进一步细化。在前两轮改革的基础上，学校上下同心，凝心聚力，一边探索一边总结，一边耕耘一边收获，逐步形成特色，产生示范辐射效应。

2010年12月，学校向市教育局正式申报深圳市课程改革特色学校；2011年3月，经过严格评选，学校从全市500多所中小学校中脱颖而出，被确定为深圳市首批十所课程改革特色学校之一。

从"三苦精神"到"四环节"课堂模式，再到"ALTER"模式，直至松岗中学课改模式，纵观松岗中学的教学改革历程，是一个不断地深入认识和贯彻"以人为本"办学理念的过程，是一个不断地求真务实、深化细化的过程，是一个从"苦学、苦教"到"乐学、乐教"，从被动式、接受式学习，到自主学习、自主探究、自主管理、自主发展、不断地追求"幸福教育"梦想的过程。

二、松岗中学课改模式的核心内涵

松岗中学课改模式,是近年来学校在开展以"培养学生自主学习能力"为目标的探索实践各项经验做法的统称,它的核心内涵与要求是:让学生学会自学,让教师学会导学,让教学回归学科,让管理走向人本。"一个中心,四个基本点"成为松岗中学课改活动的行动指南。

(一)让学生学会自学

让学生学会自学,以"学案"代替"教案",这是松岗中学课改模式的第一个内涵。

松岗中学课改标语

"未来文盲不是不识字的人,而是不会学习的人。"松岗中学课改模式秉着"教师是思考力的培育者,不是知识的注入者"的思想,进行创新教学改革,变"授人以鱼"为"授人以渔",让学生从被动的学习状态中解放出来,学会主动学习,在知识的海洋里自觉地"寻鱼打鱼"。

学校在大胆改进课堂教学模式的同时,全面推行学案导学法和小组合作学习法。学案导学法要求教师用"学案"的方式,引领课堂分层教学,提高学生的自主学习能力。从"教案"到"学案",

一字之差，反映出松岗中学教师教学理念的转变，体现了教育者对"学"的关注，传递的是一种教育回归人本的价值观。

学习金字塔（Learning Pyramid）理论认为，在"听讲""阅读""声音、图片""示范""小组讨论""做中学"和"教别人或者马上引用"七种学习方式中，学习效果在50%以上的，都是团队学习、主动学习和参与式学习。因此，松岗中学选择以小组合作学习的组织形式来落实课堂"五环节"教学和学案导学。采用"组间同质，组内异质"的分组方式，形成"组内合作，组外竞争"的积极局面。

（二）让教师学会导学

新课改下教师如何教学？什么样的课堂才是新课改的理想课堂？作为"授人以渔"中"授"的实施主体，老师帮助学生掌握科学的学习方法，远比探究教学方法更为重要。在松岗中学课改模式里，教师的作用有三：引导督促、答疑解惑、护卫扶助。让教师学会导学——变"讲授"为"点拨"，这是模式的第二个重要内涵。

学校强调，学习是学生自己的事，学生才是课堂的真正主人，教师的作用只是组织、管理、引导、点拨。教学应该是在学生自学、思考的基础上进行的，只有当学生通过自学，对问题急于弄明白而又弄不明白、嘴里想说而又说不出来的时候，教师才对其进行点拨、启发，解开关键点，乃"不愤不启，不悱不发"之谓也。只有这样的教学才是有效的，也只有通过这样的教学学到的知识、培养的能力才是对学生终身发展有用的。

"点拨"式导学法与传统的教学方式不同，其主要变化表现在：备课模式变"以本为本"为"以生为本"；变"备教案"为"备学案"；变"备教材"为"备课标、备资料(含教材)、备学生、备活动、备作业、备后记"；变"备教法"为"备学法"，要求老师从学习方法上给学生以正确指导，帮助学生学会预习、学会听课、学会笔记、学会复习、学会考试，以掌握终身学习的武器。

总之，学校希望通过改革课堂教学方式的同时，改变教师的工作方式，使教师从繁重、高成本的工作中解放出来，工作状态得以改变，工作质量得以提高，体认和把握教学规律的能力进一步提升，教学技巧进一步丰富，教学德行进一步彰显，实践智慧进一步增长，职业幸福感进一步增强。

（三）让教学回归学科

回归学科本质，彰显学科特点，打通初、高中阻塞环节，实现课程内容整合和教学管理一体化，这是松岗中学课改模式第三个重要内涵。

语文——博观而约取，厚积而薄发

在学科改革中，本校初中语文改革起步最早。松岗中学高中本地班学生，绝大部分是从本校初中直升上来的。

由于地域、社区现代文化氛围、父母受教育程度、家庭文化底蕴等原因，松岗中学学生与市区学校，尤其是几大名校学生，难免存在人文素养方面的差异，加上中考急功近利思想的影响，许多学生到了高中，在语文学科这一块就明显后劲不足，语文能力及语文素养的可持续发展出现问题。

初中语文科组

高中语文科组

基于如此现状，学校提出了初一、初二语文教学要进行颠覆式的改革：强调突出语文阅读及写作的主体地位。在学校推行改革的日子里，"博观而约取，厚积而薄发""问渠那得清如许？为有源头活水来"等语文学习"真言"名句深入人心。

同时，学校还提出了改变对语文老师的评价模式，解除语文老师的思想负担，大胆地进行教学改革。

英语——将耳朵叫醒，把嘴巴打开

语言的作用在于交流，学习语言的目的是为了交流。过去人们习惯于重语法、轻听说，中国人把英语学成了"聋人英语、哑巴英语"。

松岗中学地处深圳西北部的一个角落，生源和学校的地理位置在一定程度上决定了学生的英语基础与语文相比更加不容乐观。而且越是基础薄弱的学生，越缺乏学习的积极性和自觉性，最终陷入对英语学习望而生畏、望而生厌的恶性循环。即使是英语成绩较好的学生，他们中大多数人的学习兴奋点在语法，而不在表达交流。

据于此种现状，松岗中学启动了"听说领先"的英语教学改革，在英语教学界率先喊出"将耳朵叫醒，把嘴巴打开"的响亮口号！

学校英语教学改革的整体布局是：初一，"听、说"先行；初二，"读、写"跟上；初三，"听、说、读、写"齐头并进；高一，"听、说"先行，"读、写"跟上；高二，"听、说、读、写"齐头并进；高三，对接训练，直指高考。

初中英语科组

高中英语科组

第四章 东方大道时期第一阶段

数学——各因其材之高下,择与其所失而告之

《论语·为政》子游问孝、子夏问孝,朱熹集注引宋程颐曰:"子游能养而或失于敬,子夏能直义而或少温润之色,各因其材之高下与其所失而告之,故不同也。"数学教学的根本在于因材施教、分层教学,按天分而塑,因个性而为。

在学情分析时,老师们发现,很多学生尤其是女生,进入中学后成绩总上不去,最终导致对学习完全失去信心,其原因主要是"卡"在数学上。特别是近两年新疆班扩招,生源整体文化素质受到影响,加上女生比例远高于男生,因此,新疆班的因材施教、分层教学显得尤其必要。

学校在全校重点推广初三数学组郭寒英老师的"小纸条作业法"——作业采用小纸条的形式,实行分层教学、因材施教的教学原则。后高三数学组又率先推行罗玉平校长提出的"考试学习法"实验。

如果说"小纸条作业法"的发明,传递的是松岗中学一线普通教师"以人为本,尊重个体差异,关注全体学生"的教育理念,那么"考试学习法"的创造,彰显的就是作为改革决策者与领军人物的校长的务实精神,体现了"深入课堂,关注学生身心发展,遵循认知规律,把握教育时机"的教育智慧。

理、化、生——纸上得来终觉浅,绝知此事要躬行

物理、化学、生物作为实验学科,光有学案是远远不够的。世界上获取知识、培养兴趣、形成能力的最好途径莫过于亲自动手、直接参与体验探索知识的全过程。"纸上得来终觉浅,绝知此事

要躬行"说的就是这个道理。然而纵观中国教育界，迄今为止，实验教学在理科教学中没有得到足够的重视。

初中数学科组

高中数学科组

加强实验教学，实验室全天开放，实验仪器进课堂，学科考试考实验，等等，是松岗中学课程改革的重要内容和亮点，也是中国基础教育新课程改革今后要走的路。

　　物理教师出身的罗玉平校长表示：实验教学这条路，松岗中学已比别人先行了一步，并要坚定地走下去！在实验课教学中，学校要求教师做到：特征让学生自己去观察，规律让学生自己去发现，思路让学生自己去探索，方法让学生自己去推导，难点让学生自己去突破，努力培养学生"格物致知"的精神。

物理实验课

政、史、地——一心专读"圣贤"书，两耳兼闻天下事

　　政治、历史、地理这三科作为基础教育的人文学科，是中学生知识结构、学力结构的重要组成部分。提倡"读书与活动相结合、

生物科组教研活动

课内与课外相结合"尤为重要。

政治教学必须与社会生活相结合，充分利用各种书刊、新闻媒体网络，了解国内、国际时事的热点和焦点，引导学生关心时事新闻，关注国计民生，要做到"风声、雨声、读书声，声声入耳；家事、国事、天下事，事事关心"。教师主要是引导、启发，打开学生思维之门，让学生自己多看、多议，得出结论。

关于历史科课堂教学，学校要求教师对于史实和史观教学要采取不同的方法，史实部分务必要求学生熟记熟背，史观部分则要注重引导学生进行讨论，并在讨论中形成正确的历史观。教师的导学点拨主线要融入相应的历史观，比如文明史观、全球史观和现代化史观等。

地理学科本来就是一门应用性很强的学科，理论联系实际显得尤为重要。要将课本上学到的知识和技能同外界事物相联系，同国家建设相联系，同国内国际时事相联系。"读万卷书，行万里路"，学校经常组织新疆班学生参观珠三角风景名胜、文化古迹，考察现代化企业，让学生亲身感受改革开放的巨大成果；同时鼓励学生利用寒暑假，参加旅游、实习、做义工等社会实践活动，尽可能拓展自己的地理视野，使书本知识在野外观察和社会活动中得到应用与巩固。

（四）让管理走向人本（见本章"管理篇"）

三、松岗中学课改模式的组成及辅助性策略

松岗中学课改模式是一个开放式模式，它的构建过程是一个不断丰富，稳步推进的过程。

到2012年下半年，松岗中学课改模式已开发的项目主要包括："ALTER"教学模式，"统一规划，回归学科"课程模式，"双线三级"管理模式，质量动态监控模式，"行动研究"教研与培训模式，和谐文化建设模式，等等。

辅助性操作策略有：学案导学，小组合作，点拨式导学法，小纸条作业法，考试学习法，图书、实验仪器进教室，自主实验与实验考试，"以用促学"体验式学习，快乐周末俱乐部，温书假，自主学习周活动，年级教研例会，年级质量评估会，等等。

松岗中学课改模式取得实效很大程度上归功于这种极强的包容性与整合性。这些教与学的辅助策略和方法不断在教学改革实验中成熟与丰富，凝聚了松岗中学全体教师的实践智慧。

四、松岗中学课改模式的学术价值及影响

(一) 课改模式的学术价值评价

教育改革的出发点和归宿点都是教育教学质量的提高，构建模式只是推进改革的手段。松岗中学自主学习模式，是校领导班子基于学生发展、学校发展的需要，带领松岗中学全校师生，依托学校自身的资源优势和特色，依靠全校教师的智慧和力量而开展的探索实践。它是一种自上而下和自下而上相结合的开放式、成长型的整体改革模式；是一种基于校本的，以培养学生自主学习能力、全面提高教育教学质量为目的的学校改进的实践模式。

松岗中学六年的改革实践实现了以下几个方面的改变：教学方式——变"授人以鱼"为"授人以渔"，备课模式——变"以本为本"为"以生为本"，课堂模式——变教师的"讲堂"为学生的"学堂"，学习方式——变"被动听讲"为"主动探究"，

罗玉平校长在深圳市首批课程改革特色
学校复评会上演讲

科研方式——变"学术科研"为"校本科研",管理方式——变"物本管理"为"人本管理"。

松岗中学课改模式的学术价值主要体现在四个方面:

一是树立了"以学生为本"的新教育理念。传统的教学观认为,知识是客观的绝对真理,并且是可以传递的。人类只要掌握了足够数量的知识,就可以征服自然、改造社会。因此,传统的教学法是灌输式的,它的特点是单向的、线性的。教师的主要职责就是传递足够数量的知识,学生则是记住这些知识,并且理所当然地认为教师是知识的代言人、真理的化身,教师讲解的都是正确的,所有学生都应该而且必须学会。传统的教学观下,学生的学习方式是机械记忆、简单模仿、重复训练,师生关系的核心是"师道尊严"。

新课程改革提出"以学生为本"的理念,从根本上更新了传统的教育理念。松岗中学的教学模式改革紧紧扣住"以学生为本"这一核心理念,循序渐进,逐步推动。在教学上转变了观念,更新了方法;教师在师生关系的演变中实现了立场的转变;学生在学习中获得了动力和创造力,同时获得了乐趣。

二是确定了课堂是新教育理念的最终归属与落脚点。要在课堂教学中真正落实"以学生为本",并不是一件容易的事,有很多问题等待着实践者去解决。

比如,在"以学生为本"的理念下,如何提高课堂的有效性?如何让课堂评价真正起到激励、引导的作用,从而启发学生的思维?有时从表面上看学生是动起来了,小组合作学习也进行了,课堂气氛也很活跃，但仔细观察便会发现，很多时候并没有真正调动学生深层次的思维，教师也不善于捕捉学生发言中有价值的东西、引导学生深入讨论，只满足于课堂上此起彼伏的热烈场面。

可见，"以学生为本"的实质不只是调动学生的积极性、主动性。自主学习不等于学生完全自己学习，关键是教师如何引导。动要动得有序，要的不是热闹场面，而是对问题的深入研究和思考。

松岗中学课改模式要求教师在备课时要以学生为主体，设计好问题，针对不同意见和问题引导学生展开讨论、辩论，抓住学生发言中的问题，及时给予引导。美国教育家彼得克莱恩说："学习的三大要素是接触问题、综合分析、实际参与。"为了配合课改理念在课堂上的贯彻落实，松岗中学及时将原学风中的"不懂就问"修改完善为"学贵有疑，不懂就问"。"学贵有疑"四个字的增加，是缘于学校领导和教师对培养学生"问题意识"的重要性的深刻认识，大力倡导学生在课堂上接触问题、分析问题、实际参与解决问题，最终实现学习目的的达成。

松岗中学"以学生为本"的理念促使教师们由"一问一答"式的"假问题化"教学，转向由学生自己提出问题、分析问题、解决问题，培养学生自主学习能力和主动探究精神，实现认知能力和思维技能的发展的"真问题化"教学，这是一个质的变化。

三是突出了自主学习"五环节"课堂的核心要素。松岗中学的自主学习"五环节"围绕着一个中心——保证学生的自主学习，核心要素是导学。

为此，学校订立制度，规定教师在课堂讲课最多不超过 20 分钟，保证将每节课一半以上的时间留给学生自主学习。制度的保障有利于教师放开对课堂时间的把控，将学习和思考的权利还给学生。这超过一半的自主学习时间，是教师的备课中心和重点，教师如何在自主学习时间中导学，是足见功底的。

自从苏联凯洛夫的五步教学法——组织教学、导入新课、讲授新知、巩固新知、布置作业——传入国内，延续数十年，一直将"教师本位"进行到底。如今，松岗中学的"ALTER"模式高高扬起"以学生为本"的旗帜，实现了新课改要求的课堂教学模式的转变。

四是定义了新课改下教师的新形象。"点拨式导学法""初高中统一规划""以用促学""厚积薄发""回归学科特点""将耳朵叫醒，把嘴巴打开"等这些新颖的教学模式，铭刻在每一名教职员工的脑海中。他们将其作为教学和管理的法宝，并不断地充实完善，最终将其发挥到极致。

新课改下教师的作用是什么？松岗中学教师用自己的课改实践作出了回答：

一是引导督促的作用。教师要提出学习目标，落实学习任务，组织课堂学习，引导学生向学习目标前进。

二是答疑解惑的作用。在学生学习遇到问题和困难时，教师要适时进行点拨，运用自己的知识为学生答疑解惑，重在启发思维。

三是护卫扶助的作用。教师要像园丁一样关心每一棵树苗的成长，用心关注每一个学生的身心健康发展。

(二)课改模式取得的成绩及影响

多年坚持不懈的教育教学改革实践,使松岗中学由一所街道办所辖的实力薄弱学校一跃成为宝安区乃至深圳市极具影响力的学校。

1.高考中考成绩的显著进步

截至2012年,松岗中学学子共计夺得过历史、地理、生物、物理、英语等5科共6个深圳市单科状元,17人被北京大学、清华大学录取。

由于地域的原因,加之学校的办学起点低,松岗中学的招生资源一直不占优势,在这样的基础上,松岗中学的中考、高考成绩却能名列前茅,历年高考重点率均位居宝安区前三、深圳市前列。

2011年1月,宝安区初三一模按原始分统计,松岗中学各科均名列全区第一;2011年3月,深圳市高三一模,松岗中学重点率25.1%,名列全区第二、深圳市第十,本科率78.6%,化学学科全区排名第一名,李美莹同学勇夺深圳市地理单科状元。2011

刘乾武老师(左二)辅导物理奥赛

年，宝安区教科所对本区学校近五年中高考数据进行分析，松岗中学中高考均值位居全区第二名。

另外，学校奥赛成绩一枝独秀，在全国中学生数学、物理、化学、生物奥林匹克竞赛中，先后获得全国奥林匹克竞赛奖共180余人次，其中省级赛区一等奖63人次，28人进入全国奥赛冬令营，共有38人因奥赛成绩优异被保送进清华大学、北京大学、上海交通大学、复旦大学、浙江大学等全国重点大学。教学相长，在学生学业成绩进步的同时，教师队伍也得到长足发展。

2.教育学术界的广泛关注

2008年5月，由广东省教研室主办的全省高中英语课改研讨会在松岗中学召开，与会代表对英语教学界的"松岗现象"大加赞扬。

2009年4月25—26日，首届港、台与内地（祖国大陆）语

外校代表学习松岗中学课改模式

文教学圆桌会议报告会暨散文教学研讨会在松岗中学举行。

港、台与内地（祖国大陆）的语文教师和研究界的专家学者共 400 余人参加了会议，其中包括孙绍振、王荣生、郑桂华、仇小屏、梁敏儿等知名学者。

这是松岗中学至 2009 年为止承办的最高级别的教学研讨活动，极大提升了学校的知名度，增强了学校的社会影响力。

2011 年 1 月 9—13 日，全国语文名师高峰论坛暨语文"名师育名师"活动在松岗中学举行。来自全国各地的名家大师和近 200 位名师汇聚于此，坐而论道，松岗中学变成了一个教改思想碰撞的前沿阵地。

著名作家和学者余华、孙绍振、王荣生、顾振彪、何文胜等人的精彩讲座，特级名师余映潮、支玉恒、李卫东等人的示范课和名师班学员的展示课以及课后的精彩评课都让与会的教师受益良多。这次教研活动对促进松岗中学教学改革，推进松岗中学教学模式的深入发展，产生了积极的作用。

2012 年 11 月 5 日上午，"2012 年深圳市宝安区课程改革成果展示活动"开幕式及松岗中学课程教学改革成果展示在学校内举行，来自区内外各学校的近 600 名领导、教师参加开幕式。

深圳市教育局、宝安区政府、宝安区教育局、广东省中小学培训中心、深圳市教科院、宝安区教科培中心、松岗街道党工委等上级单位的领导和专家出席了会议。开幕式上，余迅副校长代表松岗中学发言，他系统全面地介绍了松岗中学进行教学改革及学校管理改革的历程，对松岗中学课改模式的内涵进行了精准到

2012年11月5日,余迅副校长代表学校作课改成果汇报

位的解读,向与会领导、专家和同行们详细介绍了学校课程改革的内容及所取得的成绩,引起强烈反响。

市教育局领导高度肯定此次展示活动的意义,勉励松岗中学要始终做全市教育改革的领跑者。

松岗中学课程改革展示活动上,全校共推出28节重点展示课,供所有领导和同行观摩批评。松岗中学的展示课获得听课专家和教师们的一致好评,大家认为这些课符合新课程改革理念,确实起到了培养学生自主学习能力的作用。

3.学校取得的主要荣誉

2007年11月,通过广东省高中教学水平评估。

2008年10月,通过深圳市义务教育均衡发展督导评估。

2008年11月,通过广东省国家级示范性普通高级中学督导评估。

罗玉平被评为"深圳市十佳优秀校长",许勤市长(右一)为其颁奖

2011年3月,被深圳市教育局确立为"深圳市首批课程改革特色学校"之一。

2011年9月,罗玉平校长当选为深圳市"十佳优秀校长",接受许勤市长颁奖。

2011年10月,以全区第一名的高分,通过深圳市宝安区首批卓越绩效模式示范学校评估。

2012年11月,通过深圳市高中办学水平评估。

多年来高考、中考成绩保持在宝安区前三名,连续8年被评为深圳市高考工作先进单位、宝安区初中教学管理标兵单位、深圳市宝安区高考工作先进单位"卓越奖"。

4. 媒体宣传报道

2007年9月10日,《宝安日报》登文《松岗中学:名师耕耘,桃李芬芳》。

2007年11月27日，《宝安日报》登文《松岗中学：成绩背后的故事》。

2008年5月30日，《宝安日报》登文《松岗中学屡创奇迹笑傲江湖》。

2008年11月7日，《南方日报》登文《敢为人先，大胆创新——深圳市松岗中学争创特色名校》。

2008年12月3日，《宝安日报》登文《松岗中学屡创奇迹探秘》。

2009年4月21日，《深圳特区报》登文《松岗中学大胆创新，不断改革课堂教学》。

2009年5月14日，《南方日报》登文《教育家情怀铸造松岗模式》。

2009年5月19日，《宝安日报》登文《松岗中学：勇创松中模式，冲刺全国名校》。

2009年10月19日，《深圳特区报》登文《松岗中学教育新模式带来累累硕果》。

2009年12月，《特区教育》2009年第12期登文《而今迈步从头越——深圳市松岗中学创建教改新模式写真》。

2010年5月25日，《晶报》登文《松岗中学：走现代化、国际化之路》。

2010年7月22日，《宝安日报》登文《成功的模式，骄人的成绩》。

2010年8月31日，《南方都市报》登文《松岗中学：教育教学模式实用高效》。

2011年上旬，《高中数理化》杂志和《作文与考试》分别以专题报道的形式，推介松岗中学教改模式。

2011年3月17日，深圳招考网登文《松岗中学模式并不神秘，尽显在课堂与考试》。

2011年4月13日，中国日报网登文《构建松岗中学模式，稳步提高教育教学质量》。

2011年4月21日，《宝安日报》登文《将课堂还给学生，把教师解放出来——市教科专家全体给力松岗中学模式》。

2011年4月23日，《晶报》登文《构建松岗中学模式，稳步提高教学质量》。

2011年7月1日，《宝安日报》登文《松岗中学模式又一次开花结果》。

2011年9月9日，《南方教育时报》登文《办教育是最大的乐事》，专题报道2011年"深圳市十佳优秀校长"罗玉平事迹。

2011年10月17日，深圳电视台对我校的校园文化建设进行了专题报道。

2011年12月12日—15日，央视网记者来校采访，2012年1月，《国际前沿的教育革命》专题片播出，引起强烈反响。

2011年12月28日，《南方都市报》登文《松岗中学模式：整体改革解放教师，解放学生》。

2012年1月，《深圳教育报》登文《罗玉平：我的理想是每天只上半天课》。

2012年2月28日，《南方都市报》登文《"整体课改"，让学生爱上"考试"》。

2012年4月23日,《深圳晚报》登文《课程改革,为松岗中学插上腾飞的翅膀》。

2012年5月10日,资讯频道,凤凰网登文《构建松岗中学模式,走国际化、特色化之路》。

2012年5月21日,《宝安日报》登文《松岗中学:教学改革领跑全市》。

2012年7月9日,《宝安日报》登文《松岗中学:一个永不止步的耕耘者》。

2012年7月12日,《宝安日报》登文《松岗中学模式:不怕考试,超越考试》。

2012年11月12日,宝安区课程改革成果展示专题网站登文《松岗中学:"自主探究、验收、落实型"课堂教学模式》。

2012年12月5日,《深圳特区报》登文《以课程改革创造幸福教育》。

2013年6月29日,《宝安日报》登文《松岗中学模式再结累累硕果》。

研究松岗中学的课改模式,不能不联想起当年东江纵队组建的东宝中学先贤们所倡导的因材施教教学原则、启发式教学方法、小组合作制学习方式、民主和谐的师生关系、教育与斗争实践相结合的开门办学方向等伟大变革。毋庸置疑,松岗中学课改模式有着鲜明而独特的东宝中学精神底色。

大胆变革,勇于创新,是松中人从东宝中学前辈那里继承下来的优秀禀赋。松岗中学将东宝中学的"求变""求新"改革精神继承下来，在新的历史起点上，在新课改背景下，积极探索，为学生的发展搭建更加广阔的平台，形成了今天松岗中学独特的教育模式——培养学生自主学习的能力。

让学生学会自学，让教师学会导学，让教学回归学科，让管理走向人本。正是这种带着时代特色和东宝中学传统的教育模式，使松岗中学连续多年在中考、高考中屡创奇迹，更使松岗中学的教师们在深圳教育界名声大振。

活　动　篇

一、科技艺术教育

创新是一个民族进步的灵魂，没有艺术的天空是黑暗的。在全面实施素质教育的大背景下，松岗中学选择以培养学生文体特长、创新精神与实践能力为重点，以促进学生的全面发展为目标来推动校园文化建设和学校发展。

松岗中学黄松岗校区的首届科技艺术节于1995年5月举办，迁入新校区以后，科技艺术节逐渐成为一个极其重要的校园节日并固定下来。科技艺术节深受广大学生的欢迎，学生参与度极高，成为全校热衷的一项重要课程活动。科技艺术节的举办时间一般在4—5月份。学校以信息通用、音乐和美术科组为主力，每年确定一个主题，精心策划组织一系列比赛项目与展示活动。一年一度的科技艺术节是对学校素质教育的一次全面检阅。学校投入了大量的人力、物力、财力，通过集中在一段时间内形成声势和规模，创造有利于学生健康发展的校园文化氛围，培养学生的科学艺术素养和人文精神，打造学校的科技和文化品牌。

科技活动的开展催生了学校各种科技兴趣小组，也催生了各种科技小发明与小创造；艺术展演活动为各民族学生提供了尽情展示美、互相欣赏美、共同创造美的广阔舞台，让每一朵花都绽放，让每一颗星都闪亮。通过科技艺术节活动，同学之间的情感交流与各民族的文化交融得以促进，达到了素质教育和民族团结教育双丰收的目的。

向美国乔治·福克斯大学来宾展示机器人

从 2001 年到 2012 年，在东方大道新校区，科技艺术节已连续举办了十二届，并且一年比一年火红，一年比一年精彩！师生们投入了满腔的热情，一项项竞赛活动搞得有声有色，一朵朵艺术之花绚丽夺目，一件件创新作品闪耀着智慧的灵光，辉映着校园的天空，装点着学校的发展史册。

2006—2008 年，以高强、陈锋为指导教师的科技创新团队取得了可喜成果。张林等 5 名同学获首届中国青少年创意大赛暨知识产权宣传教育活动比赛一等奖，另有 4 名同学获二等奖；沃热克西等 3 人获广东省第七届青少年机器人比赛 FLL 纳米技术工程挑战赛一等奖。另外，学校获得首届中国青少年创意大赛暨知识产权宣传教育活动的团体银奖，出席了在北京人民大会堂举行的颁奖仪式。

首届中国青少年创意大赛暨知识产权宣传教育活动的团体银奖

2008年3月，高二学生艾尔打吾提、江沛炎同学的作品《希尔扎提酥油机》和班涛同学的《可避免占线的新型电话机》代表深圳市参加广东省第23届青少年科技创新大赛，荣获二等奖，获得组委会颁发的证书和区教育局、区科协颁发的4万元奖金。

2010年4月14日，魏嘉威、李家荣在深圳市中小学机器人竞赛中，获深圳市中小学生机器人竞赛第一名。

2011年更是松岗中学科技创新教育丰收之年。8月8日，罗芸、余晨希参加第十三届"我爱祖国海疆"全国青少年航海模型比赛，均获一等奖，并获高考加20分资格。

2011年8月16—20日，罗世伟、李奕璁参加第十二届"飞向北京—飞向太空"全国青少年航空航天模型教育竞赛，李奕璁获"黄鹂手掷"全国第三名和高考加20分资格；罗世伟获"米奇一号"全国第七名，"直线飞机"全国第八名。

全国青少年航空航天模型教育竞赛总决赛颁奖现场

2011年11月12—13日，在第十二届深圳市中小学航海模型竞赛暨"我爱祖国海疆"全国青少年航海建筑模型总决赛中，阿依达娜等12人获一等奖，另有7人获二等奖。

2011年12月9—13日，第十二届"我爱我国海疆"全国青少年航海建筑模型总决赛选拔赛，阿卜杜热合曼·纳麦提、戴传浩、郭欣立等3人获一等奖，罗浩然、丘金宣、魏源坤等3人获三等奖。

在全国第27届青少年科技创新大赛宝安区选拔赛中，廖真仪、高姗等7名学生获科技论文、科技实践类项目等4个一等奖。

在第十五届"驾驭未来"全国车辆模型总决赛中，罗浩洋、丘金宣、张伊萌、陈紫曦、戴传浩、热合曼等6名同学代表深圳市参加比赛，均获得高考加20分再投档的资格。

2012年,在第十六届"驾驭未来"全国车辆模型总决赛中,曾逸特、黄圳彬、黄紫鸿三名同学夺得3个第一名,魏希哲、郭锡成、梁健宁分获第三名,尚旻、吴桐、刘婷分获第五名,9人均获得高考加20分的资格。

另外,在2012年深圳市建筑模型比赛中,袁伟根、刘波、张锐锋、张乐琪、凌锦如、李梦楠等6名同学获得深圳市第一名,获中考体育免考(满分)资格。

艺术教育方面,特别值得一提的是滕娟老师带领的新疆班舞蹈队,连续三年代表宝安区参加深圳市庆祝教师节大会文艺演出——2008年表演节目为《掀起你的盖头来》,2009年表演节目为《我们新疆好地方》,2010年表演节目为《红旗飘飘》。舞蹈队的学生们以台上专业水准的精彩表演和台下良好的精神风貌获得市领导和现场观众的高度评价。

学校新疆班舞蹈队

第十届艺术节闭幕式

2009年9月,学校新疆班舞蹈队参加深圳市"庆祝教师节"晚会演出

二、体育运动

这一时期松岗中学除了举行一年一度的秋季田径运动会，还组队参加宝安区中学生运动会，并代表深圳市参加广东省和全国少数民族运动会。

为了促进少数民族学生的身心发展，学校在开展传统的田径、篮球、足球、跆拳道活动之外，还积极开展具有少数民族特色的秋千、蹴球、板鞋竞速、珍珠球等体育运动项目，并取得优异成绩。

第八届全国少数民族传统体育运动会秋千比赛获4银
（左起：祖丽胡马尔、马尔江古丽、西帕尔古丽、阿依古丽）

2006年12月，松岗中学新疆班学生在第三届广东省少数民族运动会上首次亮相，参加了蹴球、秋千、板鞋竞速等项目，学校选手获得了2金2铜和多项前六名，为深圳市实现在全省民运会上金牌零的突破作出了贡献。

2007年11月，松岗中学代表深圳市参加在广州举行的第八届全国少数民族传统体育运动会，新疆班选手在秋千、蹴球等项目比赛中获得4银2铜。同时松岗中学代表队荣获本次运动会的集体道德风尚奖，阿依古丽同学获个人道德风尚奖。

2010年9月，在第四届广东省少数民族运动会上，松岗中学新疆班选手参加蹴球、秋千、板鞋竞速等项目，获得2金3银和3个第四名。

2011年9月，在第九届全国少数民族运动会上，松岗中学新疆班选手获得蹴球、秋千等项目的3块铜牌。

秋千比赛

板鞋比赛

学校跆拳道队于2005、2006年连续两年参加广东省比赛，取得3金5银5铜的好成绩。

学校武术队的成绩更是可圈可点。2009年11月23日，深圳市"体彩杯"少年儿童武术锦标赛，王泰玲、文绮琪、李嘉欣、卓瑞坤分别获得女子长拳、女子太极剑+太极拳、女子规定拳、男子南拳+南棍第二名。

跆拳道队表演

2009年12月14日，学校武术队参加深圳市第十一届传统武术比赛，卓瑞坤获南拳第一名和牧羊鞭、朴刀一等奖；林建涛获长拳、自选棍第一名，自选刀第二名；郑景峰等8名同学分获各项二等奖。

2011年8月8—10日，学校武术队参加广东省"农信杯"传统武术（套路）锦标赛，吴晓婷、梁诗婷、范程程、邹鸿、倪淳

学校武术队表演

浩等 5 名同学共获得 6 项第一名，卓瑞坤等同学共获 9 项第二名，林琳等同学共获 4 项第三名。

2012 年 8 月 6—8 日，学校武术队参加广东省传统武术项目锦标赛，文晓彤、陈怡伶、何艺舟获女子高中组国家规定南棍、剑术、刀术 3 项第一名，吴丽琼等获 7 项第二名、孙效天等获 7 项第三名；参赛的 12 名高中队员全部获得"国家二级运动员"称号，享有高考加 20 分的资格。

三、松语文学社

松语文学社成立于 2001 年 9 月，由唐江云老师创办并担任文学社首席指导教师。文学社以"培养学生文学兴趣，提高学生写作能力"为宗旨，着力营造校园文学氛围。

松语文学社先后培养出了全国"十佳"文学少年唐诏、李嘉惠，深圳十佳文学少年赵迪、张鹏珺，全国优秀文学少年刘晓丹、蒋志艳、官月媚、马晓静，深圳优秀文学少年张雨朦、郭蕊、黎珂、叶颖仪、宋沉芳、郑怡薇、黄思思、尹贝、戴增红、丁妍等写作好手。

历任文学社社长和主编都是品学兼优、读写能力强的学生。其中，王晶晶、白雪、高龙、张锐、金磊、刘磊、妥紫荣等被北京大学、清华大学录取；马立军、李寒竹、席红玲、艾孜子、马歌、崔俊鹏、孙倩、宋玉、海虹、时敏、杨晓森、尼罗拜尔、朱镇琛、蔡颖珊、陈博、张雨朦、夏蓓蓓、郭蓉、武红丽、王鑫雨、李嘉慧、马晓静、胡梦春、陈婷婷、唐迢、肖澜、滕凤、崔楚良、萧颖鑫、任雪梅等分别被哈尔滨工业大学、江南大学、武汉大学、浙江大学、复旦大学、厦门大学、中山大学、南京大学、中央财经大学、华南理工大学、中国传媒大学、深圳大学等名校录取。

自2001年始，松语文学社会员有数千人次在各级各类征文比赛中获奖。2007年4月，刘晓丹获第二届全国中学生作文大赛一等奖，在北京人民大会堂参加了颁奖仪式；2010年9月，赵迪获第四届"深圳校园十佳文学少年"称号；2011年12月，唐迢获中国中学生文学大赛一等奖和"恒源祥文学之星"称号；2011年7月，李柴全获第九届"叶圣陶杯"全国中学生作文大赛决赛特等奖；2012年5月，晏陈露获第一届"国际植物日"征文一等奖；

在深圳市"读书月"现场作文大赛中，松岗中学学生表现非凡。2000年11月，白雪获首届现场作文大赛（高中组）二等奖；2005年12月，孙倩获第六届现场作文大赛（高中组）第一名；2006年12月，赵雅博获第七届现场作文大赛一等奖。

松语文学社先后有 1000 多人次在报纸杂志上发表文章。《语文报》《中学生》《语文世界》《青春阅读》《作文与考试》《中学时代》《特区教育中学生》《深圳青少年报》《作文月刊》《作文周刊》等报刊多次以专版形式推介松语文学社。社刊《松语》为双月刊，定期出版，在学生中有较大的影响。

唐江云（左二）获首届全国优秀文学社指导教师奖

《松语》杂志

松语文学社获得的荣誉数不胜数。2008 年，松语文学社被评为深圳市"十佳"文学社。2004 年 4 月和 2012 年 11 月，两度被评为深圳市优秀文学社。2011 年 12 月，松语文学社被广东省教育厅评为广东省"八佳"中学生文学社。2010 年 7 月，松语文学社被"叶圣陶杯"大赛组委会评为全国"十佳"中学生文学社。2011 年 5 月，松语文学社被评为第二届"语文报杯"原创文学大赛全国"十佳"文学社。从 2005 至 2012 年，松语文学社每年都被中国校园文学高峰论坛评为全国示范文学社或优秀文学社，社刊《松语》连续几年被评为全国示范校园文学社刊。2004至2008年，《松语》连续几年获中国语文报刊协会颁发的校办报刊一等奖。

文学社指导教师唐江云连续多年获年度杰出校园文学社团指导教师、"十佳"指导教师、模范指导教师、优秀首席指导教师、伯乐奖等荣誉。

四、主要学生社团

松岗中学坚持弘扬"团结、守信、严谨、活泼"的校风，在重视教学成绩的基础上，更重视学生综合能力的培养。学校大力发展学生社团活动，丰富学生的校园生活，培养学生的交流、交往、合作、组织等各方面的能力，为学生的终身发展打下良好的基础。

学校专门成立了学生社团联合会，由施森老师担任社团联合会负责人。随着社团活动的开展，学校建立、健全了相关组织机构，完善了活动章程。

学生社团联合会在鼓励、引导、规范学生的社团组织方面起到了关键作用。社团的活动成为了松岗中学一道亮丽的风景线。

表 4-4 松岗中学社团

类别	社团名称	指导教师	活动地点	指导部门
德育	国旗队	陈文嘉、邓光缘、郑连超	团委办	团委 学生会
	"红马甲"义工队	陈文嘉、邓光缘、郑连超	团委办	
	"心灵方舟"朋辈社	袁素琴、王欣	心理咨询室	校医室
文学	松语文学社	唐江云	文学社室	语文科组
	课本剧	周德英	初二会议室	
音乐	舞蹈队（新疆班、本地班）	滕娟、张颖	舞蹈室	音乐科组
	民乐社	王惠丽	民乐室	
	管乐队	张晓伟、周远松	管乐室	
	合唱团	彭桂荣、杨克勇、邓光缘、陈策民	体育馆	
体育	跆拳道队	牛晓敏	跆拳道馆	体育科组
	武术队	舒灿、李海平	体育馆	
	乒乓球队	刘涛、闫雪	乒乓球馆	
	田径队	萧雁、蔡俊标	田径场	
	篮球队	陈文嘉、曾生	篮球场	
	秋千	崔明玉、萧雁	秋千场地	
	蹴球	宁锋	运动场	
	珍珠球	刘世文、缪锦和	篮球场	
	板鞋	曾生、叶浩琛	运动场	
	健美操	李婷婷	健美操室	
	游泳队	黄俊民	游泳馆	
美术	书画社	吴茹芳、曹强	书画室	美术科组
	动漫社	蒋慧、林伟玲	动漫室	
传媒	校园电视台	周湘蓉、施淼	校园电视台	音乐科组
	播音与主持	周湘蓉、郑连超		
科技创新	机器人社团	高强、陈锋、孙志斌	通用技术活动室	通用技术科组
	"三模"社团	高强、陈锋、孙志斌		

第五章

东方大道时期第二阶段

（2012年12月—2017年4月）

管 理 篇

2012年12月下旬，宝安区教科培中心主管教育技术装备及教育信息化工作的副主任邹小新被任命为松岗中学校长。

一、提出新的发展目标

邹小新校长到任后，提出了"建设信息化、现代化、国际化学校"的发展目标，确立了"规范、创新、卓越、和谐"的办学思路，并将学校"三风"修订为：

校风：尚德、包容、崇实、创新；

教风：敬业、奉献、关爱、严谨；

学风：勤学、修德、明辨、笃实。

二、强调树立七种工作意识

邹小新校长在行政班子会议和全校教工大会上强调，必须牢

邹小新校长主持行政班子会议

固树立七种工作意识，即计划意识、责任意识、标准意识、执行意识、法规意识、正气意识、感恩意识。

计划意识就是要认真谋划好部门、年级、科组、班主任的学期（学年）工作计划，进一步理清工作思路，明确工作目标、重点工作以及工作措施等，要形成学校的白皮书，办公室要加强督促检查，期末要对各级工作情况进行检查验收，验收情况与评优评先、奖惩、岗位去留直接挂钩。

责任意识就是要有强烈的事业心和责任感，进一步明确自己的岗位职责，做到定位、到位、不越位，做到在岗、在位、在状态，大家各司其职，各负其责，工作不推诿、不扯皮，尽心尽力、积极主动地做好本职工作，在自己的岗位上干出成绩、干出特色、干出亮点，反对不作为、少作为、慢作为或乱作为。

标准意识就是要勇争一流，不断提高工作标准，追求卓越，高标准、严要求、高质量地完成工作任务。具体来说，一线教师要树立良好的师德师风，备好、上好每一节课，教好每一个学生，努力提高教育教学质量，提高学生的综合素质；行政人员、教辅人员以及后勤人员要进一步端正服务态度，提高服务质量，工作要做实、做细，牢记细节决定成败的道理，为确保正常的教学、生活秩序保驾护航。

执行意识就是指要加强工作的执行力，严格执行学期工作计划，执行学校或上级安排的各项工作任务，做到对上服从、对下服务，保证政令畅通；反应要快，争取在规定时间里创造条件去完成各项工作，有时加班加点是必需的。

法规意识就是要依法依规进行管理和教学，廉洁从教。全体行政人员、教师以及其他职工一定要按章办事、按原则办事、按规则办事、干净干事，不得乱作为，不得以权谋私，不得违规收费。特别是在人、财、物、学位等群众关注的问题上，尤其要保持清醒，不能碰高压线，不得收取财物，否则追究当事人的责任。今后，凡是涉及学校议事范围内的工作均须上校长办公会研究审定，所有的议题采取自下而上的方式进行申报，即由个人到科组，再到年级或部门向上逐级申报审批，分管校领导把关后报校长审批上会研究。这也是体现层级管理、民主集中制原则的工作理念。

正气意识就是指要在学校形成"风清气正，干事创业，团结合作"的工作氛围，要像爱护自己的眼睛一样维护好安定团结的大好局面。稳定压倒一切，没有稳定的局面，什么都谈不上。工作过程中，校领导班子、各级行政以及全体教工都要做到"大事讲原则，小事讲风格，干事讲团结"，不多事、不招事，杜绝无事生非，杜绝搞小动作。要让年长的教师受尊重，年轻的教师有冲劲。

感恩意识就是要感恩这个社会、感恩这个时代、感恩我们身边的人。要以阳光心态面对人生，以辛勤劳动创造生活，以感恩情怀融入社会。全体教职工要常怀对党和社会的感激、感恩之情，全身心地投入到本职工作中去。

三、加强学校管理制度建设

在规范办学方面，邹小新校长着力推进制度的完善与执行。具体措施包括以下几个方面：

一是进一步规范了校长办公会议制度。由学校办公室专门制定了《松岗中学行政议事规则》，制作校长办公会议上会事项申请摘要表，明确各项事务上会讨论的申报流程，并严格参照教育局、街道教育办等政府部门的议事规则进行议事与决策。

二是进一步规范了公文办理制度。明确公文由办公室统一入口和出口管理，制作了松岗中学文件处理表，所有的收发文均按照程序进行逐级批转及落实。同时，还严格要求办公室做好每周工作的安排表，务求具体、全面地反映各部门的工作，并严格按照计划执行。

三是进一步规范了财务审批报销制度。制定了新的财务审批制度，所有财务报销须经财务人员严格把关，符合财经制度要求的盖财务章确认并报校长审批，不符合的退回处理。

四是规范了学校公务车及司机管理制度。制定《松岗中学学校车辆及司机管理规定》，进一步明确所有公务车须用于公务活动。

五是对学校现有制度进行了全面的梳理，对相关制度、规定进行修订及完善，以全面规范学校管理推进学校科学、健康发展。

在学校管理方面的新措施有：

一是建设科学高效的行政管理机制，实行层级管理与扁平管理相融合的管理模式，加强年级组、学科组及班主任的管理。

二是充分发挥党总支部的战斗堡垒以及党员的先锋模范作用，调动全体教职工的工作积极性，保障学校各项工作顺利开展。

三是推进依法治校、依法治教。以制度的完善与执行为抓手，强力推进规范办学，形成责、权、利明晰的工作机制，利用教代会和工会，推进民主治校，逐步形成用制度管权、管事、管人、管财、管物的工作机制。

四是探索依法处理学校安全等问题的有效途径，化解矛盾纠纷对学校教育教学工作的干扰。

五是完善各级家长委员会组织建设，让家长社区共同参与学校管理，促进学生及学校健康发展。

四、管理成效

这一系列管理措施的推出取得了明显成效：

学校作风建设进一步强化。学校通过校长办公会、行政办公扩大会、年级例会以及教职工大会认真学习了习近平总书记的系列重要讲话精神，贯彻落实中央"八项规定""六项禁令""三严三实"等从严治党的有关要求，着力解决"四风"问题。

同时，在全体教职工中开展"纪律教育月"活动，开展以"感恩"为主题的师德师风教育。领导班子成员通过召开师生座谈会和个别访谈等形式征集师生意见和建议，并对征集的意见和建议进行认真研究分析，把问题逐一分解给班子成员，由班子成员认领并提出解决措施加以整改。学校党总支按上级要求组织召开了高质量的专题组织生活会，班子成员就个人的"四风"问题进行了深刻的剖析。

学校的管理体制得到进一步理顺。在强化学校领导班子统一管理的同时，也强化年级的领导和监管。学校进一步改革管理工作机制，增设新疆预科年级，进行独立管理。同时，在各年级实行年级长负责制的基础上，成立年级工作领导小组，由下到年级的校领导任组长，部门中层干部、正副年级长为成员，负责年级常规工作督导以及重要工作的研究和决策。

学校各种规章制度的执行力度得以不断强化。学校在重视制度建设的同时，更加重视制度的执行，不断提高制度的执行力度。学校落实了各项会议制度，校级层面坚持每周召开一次校长办公会、每两周召开一次行政办公扩大会。学校建立健全了全校学生电子档案，推进学籍管理工作规范化，学籍管理人员积极和年级教师配合，健全各种学籍资料，规范转入转出手续，切实提高了学籍管理水平。另外，学校还严格按照有关规程进行物品采购、工程招标、后勤服务以及财务管理，杜绝违规违纪行为。

学校工会积极配合党政班子工作，认真履行"维护、建设、参与、教育"四项基本职能，在建设教师队伍、凝聚人心干事创业、丰富群众文化生活等方面发挥了重要作用。

2014年12月，学校教师合唱团首次参加宝安区教职工合唱比赛，荣获"唱响教育情，共筑中国梦"合唱大赛一等奖（并列第一名）

教 师 篇

在教育现代化、信息化的大背景下，如何把先进的教育教学理念与先进的信息技术手段相融合来构建高效课堂、快速促进教师专业发展，已成为学校教学改革的重要工作。

为此，学校向中央电教馆申报了"信息技术环境下提高初中生自主学习能力的策略研究"课题。2013年8月，经全国教育信息技术研究课题领导小组审议，将此课题立项为全国教育信息技术研究"十二五"规划2013年度重点课题。

优质的教育离不开优秀的教师。为促进学校教师专业成长，并且探索利用新技术、新方式促进教师专业成长的有效途径，作为国家级课题"信息技术环境下提高初中生自主学习能力的策略研究"的配套项目，学校与首都师范大学王陆教授培训团队合作，2014年初引进了"基于网络的教师专业发展实践共同体"项目（以下简称"COP项目"），选取19名各学科教科研骨干教师参与研修培训，促进参训教师的专业成长。并以此带动全校教师反思教学行为，更新教学观念，提高教学效率。

"COP"是英文communities of practice的缩写，其代表着基于网络的教师专业发展实践共同体。它是一种由教师、助学者、专家等角色组成的，着眼于提升教师实践性知识与能力的非正式网络学习型组织，也是一种新兴的教师网络教研方式。经过一年的培训，团队参训教师在教学设计、课堂观察、信息技术与各学科融合等方面已经取得明显进步。

COP项目提出在面向问题解决的框架下，在信息化教育科研方法的支撑下，实现反思性实践模式，并用两个方面三个总体目标维度进行描述：一是教师专业发展方面，包括了专业发展教师实践性知识增长维度和教学行为改进维度；二是学生学习方面，即学生学习绩效提高维度。

学校按照新手教师、骨干教师、成熟型教师大致1:1:1的比例进行推荐，选定19名教师参与COP项目。为强化对项目实施效果的监控，由邹小新校长牵头直接领导COP项目研修团队，并由教学副校长余迅负责项目具体实施的组织与指导工作。在培训周期内，参训人员能够根据自身情况和学科特点制定发展目标和成长计划，并以自身的成长影响带动本学科教师教学水平的提升。

COP项目还提出在面向问题解决的框架下，以信息化教育科研方法为支撑，实现反思性教学研修模式。

一是建立具有松岗中学特色的教师校本研修和专业发展新模式，种子教师作为COP项目团队的核心力量，其教学行为指标能够达到或超过国际常模水平，能够初步建立起自己的教与学理论框架。

二是进一步深化松岗中学课程改革成果，通过问题化教学设计的研究与实践，构建以问题解决为指向的高效课堂。

三是形成以定性和定量的综合观察为特征的课堂观察与评价方式。

总之，以问题为中心，以案例为载体，以任务为驱动，以教学研究能力发展及校本研修管理为核心，聚焦信息化教学研究方法，快速提升教师专业发展水平，提升教育教学水平和质量，是松岗中学COP项目教师培训的目标所在。

松岗中学COP项目自2014年3月开始实施，每次培训都围绕具体经验决定该次培训的主题，共开展了六次面授培训，主要内容有COP教师研修模式、教师实践性知识、交互式电子白板教学、课堂观察的方法与技术、问题化教学设计、微课与翻转课堂等。

在六次面授培训中，19名培训团队教师分别上了展示课，每一节课后，都在专家教授的指导下召开课后集体反思会。课后反思会流程如下：首先是授课教师进行自我陈述与自我反思，然后由其他教师对课堂进行点评，接着进行相关课堂定量数据汇报和数据分析，最后由培训专家教授进行综合分析评议。一套流程下来，参训团队教师可以全面获取自身或同侪课堂的分析与评价信息，并以此反思自己的教学行为。

除面授之外，COP项目培训团队教师还积极参与线上与线下的研修学习。学员通过登录COP在线研修平台，学习相关资源，上传教学案例，开展在线研讨，并且可以在线上获取助学团队的课堂诊断，帮助自身提升课堂质量。

COP项目研修活动不仅限于研修团队本身，其他教师也可参与听课、学习、研讨。每一次展示课，相关科组教师都会参与听课、参与研讨，研修活动的影响范围远远超出COP项目研修团队本身。可以说，COP项目营造了松岗中学教师专业发展的浓厚氛围，引领了学校教师专业发展的方向，对提升松岗中学教师的整体专业水平发挥了重要作用。

经过在COP项目中的学习与成长，松岗中学涌现出了一大批专业技术过硬、教科研能力突出的优秀教师。2014年，葛莉萍获Criterion英语在线写作"卓越贡献教师奖"。2015年，在深圳市中小学实验说课比赛中，金秀曼获化学学科一等奖，龚奇锋获得生物学科二等奖。王杨获2015年"深圳市中小学教师技能大赛"高中数学组一等奖、2016年广东省第一届高中青年教师教学竞赛深圳选拔赛总决赛二等奖、中央电化教育馆"COP明星教师奖"。2016年，在深圳市高考模拟试题命题比赛中，张凡获语文学科一等奖，唐小军、陈志峰获地理学科一等奖。

2016年9月，邹小新校长被评为深圳市"十佳"校长。

2017年4月22日，学校女教师舞蹈队获深圳市宝安区第十届教工运动会健身广场舞比赛特等奖

德 育 篇

德育为育人之本，安全工作则是学校一切工作的基石，这两项工作直接关系到学校教育教学工作能否正常有序开展。这一时期，学校创新德育内容和方式，重点推进"宝安区社会主义核心价值观（国学）教育示范点"建设以及学生"八大素养"教育工作。

按照学校"稳中求进，科学发展；规范管理，卓越发展；突出特点，特色发展；以人为本，幸福发展"的工作要求，以践行社会主义核心价值观、传承中华优秀传统文化、提升学生"八大素养"、深化宝安教育推行的"三生教育"等为主线，积极回应广大家长、学生的诉求，攻坚克难，认真扎实地推进工作，取得了良好效果。

一、立德树人，不断探索德育工作新途径
（一）重视德育队伍的建设

首先是重视理论学习，德育处为全校级组长、班主任征订《班主任之友》和《师道》等杂志，同时要求图书馆积极采购一批与德育及班主任工作相关的书籍，加强级组长、班主任队伍的理论学习。同时还采取多种形式组织专项学习，提高管理水平。

学校先后邀请多位专家为班主任作专题讲座；组织班主任和部分优秀教师参加心理健康C证培训；安排多名班主任及德育管理人员到全国多地参加各级各类培训；安排德育处人员积极参加区"八大素养""三生教育"展示活动、安全工作培训、校医相关业务培训。

同时，还注重树立全员德育理念，重视发挥值周、值日教师参与年级日常事务管理的作用，将他们的日常评比检查结果纳入文明班评比指标；重视发挥宿管人员、校警、清洁工等校工对学生的管理监督作用，德育处还邀请清洁工阿姨在升旗仪式上讲话，让学生懂得珍惜，懂得感恩；重视发挥团委、学生会在学校管理中的作用，加强团员、学生干部队伍建设，提高学生自主管理水平。

（二）制定并完善德育管理制度

学校多次讨论修订完善文明班级评比方案，使之对班级的评价更加全面、科学、公平。评比依据来源于年级值周值日检查、宿舍管理检查、校警巡逻检查、学生会检查、校医室检查、体育组检查等评比汇总。

同时，学校也重视住宿生的管理工作，先后制定《学生宿舍管理制度》《住宿生操行分评定方案》《文明宿舍评比方案》等规章，明确了住宿生的管理流程，规范住宿生的日常行为，对每个学生每天的表现情况给予量化评定，对于违纪的学生及时处理。住宿生管理制度的实施取得了很好的效果，确保为学生提供干净整洁，文明有序的宿舍环境。

（三）发挥德育主阵地的作用

学校引导学生积极向上，营造良好校风。利用升旗礼时间及时公布每周学校、教师、学生获得的各项荣誉，增强学生的集体荣誉感。

以"五四"青年节为契机，在学生中开展评选并表彰"十佳"团员、"十佳"团干。评选过程：先通过各年级预选，然后通过个人简介及录制视频等形式对候选人进行宣传，在此基础上发动全体学生进行民主投票评选，真正评选出学生认可的先进榜样。

（四）探索学校德育工作新方式

在德育内容和方式上，既遵照上级指示精神，又重视结合学校实际，松岗中学探索出特色教育内容和方式。

学校重点开展以社会主义核心价值观、中华优秀传统文化（国学）、"三生教育""八大素养"等为主要内容的德育活动，丰富校园生活，提高学生思想道德水平。学校组织学生参与多种形式的德育活动，重视在活动中培养学生良好的思想品德、提高学生的道德素养。

例如，组织学生参加街道举办的"践行社会主义核心价值观教育"初中朗诵和高中演讲比赛；组织学生参加宝安区"勿忘国耻，圆梦中华"演讲比赛；结合校本社团，创新开展义工嘉年华活动；组织学生积极参加垃圾减量分类工作等。

学校组织全校师生开展"捐出一本书，与喀什学子携手共圆读书梦"活动。在团委的积极倡议下，全校捐书近千本，义工队同学将书仔细分类，快递送至新疆喀什学子的手中。

德育处还组织学生参加"用你的爱心助山区孩子圆梦"活动，捐赠并亲自清洗分叠干净的衣物，为山区的孩子们送去一份温暖。此外，还在全校范围内开展"心理健康教育周"活动。

为缓解毕业班学生学习压力大、紧张、疲惫等问题，学校精心组织非毕业班学生为初三、高三助考加油活动，发动他们制作毕业贺卡赠送毕业年级。学校德育处还组织开展"一句话赞我师"活动，在各班收集同学们对教师的赞美卡片送给相应的教师。

这些德育活动的举行，既丰富了学生的校园生活，又能起到规范行为、培养品德的积极作用。

（五）重视学生的心理健康教育

这一时期，面对学生心理问题日益增加的现实，学校重视心理咨询室工作，每学期都要对各班学生进行心理问题摸排，做到及时发现问题、及时进行干预。充分发挥校医室、心理咨询室的积极作用，为学生的身心健康保驾护航。

同时，学校也做好了学生特异体质的调查和建档跟进工作，为学生建立了特异体质档案，对其中的重点学生进行特异体质病情记录和跟踪。为落实健康教育与宣教工作，学校对新疆预科班女生进行了青春期健康教育；为初一年级全体女生举办由中国青少年公益服务中心的讲师主讲的"花季飞扬"青春期健康讲座。

（六）形成"家校共育"德育合力

学校充分利用各种社会资源，发挥家长的积极作用，形成学校、家庭、社会合力的德育教育格局。

采取的主要措施有重视家长学校的建设，利用期中考试家长会时机，为家长上好家庭教育课，帮助家长树立正确的教育观念，提高家长对家庭教育的认识水平；推进家长委员会的工作，发挥各年级家长委员会的作用，让家长委员会参与年级对学生的教育管理；完善家长义工制度，提供更多平台，引导家长志愿者服务学校、服务学生；加大家庭教育讲师的培训，更好地开展家长学校课程；督促各班班主任完善与家长联系的线上群组，加强班主任与家长的联系，以期共同教育学生；邀请法制副校长来校上法治教育课；邀请家长义工来学校开展相关讲座；等等。

学校领导充分认识到班主任工作对整个学校发展的重要作用，为了调动广大一线班主任教书育人的工作积极性，进一步丰富学校德育文化和教师文化，松岗中学决定创办班主任节。

学校成立了以邹小新校长为组长，刘向红副校长为常务副组长，程华、邓克、陈创怀为副组长的首届班主任节活动领导小组，骨干成员有德育处、新疆部、安全办的部门负责人和六个年级级长以及学校家长委员会主任。

由于没有样板可循，班主任节的方案策划需要德育部门教师开动脑筋，创造性地开展工作。在德育处工作例会上，刘向红副校长提出了"纪念·祝福·激励"的班主任节活动理念，程华主任组织德育处和邱绍谦、丁文祥两个名班主任工作室骨干教师认真研讨，广泛听取年级长、班主任意见，集思广益，以"班主任，幸福快乐的教育人"为活动主题，详细制定了松岗中学首届班主任节的活动方案。

松岗中学首届班主任节于2017年4月17日下午在学校学术报告厅启动。在启动仪式上，学校首届"十佳"师德标兵孙之明老师作了"践行师德，我们一直在路上"的讲座；邹小新校长、刘向红副校长为在松岗中学担任班主任10年、15年、20年以上且至今仍然在班主任岗位上工作的共18名教师分别颁发了荣誉证书并献上了鲜花，同时向全体班主任赠送了书籍。

班主任节的主要活动内容有"我的教育故事"演讲比赛、"我和班主任的故事"征文比赛、主题班会展示课、心理教育交流座谈会、分批外出学习培训等等。

2017年4月17日，首届班主任节开幕式

首届班主任节全体班主任合影

附：2017年松岗中学连任十年及以上且仍在任的班主任名单

初中：伏自平、苏凤、吴金凤、罗冲锋、丁文祥、方武昌、陆丰芹、严晓岚

高中：孙之明、陈振利、司马静波、顾球瑛、黄巍、邱绍谦、王宏伟、吴明、隆国念、李永进

二、强化责任，全面推出校园安全管理新举措

校园安全事关全体师生的生命和财产安全，事关学校和社会的稳定和发展。这一时期，学校领导和安全办根据《深圳市学校安全管理条例》《宝安区学校安全工作管理规定》等有关文件精

神，以确保校园安全为目的，坚持预防为主、防治结合、加强教育、群防群治的原则，全方位开展"平安校园"创建工作。

（一）制定工作规划与实施方案

学校详细制定了创建"平安校园"工作规划和实施方案，并把"平安校园"建设纳入学校每一年度的工作计划。

每学年初，校长代表学校与各处室签订安全管理目标责任书；各处室、各年级、各班主任及各科任教师层层分解安全管理目标，分工明确，责任到人，做到一级抓一级，层层抓落实。各部门、各年级组与教职工评优评先一律实行安全目标管理责任一票否决制，使全体教职工从思想上认识到学校社会治安综合治理、建设平安校园活动是学校工作头等大事，务必认真抓实、抓紧、抓好。

创建小组各成员之间密切配合、互相协作，强化忧患意识、责任意识，严格执行制度，各部门和各年级点面结合、条块结合地细化自己在创建"平安校园"工作中的目标与任务，促进安全工作的全面开展。

（二）加强法治教育

让学生学法知法，让学生懂得用法律武器保护自己，是学校安全教育中的重要内容。

学校专门聘请了东方派出所周立宁副所长担任学校的法制副校长，周军警长任法制民警，法制副校长、法制民警定期到校开展活动，指导学校进行法治教育宣传，定期举办法律知识讲座，与学生面对面沟通交流。

学校还注重利用广播电视、板报、班会、国旗下讲话等方式，对学生进行法律知识的日常渗透，在对学生的考核评价中将法治教育与日常行为规范教育、公民基本道德规范教育、中华传统美德和伦理道德教育有机结合起来，保证了法治教育的针对性、实效性。

学校注重发挥家长在青少年法治教育中的启蒙和基础作用，利用家长学校、家长会等形式向学生家长宣传、普及有关法律知识，增强家长的法治观念，提高学生家长法治教育的水平。基于此细而实的工作，学校多年来没有发生一起师生违法犯罪事件。

（三）建立全员值班制度

学校严格执行学校领导和中层行政值班制度，做到岗位目标明确，责任到人。

同时，学校建立各年级组、班级安全负责制，课任教师、晚自习教师的点名制与安全工作责任制，严格督查安全防范工作，制定了各种安全工作防范预案，明确责任追究制度，强化了学校安全工作群防群治机制。值班行政、值周教师、学生会、各年级组、学校安保人员每天在课间、午间、放学时段对校园进行全面检查，发现情况及时整改。

（四）安装智能监控系统

学校在注重人防的同时，还投入大量资金安装智能监控系统，用技防进一步筑牢信息安全防线。

学校加强对重点场所的监控，认真做好学校电视台、电脑机房、电子阅览室和互联网上网服务场所的信息安全工作；建立健全信息安全管理组织机构，认真执行信息安全管理制度，落实网络安全技术保护措施和备案登记制度；学校的网络技术防护由专人负责管理，特别是学生电脑机房安排了专人值班；安装监控录像与过滤有害信息的软件，及时发现并封堵网络有害信息的传播。相关措施的实行使学校的网络运行一直处于安全健康状态。

　　（五）严格食堂安全管理

　　学校食堂通过公开招标，由有资质的餐饮公司经营，严格执行《食品卫生法》，要求食堂服务员、厨师必须持有健康证，每年对全体从业人员进行一次全面身体检查。

　　学校食堂通过食品 A 级卫生单位的验收。后勤管理委员会定期召开食堂工作会议，对食堂负责人、工作人员进行卫生防疫及食品安全教育。

　　学校注重不断改善师生食堂的卫生设施与条件，严防安全事故的发生。学校还成立由教师和学生组成的伙食管理委员会，加强对食堂卫生的督查，确保学生饮食卫生和安全，坚决杜绝食品安全事件的发生。

　　（六）开展安全逃生演练

　　为提升全校师生在紧急情况下的逃生能力，学校多次开展紧

消防演练

急逃生演练，使全体师生熟知逃生线路、掌握必要的逃生技能。

在火灾逃生演练中，松岗消防中队的消防员向学生讲解消防知识，演示灭火器的使用方法。在体育课、课间操集队时，体育组全体教师严格执行学校安全管理要求，确保日常工作中扎实落实安全管理，保障在紧急状态下，学生能安全、及时地撤离到集结区域。学校组织全体学生观看了地震及自救方面的专题教育片，丰富了学生的安全自救知识。

（七）强化警校合作

一是配合东方派出所在校门口及校内设置了监控摄像头，实行24小时监控，既保障了学校自身的治安秩序，又对学校门口的交通安全、治安等起到了监督作用。

二是聘请东方派出所、松岗交警中队警员加入学校安全管理领导小组，加强校园安全常规执勤。派出所在学校设立警务执勤点，派出所警员不定期来校指导督查安全管理工作，在校园周边执勤巡逻，保障了学校正常的教育教学秩序；松岗交警中队针对学校交通安全情况，将学校作为交通安全岗窗口，每天在学生上学、放学高峰时段派出警员在校外道路上疏导车流，加上学校校警和交通义警（学生家长）的共同努力，确保了学校4000多名师生的交通安全。

三是高度重视反恐防暴工作，在宝安区反恐大队和东方派出所的指导下，学校安全办多次组织开展反恐防暴演习，受到上级有关部门领导的高度肯定，认为"松岗中学的工作是扎实的，成绩是显著的"。

民族团结教育篇

一、设置新疆预科班

这一时期，学校对新疆班管理进行一定程度的调整，其中重要的一项是设置预科班，稳步推进预科班管理以及课程改革。

学校从2014学年起，对新疆班新生实行分层教学管理。

一是将中考成绩排名前80名以内的学生安排到高一本地班中，落实新疆生与本地生混合编班的政策，教材及进度与本地班保持一致，目的是探索不同民族学生之间团结融合的新思路和新方法，促进各民族学生团结友爱、亲如一家、共同进步、健康成长。

二是正式成立新疆预科班，将中考成绩排名81名以后的学生安排到预科班，预科班教材采用校本教材或统编教材，预科班教师由学校优选。

三是结合高一级文理科分班以及本地班与新疆班混合编班的要求，研究制定了《2014—2015学年松岗中学高一年级文理科分班方案》，本地班与新疆班混合编班率达到100%。

二、开展全员"导师制"育人活动

承办新疆班，是国家对松岗中学的一项政治重托。新疆班德育工作也成为学校德育工作中的重中之重。

学校制定严格的规章制度，严防新疆学生与本地学生发生矛盾；坚持在新疆班中开展民族团结教育、中华传统文化教育；坚持举行宣讲大会，重视安全维稳工作；最突出的是开展全员"导师制"育人活动。

这一时期，初中部教师加入与新疆班学生结对帮扶活动中，学校要求全校教师以高度的政治责任感和使命感，在思想、学业和生活各方面给予新疆学生关心和帮助，为远离家乡的新疆学生解决实际困难；定期开展教师座谈会，互相交流教育经验；同时加强与新疆学生家长的联系，借助接送新疆学生返校、回疆的机会，开展"爱心家访"活动。

导师制：邹小新校长与新疆班学生谈心

三、弘扬扶贫济困"爱心育人"传统

松岗中学新疆班的学生多数来自新疆农牧地区，不少学生家庭较为贫困。因此，"扶贫济困，奉献爱心"是松岗中学民族团结教育中的重要组成，也成为学校校风建设的重要内容与可贵传统。

艾力木古丽来自新疆维吾尔自治区喀什地区英吉沙县苏盖提乡的贫困农牧民家庭，2012年7月，她以优异成绩考上松岗中学新疆班。2013年4月24日，艾力木古丽突发高烧，被确诊为急性髓系白血病。为便于进行亲属骨髓配对及后续治疗陪护，4月27日新疆部主任邓克亲自护送艾力木古丽返疆，并帮助艾力木古丽落实医疗救助问题，让她及时住进新疆医科大学第一附属医院治疗。

得知同学不幸患病的消息，全校上下迅速行动。学校先期垫付了3万多元医疗款，并开会研究艾力木古丽的救助方案。校团委、学生会发出倡议，于5月2日在学校举行捐款活动。在捐款现场，深圳本地学生陆秋蝉通过电话表达了对艾力木古丽的祝福："虽然我们并不认识，但是我们曾生活在一起，我们都是松岗中学的一分子，希望你早日康复。"另一名本地女生梁诗婷则鼓励艾力木古丽："你是我们的同窗，你是我们的姐妹，你有困难，我们全力相助，我们所有松中学子与你同在！"

凝聚了师生们无限祝福和爱心的10万余元捐款很快送达艾力木古丽家人手中。

学校师生为患白血病的艾力木古丽同学捐款

松岗中学领导和教师时刻牵挂着艾力木古丽的治疗情况。2013年暑假，刘向红副校长、吴明级长等利用护送学生返疆在乌鲁木齐短暂的停留时间，前往医院看望艾力木古丽，送去慰问品，并当场再次捐出 2000 元。学校师生的大爱，让艾力木古丽憨厚淳朴的父亲感动得流出了眼泪，紧紧握住刘校长的手用维语连声道谢。

艾力木古丽向校领导和老师表示说："我把这次生病当成人生中的一次磨难和挑战，我相信自己一定能够战胜病痛，回到学校。"

松岗中学的大爱不仅温暖着在校学生，也温暖着已毕业的校友。2010 届毕业生班涛同学在松岗中学的四年学习时间里，阳光上进、品学兼优，于 2008 年、2009 年分别获得全国生物奥赛一等奖、全国信息技术奥赛广东赛区三等奖，他也是松岗中学第一个获国家专利的学生。2010 年，班涛以优异的成绩考入武汉大学，可这个来自贫苦家庭才华横溢的男孩，却在 2016 年 10 月因被诊断出严重的心脏疾病而需紧急住院。高昂的手术费用对班涛的家庭来说无疑是雪上加霜，无奈之下，他不得不一度中断住院治疗，回到家中进行保守治疗。

在得知班涛的情况后，松岗中学的师生们自发组织捐款，短短两天内就筹得爱心款 67680.2 元（不含网络捐款部分）。当躺在乌鲁木齐人民医院心脏内科病床上的班涛接到这份来自母校的浓浓的关爱和祝福时，他在惊讶之余感动不已。母校教师和学弟学妹们的关爱给了他战胜病魔的勇气和信心。一个月后，学校新疆部邓克主任终于接到了班涛打来的报告康复出院的电话。

2014 年 9 月，松岗中学被评为第六届"全国民族团结进步模范集体"，9 月 28 日，邹小新校长代表学校在北京参加中央民族工作会议暨国务院第六次全国民族团结进步表彰大会。

2014年9月,学校获"全国民族团结进步模范集体"大奖

邹小新校长代表学校赴京参加表彰大会

教 学 篇

学校秉持上一时期的优良传统，继续强化教学在学校工作中的中心地位，通过狠抓教学常规管理、构建高效课堂模式、加强毕业班管理、以教研活动促发展、加强考试管理等措施，进一步规范了教学工作，促进了学校教育教学质量的提升。

一、教学常规管理

首先，学校狠抓教学常规、聚焦课堂教学，落实课堂巡查制度化、常态化。学校以2015年2号文件形式出台《松岗中学教学状态及秩序巡查制度（暂行）》，安排教学管理人员专门负责，重点巡查课堂教学，关注教师到岗与教学状态，关注学生听课状态。做到每事有记载，每日有小结，每周有总结。学校领导班子多次肯定课堂巡查工作的成效，指出因为加强了巡查力度、及时应对教学突发事件，各年级课堂教学效果得以明显增强。

学校一贯坚持集体备课制度。集体备课由备课组长负责召集，每周至少一次，并做好记录。备课做到"五定"：定计划、定时间、定地点、定内容、定中心发言人。备课组长指定每次备课的中心备课发言人，其他成员就备课内容必须提前备好课，集体备课讨论时各成员就中心备课发言人的材料和自己的备课内容以及学生、班级的具体情况提出修订建议，确定各自的上课内容（形式可多种多样）。同时，学校注重加强学科组建设，科组活动、备课组活动制度化。要求科组每月必须有一次全组员参加的活动，有计划、有主题、有问题解决、有小结。备课组每周必须有一次全组员参加的活动，不仅聚焦于学案的制作，更要着眼于课例、教学方式的研究。

教学处督促毕业年级认真学习考试说明，科学制定备考方案。学校全力服务初三、高三，做好指导保障工作，高屋建瓴，指导初三、高三复习备考。督促年级各备课组学习研究近三年广东高考试卷，有针对性地查漏补缺，有效用好区教科培中心组织编辑的最后冲刺试题。重视学生非智力因素在复习备考中的作用，要求教师多与学生交流谈心，及时发现并解决学生在备考中出现的心理问题。加强学风考风的建设。继续推行"考试学习法"模式，各备课组要在考前准备好考试样题、试卷的详细答案及评分标准、学生估分表、同类题备份等资料，考试结束后及时提供给学生使用。

这一时期，学校成立了教学质量监控中心。在教学工作中，充分发挥松岗中学教学质量监控中心的作用。各年级考试中各科试卷答题卡制作、扫描、成绩发布，质量中心全程参与，尤其是在期中、期末考试后，向年级提供详细的分析报告。

二、中、高考成绩

（一）中考成绩

2013 年：参考学生 624 人，总分均分 548.2 分。800 分以上 1 人；700 分以上 36 人，占全校考生总数的 5.78%（全市 700 分以上比例 2.28%）；600 分以上 185 人，占全校考生总数的 29.65%（全市 600 分以上比例 15%）。（本届年级长为**李有根、**

殷国甫）

2014年：参考学生763人，总分均分546.16分。其中800分以上2人；700分以上41人，占全校考生总数的5.37%（全市700分以上比例2.28%）；600分以上218人，占全校考生总数的28.57%（全市600分以上比例15%）。（本届初三年级长为**吴金凤、丁文祥**）

2015年：参考学生705人，总分均分376.3分。其中450分以上1人，445分以上2人，440分以上14人，435分以上40人，430分以上88人，425分以上148人，420分以上188人，410分以上288人，400分以上349人。（本届初三年级长为**顾球瑛、岳铮**）

2016年：参考学生608人，总分均分366.7分。其中450分1人，445分以上6人，440分以上14人，435分以上40人，430分以上73人，425分以上116人，420分以上153人，410分以上211人，400分以上269人。（本届初三年级长为**李晨、陈维超**）

（二）**高考成绩**

2013年：本地班共有326人参加普通高考，重点本科上线94人、本科以上上线256人、省专以上上线318人，三线上线率分别为28.8%、78.5%、97.5%。重点率创历史新高，居宝安区第二。本地班学生张蕴璐以676分夺得宝安区理科第二名（班主任为**李颖**），达到北京大学录取线，最终被复旦大学医学院本硕博连读专业录取；李维欣同学通过信息学奥赛被上海交通大学录

取。（本届年级长为**邱绍谦、高勇**）

2014年：本地班共有418人参加普通高考，重点本科上线123人、本科以上上线293人、省专以上上线389人，三线上线率分别为29.4%、70.1%、93.1%。重点率继续创历史新高，居宝安区第二。600分以上达24人。黄俊哲同学被录取为空军飞行员。新疆班共有210人参考，按广东省分数线，重点本科上线48人、本科以上上线113人、省专以上上线210人，三线上线率分别为22.9%、53.8%、100%。其中，新疆班东乡族学生妥紫荣被清华大学录取（班主任为田洪波）。（本届年级长为**李永进、邱学知**）

新疆班学生妥紫荣被清华大学录取

本地班学生郭纪筠被北京大学录取

2015年：本地班共有399人参加普通高考，重点本科上线142人（比上一年净增19人）、本科以上上线310人。重点率继续创历史新高，居宝安区第二。600分以上65人。其中，本地班学生郭纪筠被北京大学录取（班主任为何彬）。美术类考生中，文化科、术科重点双上线率达58.1%；传媒类考生中，文化科重点上线率达66.6%，其中廖平萍同学被中国传媒大学录取。本地班国际类考生名校录取再创新高，其中李诗琪同学被日本福岛大学录取，陆嘉颖同学被美国福特希尔学院录取，王淦同学被美国北西雅图大学录取。新疆班共有203人参考，按广东省分数线，重点本科上线32人、本科以上上线94人、省专以上上线199人，三线上线率分别为15.8%、46.3%、98.0%，新疆班学生张越颖同学653分。（本届年级长为**吴明、刘先军**）

2016年：学校本地班共有357人参加普通高考，重点本科上线162人、本科以上上线327人、省专以上上线352人，三线上线率分别为45.4%、91.6%、98.6%。重点率、本科率继续创历史新高，居宝安区第二。本地班考生中出现本地理科最高分622分。本地班美术类考生29人中，文化科、术科重点双上线人数为24人，重点上线率82.8%，创历史新高；传媒类考生中，文化科、术科重点双上线人数为40人，重点上线率达44.4%。新疆班共有217人参考，按广东省分数线，重点本科上线50人、本科以上上线118人、省专以上上线215人，三线上线率分别为23.0%、54.4%、99.1%，创近三年新疆班重点率新高，新疆班学生陈门迪同学理科610分。（本届年级长为**邱绍谦、陈玉领**）

教 改 篇

一、校本课程体系建设

基础教育课程改革纲要明确提出"实行国家、地方、学校三级课程管理"。按照纲要，学校课程将由国家课程、地方课程和学校课程三部分组成。因此，实施校本课程是新课改的重要内容之一，是实施素质教育的重要途径，同时也是提升学校办学水平、形成学校办学特色的必然要求。

松岗中学校本课程体系建设始于2012—2013学年，经过两个学期的实践摸索，松岗中学校本课程的开发与开设逐步走上正轨。学校不满足于既有的校本课程建设成果，采取措施进一步提升校本课程开发与开设水平，逐步形成较为完善的校本课程体系。学校还制定《松岗中学校本课程实施纲要》，以此指导校本课程的开发与开设。

这一时期，为更好地组织校本课程的开发与开设，松岗中学成立了校本课程实施领导小组，下设校本课程开发管理小组和校本课程开设管理小组。

开发管理小组主要负责校本课程的开发管理，收集整理各科教师申报的校本课程，组织专家对其进行评审，确定开设科目，同时对校本课程开设质量进行调研，评出优秀校本课程，打造精品校本课程。

开设管理小组主要负责校本课程的开设管理，为校本课程开设提供人力、物力支持，检查各年级校本课程教师、学生到位情况，监控校本课程开设过程，收集整理学生校本课程学习成绩。

　　松岗中学校本课程开发采取模块管理模式，根据课程改革要求和学生发展需要，开设人文素养课、科学素养课、身心健康课、生活技能课、艺术审美课、发展指导课六个模块的校本课程，在课程开发过程中，教师可以根据自身的学科专长和兴趣特长，根据学生的发展需求及兴趣爱好，在以上六个模块内开发校本课程。

　　校本课程的开发主要由科组协调落实，实行科组负责制。原则上每名教师都要开发一门校本课程，合作开发的合作教师不能超过两人。教师可以在寒暑假着手校本课程开发，每学期开学第一周以科组为单位（科组内分备课组）集中申报，科研处组织课程评审专家组，对教师申报的校本课程进行评审，遴选出可供开设的校本课程。个别特色课程可以由教师个人向科研处直接申报。每门校本课程的课程长度为一学期（一般为16次课，每次两课时）。

　　六大模块可开发校本课程指南：

　　人文素养课：与语文、英语、政治、历史、地理（偏人文）等学科相关的课程。内容举例（不限于以下内容）：国学（任选方向）、小语种教学、方言研究、民族团结教育、文化比较研究、经济现象分析、历史人物传记、旅游地理等。

　　科学素养课：与数学、物理、化学、生物、地理（偏科学）、信息技术等学科相关的课程。内容举例（不限于以下内容）：趣味数学、自然界之谜、神秘的太阳系、神奇的原子核、奇妙的化学反应、环境保护等。

　　身心健康课：与体育、心理、思品等学科相关的课程。内容举例（不限于以下内容）：球类、田径类、游泳、心理健康类、品德修养类、"生存、生活、生命"教育等。

生活技能课：无特定学科归属，教师可根据专长直接申报。内容举例（不限于以下内容）：种植、养殖、烹饪、手工、户外活动等。

艺术审美课：与音乐、美术等学科或其他艺术门类相关的课程。内容举例（不限于以下内容）：书法、绘画、声乐、器乐、合唱、棋艺、艺术品鉴赏等。

发展指导课：对学生学业发展和终身发展具有指导意义的课程。内容举例（不限于以下内容）：高校自主招生指南、自主学习的习惯养成与能力培养、社会交往指导、幸福人生教育等。

经课程评审专家组按一定比例评审通过的校本课程，确定为本学期所要开设的校本课程。校本课程的开设以年级管理为主，实行年级负责制。

除公选科目以外，各年级还应开设不少于15门专业课程。学生在开学第二周，按照本年级拟开设课程目录和课程简介进行选课，年级协调分班，开学第三周必须开课。初一、初二上课时间为每周三，高一、高二上课时间为每周四。

校本课程评价分为评价教师和评价学生两个方面。学校科研处负责对全校开设的校本课程进行评价。学期当中，采取调研和学生问卷调查等形式，了解课程开设情况；学期结束时，科研处组织评委对本学期所开课程进行评比，每学期评出优秀校本课程，学校将给予一定奖励。特别优秀的课程可以进入精品课程打造范围，配套一定的研发经费，打造成熟后，学校资助出版教材。各开课教师和学生所在年级负责给参与课程的学生进行评价，依照考勤、参与度、相关测评等指标评定成绩。校本课程成绩分为 A, B, C, D, E 五等。成绩评定后，交由学生所在年级教学级长汇总，记入学生学业成绩。校本课程成绩达不到"A""B"等级的学生，不具备评优评先和获得奖学金资格。

经过两个学年的努力，到 2015 年，学校已经构建了松岗中学校本课程体系，打造了一批精品校本课程。学校先后共开设校本课程 100 多门，初一、初二、高一、高二四个年级学生参与选课。公选课（艺体、信息、通技类科目）的开课数量和开课水平进一步提升，学生选择的余地更加充分。

年级开课更加注重学生的学习兴趣，涌现出植物栽培、泡菜制作、环境监测等一批学生感兴趣的课程。同时，还形成了一批精品校本课程，比如《机器人教育》《趣味物理实验》《民族团结教育》《美文天天读》《电脑动漫》等。

二、问题化教改实验

松岗中学作为宝安区教学改革的先驱，成功探索出"自主学习"的课改模式，并在课堂教学中得到广泛应用，有效提高了课堂教学质量，得到上级教育主管部门的充分肯定以及同行们的普遍好评，2011 年 3 月，学校也因此被评为深圳市首批"课程改革特色学校"（全市中小学仅评出 10 所）。

如何做到在总结中传承、在传承中变革、在变革中突破，成

问题化教学推广应用展示与总结交流大会

为这一时期学校教学改革的重要工作,也是学校内涵发展、优质发展的必由之路。因此,为了深入推进课程及教学改革,适应学校新一轮发展的需要,学校决定启动新一轮课程和教学改革,应用推广问题化教学设计。

项目确定以后,松岗中学迅速成立"问题化教学设计探究及推广应用"项目领导小组,组长为邹小新校长,负责统筹安排项目的推进;常务副组长由主管教学的副校长余迅担任,负责具体落实。成员包括各处室主任、年级长、科组长。领导小组负责项目各项工作的协调、组织、指导及保障。

为有效推动项目的实施,尽快应用推广问题化教学设计,学校组织教学教研人员,广泛征集意见,制定《松岗中学问题化教学应用推广方案》(以下简称为"《方案》"),用以指导"问题化教学设计探究及推广应用"项目的具体实施,方案作为松中办〔2015〕9号文于2015年5月18日在全校发布。

《方案》颁布以后,为了有效推动项目实施,还需要统一思

项目团队与松岗中学的研修教师团队
(右三为项目主持人王陆教授，左三为研修班班主任唐少玲主任)

想认识，为此，学校于5月26日召开全校教学级长、科组长、备课组长及教学处全体人员会议，研究部署问题化教学的实施。校长邹小新在会上发言，要求教学管理人员充分认识问题化教学的意义和重要性，明确了推进问题化教学、深化松岗中学教学改革的任务。会议还对项目实施《方案》当中涉及的各项工作进行详细部署。

同时，为加强项目的实施管理，学校成立问题化教学研究小组及问题化教学推广应用小组。

问题化教学研究小组组长为科研处主任唐少玲，副组长为丁文祥、贺君，成员包括各科组长、COP项目教师培训团队成员。研究小组负责组织对问题化教学的理论、操作策略、相关模板范例的研究。

问题化教学推广应用小组组长为教学处主任郑传林，副组长为教学处副主任汪旺富，成员为各年级级长。问题化教学推广应用小组负责组织对问题化教学的推广应用、检查督促及评价。

2015—2016学年，学校围绕"问题化教学设计探究及推广应用"项目开展了一系列教学教研活动。围绕问题化教学展开教研，把问题化教学设计思路运用于实际教学，通过实实在在的行动，把项目落到实处。学校主要领导经常走到一线，参加研讨、听课评课，督促项目的实施与推进。

学校还从加强组织领导、加大资源投入、强化督导评价三个方面入手，保障项目任务的落实。学校要求各部门、各年级、各科组从学校转型和课程改革的高度充分认识到重构课堂的重要意义，坚持统筹规划、分类指导。各部门主任、各年级长、各科组长为第一责任人。学校要求必须足额安排专项经费，切实保障此项工作的顺利推进。教学处、科研处要定期督查各年级、各科组推进此项工作的力度，并及时收集反馈信息。

为保障项目实施的科学性和有效性，学校非常重视专家的引领作用，先后聘请首都师范大学、华南师范大学等高校的多位专家为项目实施出谋划策，并对学校教师开展相应的业务培训。首先聘请首都师范大学王陆教授为核心的COP教师培训专家团队，为学校19名各学科教科研骨干教师进行问题化教学设计模式的专业发展培训。并以团队成员为辐射，带动全校教师反思教学行为，更新教学观念，提高教学效率。学校又邀请问题化教学研究专家、华南师范大学胡小勇教授来校讲学交流，对全校教师开展问题化教学培训。

按照《方案》的要求及相关工作会议的精神，教学处、科研处发动各年级、各科组开展了丰富多彩的问题化教学研究与实践活动。

各科组根据各学科特点，积极开展以问题作为课堂教学的中心、以问题解决为指向的学习探讨，通过开设专题讲座、举办公开课、开展案例学习等方式，构建具有松岗中学特色的高效课堂。

在项目推进过程中，COP教师培训团队起到了先行先试的作用，高中数学教师王杨、高中语文教师陈玉领在综合楼605教室上了问题化教学研讨课，同时在综合楼一楼导播室转播，全校一线教师全部听课研讨，研讨课对明确问题化教学改革方向，构建问题化教学高效课堂起到了积极的作用。

同时，学校还加强师徒结对建设，发挥老教师的传、帮、带作用，促进新老教师之间相互学习，不断提高问题化课堂教学设计模式下的教学水平和业务素质。

在项目实施过程中，学校问题化教学研究小组COP教师培训

COP教师培训团队教学研讨

团队每月组织一次问题化教学展示课，并在研修平台上定期学习与实践；各学科组在各自的组内活动中，也充分贯彻了问题化教学改革精神。

2015年10月，由教学处组织的各年级35岁以下青年教师参加的第一届"问题化教学"青年教师比武大赛也圆满成功。在问题化教学设计思维武装之下，松岗中学教师在当年深圳市及宝安区教学能力大赛中也取得优异成绩，有多名教师获得市级、区级一等奖。

三、课题研究成果

学校积极营造"在研究状态下工作"和"在研究状态下学习"的氛围，提升全体教师的教研意识；组织教师申报了一批区、市、省乃至国家级科研课题，对所有区级以上的课题进行过程管理，确保课题研究质量；积极进行校本课程开发与开设研究，非毕业年级全部开设校本选修课程；加强对科研骨干的培养，成立学校教研骨干团队，充分发挥特级教师、骨干教师的引领作用，实施"青蓝工程"，壮大青年教师教科研队伍。

这一时期，学校教研课题工作取得了很大进展。邹小新校长主持的国家级重点课题"信息技术环境下提高初中生自主学习能力的策略研究"、科研处唐少玲主任主持的省级重点课题"以学生发展为本的初中语文教材教学整体研究"相关研究工作正常开展。

截至2015年3月，学校申请并获得立项的区级以上课题共有45项，其中有32项已经结题（包括国家级课题的子课题3项，省级课题子课题1项，市级课题1项），5项已经通过中期检查并继续开展研究，7项已经开题并开展前期研究（包括国家级课题的子课题1项）。

校本课程代表着学校特色发展的方向，研发一批体系完备的校本课程，是学校办学水平提升的重要体现。松岗中学教师可以根据自身学科专长和兴趣特长，根据学生的发展需求及兴趣爱好开发校本课程。经课程评审专家组按一定比例评审通过的校本课程，确定为本学期所要开设的校本课程。

经过两年多的努力，至2015学年，学校校本课程建设已经初具规模，逐渐形成了包括八大模块、100多门课程的较为完备的校本课程体系，在促进教师专业方面发挥了积极的作用。

2014年创办学校课改双月刊《松中课改专刊》。

《松中课改专刊》

活 动 篇

一、科技创新社团

学校进一步加强对科技创新教育的投入，2013 年引进南粤优秀教师、机器人金牌教练熊建成加盟松岗中学科技创新团队。在熊建成老师的引领下，松岗中学科技创新教育的发展突飞猛进。

2016 年 4 月，机器人社团参加深圳市中小学电脑机器人活动，获得 2 个冠军、4 个亚军（后排左一为熊建成老师）

2016 年 11 月 21 日，无人机表演拉开松岗中学第十三届信息科技节序幕

学生创意航拍

表 5-1　2013—2016 年学生机器人团队主要获奖情况

获奖年度	类别	赛事名称	获奖内容	指导教师
2013 年	智能机器人	首届广东省青少年虚拟机器人竞赛现场总决赛	庄士鸿、梁宇灏获高中组二等奖 买力凯、黄崧展获高中组三等奖 颜瑾、李和蓉、邓绍茗获初中组二等奖 严杰文、潘泽晨获初中组三等奖	熊建成 高　强
2014 年	智能机器人	RoboCup 国际青少年机器人世界杯赛中国赛区选拔赛	李和蓉、梁宇灏、邓绍茗获得一等奖 庄士鸿、李晓鸿、黄崧展获得二等奖	熊建成 高　强
	智能机器人	第十三届深圳市青少年机器人大赛	庄士鸿、黄崧展获高中组一等奖 邓绍茗、李和蓉初中组二等奖 李晓鸿、余杰获高中组三等奖	熊建成
	智能机器人	第十四届广东省青少年机器人大赛	庄士鸿、黄崧展获高中组二等奖 李晓鸿、余杰获高中组三等奖	熊建成
	科技创新	第三十届深圳市青少年科技创新大赛——科技发明项目	程泽龙获一等奖 赵彦善、李尚昆、潘福璐获三等奖 郑佳勇获科技论文三等奖。	熊建成 王继忠 夏　敏
2015 年	智能机器人	深圳市中小学电脑机器人活动	冯铿、江泽文获高中组一等奖 希尔艾力、艾克科木获高中组三等奖 马乐、万泓杰获初中组三等奖	熊建成
		深圳市第十四届青少年机器人竞赛	希尔艾力、艾克科木、陈韬宇、黄希、张旻书、李草原、游博约、沈钰斌获高中组三等奖	熊建成 张　辉
		第十五届广东省青少年机器人竞赛	希尔艾力、艾克科木获高中组二等奖 陈韬宇、黄希获初中组二等奖	熊建成 张　辉
		第十二届广东省"和教育杯"中小学电脑机器人活动实体机器人竞赛	冯铿、江泽文获高中组三等奖	熊建成 张　辉

221

(续表)

获奖年度	类别	赛事名称	获奖内容	指导教师
2016年	学生创客节	第二届深圳中小学学生创客节活动——机器人现场挑战赛	肖政坤、甘华获初中组一等奖 陈科兆、李嘉乐获初中组二等奖	熊建成 高　强
		第二届深圳中小学学生创客节活动——网络虚拟机器人现场挑战赛	余泽原、程子鸿、温嘉恒获初中组二等奖	熊建成 张　辉
		第二届深圳中小学学生创客节活动——无人机穿越竞技赛	陈颖燊、黄浩凯获中学组二等奖 钟泽求、肖政获中学组三等奖	熊建成 高　超
	智能机器人	深圳市中小学电脑机器人活动	苏昕、李浩杰、胡琪、胥治东、祖力甫哈、亚尔肯、希尔艾力、努尔艾力获高中组一等奖 饶成峰、张光深获高中组二等奖 肖政坤、马易洋、沈鑫彤、袁鑫桐、吴美琪获初中组一等奖 沈梓豪、岳健乐、甘华、蔡文骏获初中组三等奖	熊建成 张　辉 高　强
		第十六届广东省青少年机器人竞赛	希尔艾力、祖力甫哈获高中组一等奖 饶成峰、张光深获高中组二等奖 梁宇灏、钟泽求、张泽华、伊黎荣获高中组三等奖	熊建成 张　辉 高　超 高　强
		第十四届广东省中小学电脑机器人活动	苏昕、李浩杰、胡琪、胥治东、希尔艾力、努尔艾力、巫广森、张泽华、林子文获高中组三等奖 肖政坤、马易洋、沈鑫彤、袁鑫桐、吴美琪获初中组三等奖	熊建成 高　超 张　辉
		第十五届深圳市青少年机器人赛	饶成峰、张光深获高中组一等奖 希尔艾力、祖力甫哈、梁宇灏、钟泽求获高中组二等奖 苏昕、李浩杰、张泽华、朴盛浩、胡琪、胥治东获高中组三等奖	熊建成 张　辉

二、其他赛事活动

2013年，陈纪交、高思悦、刘紫铧、谢雨倩等4名同学在全国基础教育英语综合能力竞赛中分获一等奖和三等奖（指导教师为许铃佼）。

在第三届"语文报杯"原创文学大赛中，黎珂等10名同学荣获金奖，罗远燕等19名同学荣获银奖（指导教师为陈玉领、周湘莲等）。

2014年，唐迢、萧颖鑫获第12届"叶圣陶杯"现场作文大赛一等奖（指导教师为唐江云、李龙）。廖俊锰获"我心中的宝安"征文比赛特等奖(指导教师为尹军华)。罗海霞获"我心目中的宝安"演讲比赛高中组一等奖（指导教师为阎贵春）。在宝安区中学生演讲比赛决赛中，叶宇轩获初中组特等奖,麦迪娜获高中组特等奖,吴玉凡、米合热阿依、姜又嘉获高中组一等奖。

"校长杯"篮球比赛

在第十二届中国校园影视评比中，麦迪娜·阿布都热西提的《忆》获主持人奖项一等奖，滕凤的《如果·梦》获主持人奖项二等奖，卡德尔丁的《梦想，在这里起航》和蔡嘉慧的《我和新疆班的伙伴们》分别获得校园专题类二等奖（指导教师为施淼、郑连超），沙依甫加马力获"用英语，秀中国"高中组全国创意奖（指导教师为讷笑春）。

在2016年中小学乒乓球比赛中，学校代表队获高中男子团体总分第一名，男子单打第一名、第三名，高中女子组团体总分第一名（指导教师为刘涛、闫雪）。

2017年5月，学校篮球队获宝安区中学生篮球赛冠军（教练为曾生）。

2017年5月，松岗中学篮球队获宝安区中学生篮球比赛冠军

在宝安区第二十二届中小学田径运动会上，学校田径代表队共获得金牌 7 枚、银牌 2 枚、铜牌 2 枚。

2016 年学校代表队获宝安区中小学生乒乓球比赛高中男、女团体总分双冠军

第六章

东方大道时期第三阶段
（2017年5月—2020年12月）

管 理 篇

2017年5月上旬，西乡中学主要负责人程显友调任松岗中学校长。

在学校管理方面，新任校长程显友带领党政班子在推进学校党组织建设、教师队伍建设、依法治校、提高教育教学质量、巩固教学改革成果等方面，采取了一系列行之有效的措施，全校上下呈现出可喜的变化，松岗中学迎来又一个发展时期。

一、加强党对学校工作的全面领导
（一）成立中共深圳市松岗中学委员会

根据《中国共产党章程》和《中国共产党基层组织工作条例》，按照中共深圳市宝安区委教育工作委员会（以下简称"宝安区委教育工委"）《关于同意召开中共深圳市松岗中学委员会成立大会暨党员大会的批复》的指示要求，中共深圳市松岗中学委员会成立大会于2018年12月25日召开。

2018年12月25日，松岗中学党委成立大会

新任党委书记程显友在会上讲话

宝安区教育局党委委员、松岗中学校长程显友宣读了宝安区委教育工委《关于同意召开中共深圳市松岗中学委员会成立大会暨党员大会的批复》。大会审议通过了《中共深圳市松岗中学委员会选举办法》。通过无记名投票方式，选举产生了程显友、刘向红、邓克、余迅、杨海春、陈芊鑫、吴天德等七名同志为中共深圳市松岗中学委员会第一届委员。

党委委员名单产生后，立即召开全体党委委员会议，通过无记名方式投票，程显友同志以全票当选松岗中学第一届党委书记，刘向红、邓克同志以全票当选党委副书记。

为了加强党对学校工作的全面领导，充分发挥党组织在学校工作中的政治核心作用，学校党委继承和发扬我党在战争年代"将支部建在连上"的光荣传统，根据学校内部实际运作情况和承担新疆班办学政治任务的需要，对支部构架进行重新调整，将原有的初中、高中、办公后勤共118名党员的三个超大党支部，按年级、部门重新进行改编分组，严格按照《党支部工作条例》，选举成立九个支部，将党建着力点下沉，努力将一线部门打造成党组织的坚强战斗堡垒，夯实党建工作基础，提振广大党员教师干事创业、担当作为的精气神，确保党的路线、方针、政策和学校党政班子会议的决策部署在教育教学工作中得到切实贯彻落实。

中共深圳市松岗中学委员会下属九个支部支委名单：

表6-1 中共深圳市松岗中学委员会下属支部支委名单

支部名称	支部书记	组织委员	宣传委员
第一支部	余金水	孙树桃（前） 刘世文（后）	缪锦和
第二支部	王立平	欧文羽	陈小良
第三支部	陈玉领（前） 张辉（后）	杨志平	陈秋燕
第四支部	李德国（前） 马静（后）	马静（前） 刘涛（后）	吴宝珺
第五支部	李永进（前） 阿孜古丽·尔曼（后）	阿孜古丽·尔曼（前） 范静（后）	范静（前） 华庆（后）
第六支部	邱绍谦	王杨	言静
第七支部	叶芷珊	茹靓靓（前） 陈海华（后）	刘芳容
第八支部	吴金凤	李卫	石明媚
第九支部	舒灿	杜幸元	温文滔（前） 廖小波（后）

（二）筹备成立中共深圳市松岗中学纪律检查委员会

为了加强对学校党员干部的教育、管理和监督，全面营造风清气正、干事创业的良好教育生态，按照深圳市宝安区教工委〔2019〕65号文件，学校党委筹备成立中共深圳市松岗中学纪律检查委员会。经全体党委委员表决通过，推荐邓克同志为纪委书记候选人，由上级党委、纪委任命邓克同志为中共深圳市松岗中学纪委书记。

2019年11月20日，刘向红、邓克代表学校党委参加宝安区基层学校纪委成立授牌仪式，接受授牌。

松岗中学党的组织建设、党风廉政建设、全面从严治党工作进入新阶段。

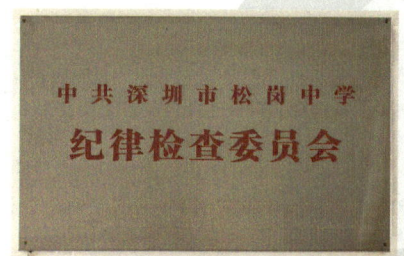

2019年11月9日，召开全体党员大会，纪委书记邓克发表讲话

(三)党委书记、支部书记带头上党课

学校党委和各党支部认真落实"三会一课"制度。党委书记、校长程显友多次结合自身的体会给教职工讲党课。在 2019 年 12 月的党课中,他从中央的治疆方略、治疆的综合措施方面,高屋建瓴分析了新疆班教育的重要性。对松岗中学新疆班的教育提出了五点要求:政治站位要高;加大融合度,"三同"要深化;不贴标签,一视同仁;细化导师制;丰富意识形态领域教育形式。程显友还以新疆维吾尔自治区教师工作强度大、工作条件艰苦、工资收入较低、工作时间长作对比,结合新时代师德师风建设的总体要求,号召全体党员教师要"不忘初心,牢记使命",担负起"立德树人"的光荣使命。

馆校合作,东江纵队史实图片展与影视宣传片进校园活动

学校党委结合"不忘初心,牢记使命"主题教育,与大岭山东江纵队纪念馆合作,开展史实图片展与影视宣传片进校园活动。

第二支部和第六支部与团委、少先队部联合开展"党旗所指,团旗所向"党建带团建活动。由党委副书记兼纪委书记邓克、第二支部书记王立平、第六支部书记邱绍谦、团委书记郑连超等同志轮流为新疆班学生、团员、少先队员讲党课、团课,对广大学生进行思想政治教育,牢牢掌握思想意识形态领域领导权。

在少先队建队70周年庆祝大会上,刘向红副书记代表学校党委发表了"传承东宝红色基因,争做新时代好少年"的主题讲话。刘向红副书记从中国共产党同共青团以及少先队的组织关系、少先队的光荣传统、松岗中学的历史起源等三个方面,生动地解读了传

2019年10月13日,学校庆祝中国少年先锋队建队70周年

承红色基因的重要意义，鼓励同学们牢记习近平总书记的嘱托，追随先辈脚步，坚定信仰跟党走，用实际行动将红色基因一代一代传下去。

参观大岭山东江纵队纪念馆

2020年9月，学校党委被深圳市宝安区教育工委推荐参加第一批全省基础教育党建工作示范校评选

二、师德师风建设

松岗中学这一时期的师德师风建设结合党建工作，呈现出新的特色和亮点。

学校党委对标党中央对教师队伍思想政治工作的要求，抓好师德师风建设：坚持思想铸魂，用习近平新时代中国特色社会主义思想武装教师头脑；坚持价值导向，引导教师带头践行社会主义核心价值观；坚持党建引领，充分发挥党支部的战斗堡垒作用和党员的先锋模范作用。

组织教职工政治学习主要有三种方式：

一是邀请专家来校讲座。例如，先后两次邀请深圳市委宣讲团成员、深圳大学教授、党建专家张西山博士为全体教师作"让思想之光照亮前行之路"和"以特区干部之为立先行示范之位"的主题报告，全面解读《中共中央 国务院关于支持深圳建立中国特色社会主义先行示范区的意见》。

二是开展集中学习。例如，2018年11月6日，在学术报告厅召开全校教职工会议，程显友校长带领大家学习习近平总书记广东考察的重要讲话精神，要求大家将讲话精神贯彻落实到教书育人的日常工作中。2019年3月5日，召开全体党员教师会议，学习《中国教育现代化2035》文件精神，程显友校长对中共中央、国务院印发的《中国教育现代化2035》作了全面解读。

2018年4月9日，组织全校教师学习贯彻《中小学德育工作指南》（以下简称《指南》），刘向红副校长从《指南》的背景、《指南》的基本原则、《指南》的五项核心内容、《指南》的六个基本途径、《指南》落实的重点等五个方面，对《指南》作出解读和工作布置。

三是组织外出考察培训。结合"不忘初心，牢记使命"主题教育，学校党委组织全校党员分批赴江西井冈山、湖南韶山、福建龙岩等地进行党性教育培训。

同时，中共宝安一大会址、东宝行政督导处、东江纵队大岭山纪念馆、东江纵队北撤纪念公园、东莞霄边烈士陵园、紫金县苏维埃政府旧址、红军亭、韶关中共广东省委机关旧址始兴红围、五里亭等革命遗址，都是学校开展"不忘初心，牢记使命"主题教育和师德师风建设活动的重要基地。

三、行政管理特色

（一）更公平公正的制度

学校能否办好，能否公平公正地对待教师，关系着学校的风气。松岗中学的各项工作，尤其是关系到教职工切身利益的事——大到职称评聘，小到宿舍安排——都力争以过程的公开透明达到结果的公正公平。

一是坚持全面依法治校。学校全面贯彻落实《关于印发宝安区依法治校创建活动工作方案》要求，将学校治理规范化、法治化视为学校发展的内在要求，建立健全各项规章制度，逐步完善运行机制，各项工作管理规范有序，从制度上为学校长远发展集聚潜力，为学校教育教学质量和水平的全面提升提供制度保障。学校专门成立了程显友校长任组长的依法治校工作领导小组来完善各项规章制度。

学校初步形成了以国家法律法规为依据，以章程为核心的从基本管理制度到具体办事规程的层次分明、规范有序的管理制度体系，为依法治校提供了制度保障。

2016年至今，学校不断对已有的陈旧规章制度进行清理，新出台或修订了各类管理文件30余个，包括《松岗中学教职工代表大会审议学校重大决策方案》《松岗中学重大事项决策制度》《松岗中学资金审批制度》《内地新疆高中班管理办法》《松岗中学法治教育方案》《内地新疆高中班学生学籍暂行管理规定》《校长办公会制度》《行政办公扩大会制度》《全校教职工大会制度》《部门会议制度》《年级工作领导小组会议制度》《科组或备课组会议制度》等一系列规章制度。

充分发挥集体领导作用，凡重大事项、重大决策均须在通过各种渠道征求群众意见的基础上，经校领导班子集体研究，经教工代表大会或全体教师大会讨论通过。

学校经常召开教师代表座谈会等，收集教职工对学校各处室及行政干部工作的意见并进行整改，充分彰显了学校教职工的主人翁精神。依法治校，依法施教，建立制度化、科学化的管理体系，形成政令畅通、各司其职、务实高效、开拓创新的学校管理网络，保证依法治校工作扎实推进、健康发展。

学校开通了校长信箱，接受教职工和学生的意见和建议。学校坚持校领导不定期接待制度、校领导联系年级制度、科组制度、听课制度，重要工作和重大决策情况通报制度等，使校内监督机制逐步完善。

学校开启数字化校园建设与应用工作，实现了管理规范化、传输网络化、资源数字化。以"校园一卡通"构建家校互联平台，利用大数据整合学生在校用餐、充值、借阅、出入等多种信息，为依法治校提供智能化服务。

二是坚持公平公正的原则。以职称评聘工作为例，松岗中学的做法是以教师利益为本，绝不拖延、绝不怕麻烦，把上级部门的政策及时落实到位。2017年至今，学校每年都召开职称评聘工作会议，严格按照程序开展工作。制定《深圳市松岗中学教师专业技术职称（岗位）评聘实施办法》《深圳市松岗中学教师专业技术职称（岗位）评聘实施方案》等，并由办公室主任代表学校对文件进行详细解读。全体在编在岗教师对《深圳市松岗中学教师专业技术职称（岗位）评聘实施办法》《深圳市松岗中学教师专业技术职称（岗位）评聘实施方案》和高级评聘委员会委员推荐名单、中级评聘委员会委员推荐名单、监督委员会提名名单进行投票表决。表决通过后再按照文件规定的流程进行职称评聘。

程显友校长多次强调对于职称评聘，要公平公正地对待每一名参评教师，要公平公正地对待初中和高中教师；评聘工作要公平、公正、公开，严禁在评聘工作中弄虚作假；评聘方案要保持延续性。

在这一时期有数十名教师评上高级职称，更多教师评上中级职称。以2019年为例，学校共通过了33名职称申报人员的申报，办理了18人的同级别岗位变动工作，办理了14人的高职低聘业务，办结了143人的同岗位续聘业务。这些工作的有效落实极大地调动了教师工作的积极性。

三是坚持校务公开制度。学校认真贯彻落实教育部、中华全国总工会关于《全面推进校务公开工作的意见》和市、区教育工会《关于实行校务公开制度的实施意见》，促进学校民主管理、依法治校、廉洁治校，建立并坚持校务公开制度，学校的党委委员会、校长办公会议、行政会做到制度化、民主化，每一次会议都有记录。

讨论形成的决定通过教师大会、文件、校务公开栏、校园网等形式公告，实施过程接受群众监督。对于重要事务尤其是一些比较敏感的问题，如副校长、中层干部的人选推荐、年度考核评优评先、职称评聘、后勤采购立项、绩效津贴、特岗津贴发放等问题，工会委员会都会认真履行监督职能，全程关注，认真监督是否做到事前公布上级有关文件、事中严格按程序实施、事后公示结果，真正体现公开、公平、公正的原则。

（二）更人性化的管理

管理制度更加人性化。程显友校长上任后的第一件事就是废除了一些不适应新时期需要的管理制度，如教职工刷脸签到制度。程显友校长认为要充分地信任教职工，相信教职工的职业素养和师德水准，即使没有这样的考勤制度，广大教职员工也会坚守职责、兢兢业业。

关心教职工的生活更加细致周到。学校工会重新修改了《松岗中学工会关心教职工生活细则》，并报经校长办公会讨论通过实施。适当提高了教职工的福利待遇和生老病死等大事的慰问标准。

工会委员心系教职工，密切关注政策动向，通过与工会系统同行交流信息，向上级工会和学校党政班子反映请示等方式，使教职工原有的节日、生日、文化生活等福利基本得到了恢复。

学校也同样重视离退休教工和困难职工的各类慰问工作，平时主动关心他们的生活，耐心解答他们的问题，对他们遇到的困难提供力所能及的帮助，把党的温暖及时送到每一名教职工的心坎上。

2019—2020学年第一学期，学校工会慰问生育职工29人，慰问结婚职工1人，慰问生病住院职工10人，慰问直系亲属病故职工17人，并对11名高龄退休的教师进行了慰问。学校工会主席、副主席坚持二十年如一日，每年教师节、春节都要去燕罗颐养院看望慰问退休老教师谭锐球。2018年7月，程显友校长也前往颐养院看望年近百岁的谭锐球老人。

2020年6月，程显友、刘向红等校领导到罗湖看望蔡志坚老前辈的夫人、学校退休老教师江才笑。"七一"前夕，学校党委刘向红副书记、第一支部书记余金水还对14名退休老党员进行了为期三天的慰问活动。

同时，学校持续帮助教师解决子女入园、入校读书问题，以解决教师的后顾之忧。

以上种种举措，解决了一些历史遗留问题，很大程度上缓解甚至化解了教职工与领导之间、教职工之间因这些问题而产生的矛盾，理顺了一些较为复杂的关系，营造了和谐美好的氛围，增强了教职工的凝聚力，调动了教职工的工作积极性，为松岗中学的稳定发展创造了必要的条件。

（三）更年轻化的管理队伍

注重管理队伍建设，推进管理队伍年轻化，是这一届领导班子的共识。

2018年9月，学校召开中层干部调整选拔会议，对新一届的中层干部进行调整选拔。10名中层副职竞选人王杨、石明媚、隆国念、陈玉领、丁文祥、贺君、李龙、喻颖、刘先军、李艳芸按抽签顺序上台进行了精彩纷呈的竞选演说。最后，全体教职工以无记名投票方式，对5名推荐提拔的中层干部和10名竞聘的中层副职进行投票选举。

投票结果公示后，喻颖被提拔为教学处副主任，隆国念被提拔为德育处副主任，陈玉领被提拔为科研处副主任，贺君被提拔为新疆部副主任。年轻干部的提拔任用充实了管理队伍，带来了新的气象，他们的工作态度、能力和业绩也得到了全体教职工的充分认可。

四、名校长工作室引领

成立于2017年9月的程显友名校长工作室日益成为松岗中学的一张名片，在学校管理、德育研究、人才培养等方面发挥着不可或缺的作用。2018年12月6日，时任宝安区教育局局长范燕塔、宝安区教科院院长彭茂发为程显友名校长工作室揭牌。工作室立足学校实际，关注教育教学管理的实际问题，以日常自主研习和集中合作研修为主要内容，以学校管理为主线，以课题研究为载体，逐步使工作室成员成为具有先进管理理念、较强研究能力、较高管理素质的管理人才，努力将工作室打造为"研究的平台，成长的阶梯，辐射的中心"。

时任宝安区教育局局长范燕塔（左五）、宝安区教科院院长彭茂发（右五）为程显友名校长工作室揭牌

　　工作室根据区教育局关于《宝安区中小学名校（园）长、名师工作室建设指导意见》的规定与要求，严谨有序地进行研究工作。在工作室总体目标和具体目标、具体工作规划与安排、重点项目建设、工作主要举措、成员的职责与分工、管理制度等方面都做了详细的规定和要求。

　　2020年5月28日，在区教育局组织的宝安区教育系统第三批名校（园）长、名师工作室终期考核中，程显友名校长工作室被评为优秀等级。

　　工作室主持人程显友先后获宝安区高层次人才、宝安区教育工作突出贡献奖、宝安区教育系统"名师工程"名校长等荣誉。

　　2018年9月，程显友获南粤优秀教育工作者殊荣；2020年4月，被聘为第十二届广东省督学。

教　师　篇

程显友校长鼓励教师"做有理想、有情怀的不俗之师；做讲师德、受尊重的君子之师；做有情感、懂感恩的合作之师；做肯钻研、善学习的完美之师"，提出要"营造一个学习型、创新型、研究型的学术氛围，打造一支师德高尚、严谨治教、业务精湛、充满智慧的高素质教师队伍"。

在学校领导的大力倡导和支持下，松岗中学教师在全国、省、市、区的各项比赛和教研活动中频频亮相，屡获大奖。

陈爽获广东省首届青年教师教学技能大赛
数学学科（高中组）第一名

言静获广东省第七届班主任专业能力大赛（高中组）综合总分一等奖（最高奖）和情景答辩单项一等奖

表 6-2　2017—2020 年教师获奖或荣誉情况（不完全统计）

年度	获奖人	赛事名称	获奖情况	级别
2017 年	盛艳红	内地高中新疆班优秀论文评比活动	论文一等奖	国家级
	陈爽	广东省首届青年教师教学技能大赛	高中数学第一名，代表全省高中数学教师参加省"五一劳动奖章"角逐。学校被授予"首届广东省中小学青年教师教学能力大赛先进集体"称号	省级
	温文滔	深圳市初中物理青年教师教学技能大赛和初中物理命题比赛	初中物理学科命题比赛一等奖	市级
	彭晓珊	宝安区 2017 年中考与会考模拟试题命题比赛	初中数学一等奖	区级
	黄海涛	宝安区首届班主任工作创新成果奖	一等奖	区级
	校教工男声合唱团	宝安区教职工"红心向党·筑梦教育"歌唱大赛	特等奖	区级
	陈玉领	宝安区教职工"诗意宝安，筑梦教育"诗歌创作大赛	现代诗一等奖古体诗一等奖	区级

(续表)

年度	获奖人	赛事名称	获奖情况	级别
2018 年	黄海涛	第二十二届全国教师教育教学信息化交流活动	基础教育组课件评比三等奖	国家级
	程显友	南粤优秀教师、南粤优秀教育工作者评选	南粤优秀教育工作者	省级
	言静	广东省第七届中小学班主任专业能力大赛（高中组）决赛	综合总分一等奖和情景答辩单项一等奖	省级
	李强	深圳市高考模拟试题命题比赛	高中语文一等奖第一名	市级
	王继忠	深圳市高考模拟试题命题比赛	高中物理一等奖	市级
	李婷婷	宝安区中小学体育教师基本功大赛	一等奖	区级
	宁锋	宝安区中小学体育教师基本功大赛	组织教学与讲解示范高中组一等奖	区级
	体育组	宝安区中小学体育教师基本功大赛	高中组获团体总分一等奖优秀组织奖	区级
	李强 程伟 王继忠 何建文	宝安区高考模拟试题命题比赛	一等奖	区级
	杨志平	第十届宝安区中小学信息技术教育节总结表彰大会	教师论文评比一等奖	区级
	杨大为	"奋进新时代，共筑教育梦"宝安区教职工学习贯彻党的十九大精神主题征文大赛	一等奖	区级
	校教工瑜伽队	宝安区第十一届教工运动会暨"舞动青春·筑梦教育"健身广场舞、瑜伽比赛	特等奖	区级
	赵瑞霓	深圳市高中青年教师教学基本功比赛	高中语文二等奖	市级
	胥青青	深圳市高中青年教师教学基本功比赛	高中数学二等奖	市级

(续表)

年度	获奖人	赛事名称	获奖情况	级别
2018年	陈爽	宝安区教育系统首批"教育教学能手"	首批"十佳教育教学能手"	区级
	方武昌	宝安区教育系统首批"教育教学能手"	首批"教育教学能手"	区级
	校乒乓球队	宝安区第十一届教工运动会乒乓球比赛	中学组混合团体冠军	区级
	李斌	宝安区首届文艺志愿者服务"百佳人物"颁奖晚会	"百佳人物"荣誉称号	区级
	宋赢赢	宝安区教师技能大赛	高中政治一等奖	区级
	王惠丽	宝安区首届教职工器乐比赛决赛	民乐组特等奖	区级
	陈策民周远松	宝安区首届教职工器乐比赛决赛	西洋乐组一等奖学校获优秀组织奖	区级
	曹强	宝安区中小学美术教师基本功大赛	中学组一等奖第一名	区级
	黄传燕	宝安区中小学美术教师基本功大赛（初中部分）	初中道德与法治一等奖	区级
2019年	邓克	全国民族团结进步先进集体和先进个人评选	全国民族团结进步先进个人现场聆听总书记讲话，并受邀参加国庆70周年观礼	国家级
	罗暖暖	全国教师教育教学信息化交流展示活动	基础教育组微课二等奖	国家级
	程显友	中国少数民族教育学会内地新疆班专业委员会2019年年会	第二届专委会副理事长松岗中学再次当选为理事单位	国家级
	罗暖暖	深圳市初中英语微课大赛	一等奖	市级
	施森	2019年第六届深圳"雏鹏奖"校园微电影大赛	最佳摄制奖	市级
	周德英	宝安区教职工"唱响新时代·共筑教育梦"好声音歌唱大赛	中老年组特等奖	区级
	王杨	宝安区教职工"唱响新时代·共筑教育梦"好声音歌唱大赛	业余组特等奖	区级

(续表)

年度	获奖人	赛事名称	获奖情况	级别
2019年	郑连超	宝安区教职工"唱响新时代·共筑教育梦"好声音歌唱大赛	专业组特等奖	区级
	杜幸元	宝安区初中数学教育论文评比活动	一等奖	区级
	邓光缘	宝安区"六好"工程成果征集和评比活动	"好课题"一等奖	区级
	初中历史科组	宝安区"六好"工程成果征集和评比活动	"好科组"一等奖	区级
	陈叶笑	宝安区"六好"工程成果征集和评比活动	"好课堂"高中生物一等奖	区级
	李婷婷	宝安区"六好"工程成果征集和评比活动	"好课堂"高中体育一等奖	区级
	邱晓莉 杜幸元 王赫懋 陈雪娇	宝安区初中学科中考与会考模拟试题命题比赛	一等奖	区级
	黄海涛	宝安区教职工"建功新时代,共筑教育梦"征文比赛	一等奖	区级
	张凡 颜曙萍 欧耿言 曹慧娟 王继忠 伍秀文 李婷 宋赢赢 凌燕	宝安区2019年高考模拟试题命题比赛	一等奖	区级
	李斌	"翰墨飘香,礼赞祖国"宝安区教职工书法作品比赛	特等奖	区级
	陈爽 王杨 冀银花 言静 凌燕	宝安区高中"好课堂"录像课评选活动	一等奖	区级
	范东旭	宝安区中小学美术教师技能大赛	高中组一等奖	区级
	唐少玲 吴天德	宝安区教育系统区级名师工作室	第三批初中语文和初中历史名教师工作室主持人	区级

（续表）

年度	获奖人	赛事名称	获奖情况	级别
2019年	王杨 陈秋燕	宝安区高中青年教师教学能力大赛	高中数学一等奖 信息技术一等奖	区级
	王惠丽 王杨 周远松	"芦笙迎新 筑梦教育"宝安区教职工迎新春葫芦丝比赛	一等奖	区级
2020年	冀银花	2019年度"教师成长及专业发展"科研论文评选活动	一等奖	国家级
	王杨	2020年广东省"最美教师"评选	广东"最美教师"	省级
	王杨	深圳市中小学第二届"我最喜爱的班主任"评选活动	我最喜爱的班主任	市级
	陈秋燕	深圳市中小学教师教学能力大赛	高中信息技术一等奖	市级
	龚奇锋 汪玉婷	深圳市高考模拟试题命题比赛	高中生物一等奖 高中政治一等奖	市级
	孙文莹 阚道国 黎嘉顾 陈雪娇	宝安区义务教育阶段2019年"好作业"评选活动	一等奖	区级
	李佳慧	宝安区中高考团体心理辅导视频课比赛活动	一等奖	区级
	陈爽 欧耿言 冀银花 伍秀文 龚奇锋 汪玉婷 陈志峰	宝安区高考模拟试题命题比赛	一等奖	区级
	江红 邱晓莉 陈林林	宝安区初中文化学科模拟试题命题比赛	一等奖	区级
	杨伟超 黄先国	宝安区第十三届教工运动会棋类比赛	中国象棋中学组冠亚军	区级
	校舞蹈队	"舞动青春·筑梦教育"宝安区教职工舞蹈大赛	一等奖	区级

注：本表未统计市级三等奖、区级二等奖及以下的获奖情况。

2019年6月，刘涛前往马来西亚沙巴州，参加"中华情·文化心"中华文化夏令营，为中英学校1300多名学生授课，赢得了中英学校全体领导、教师及沙巴州华文教师代表的高度好评及热烈响应，当地《华侨日报》《诗华日报》等各大媒体纷纷报道。

此外，2019年12月，邱绍谦获评正高级教师，创造了松岗中学教师职称向最高专业领域提升的历史。

这一时期松岗中学教师所取得的优异成绩一方面激发了教师追求专业发展的热情，营造了潜心教研的良好氛围，提升了学校教师队伍的整体水平和素养；另一方面，进一步提高了学校教师队伍在学生、家长和社会中的认可度和影响力。松岗中学教师队伍以全新的整体形象成为社会关注的热点。

校教工男生合唱团获宝安区教职工"红心向党·筑梦教育"歌唱大赛特等奖

校教工瑜伽队获宝安区教育系统"舞动青春·筑梦教育"健身瑜伽比赛特等奖

教师乒乓球队获宝安区第十一届教工运动会乒乓球赛团体冠军

在宝安区首届教职工器乐比赛中，王惠丽（右二）获特等奖，陈策明（左一）、周远松（右一）均获一等奖，学校工会获优秀组织奖

在宝安区教职工好声音歌唱大赛中，郑连超（中）获专业组特等奖，王杨（左一）获业余组特等奖，周德英（右一）获中老年组特等奖

2020年12月，学校女教师舞蹈队获宝安区教育系统舞蹈大赛一等奖

德　育　篇

松岗中学一直致力于落实"立德树人"根本任务，形成以爱国主义教育和民族团结教育为主线的契合学校特点的德育体系。其主要亮点如下：

一、别具特色的班主任节

为了进一步加强和改进学校德育工作，提高班级管理能力和水平，促进班主任专业化成长，提升班主任工作的时效性、幸福感，松岗中学从2017年起每年举办一届班主任节。

班主任节的举办提供了一个良好的平台，让班主任、德育工作者和校内外的德育专家共同探讨、分析学校德育工作和班主任工作的实行情况，交流班主任家校活动中独特的工作体会与收获，展示本班级特色主题班会课；班主任节期间，名班主任工作室开展的综合性活动为探讨班主任工作的新方法、新思路提供了经验。

（一）班主任节形式多样、内容丰富

松岗中学是宝安区最早设立班主任节的学校之一。松岗中学首届班主任节于2017年4月17日下午在学术报告厅启动，历时三周，于5月5日下午闭幕。闭幕式在学校移动导播室进行。

5月5日上午，新老校长交接完成，新任校长程显友受邀参加下午的闭幕式。参加闭幕式的领导和专家还有时任深圳市教科院思品和德育教研员唐雪梅老师及其领导的工作室成员，宝安区教育发展事务中心学生发展部周焕南主任、陈国生老师以及深圳

市布心小学温永进书记等。

松岗中学全体班主任和受邀来宾观摩了邱绍谦名班主任工作室成员王杨老师的主题班会展示课"直面挫折，迎风飞翔"，欣赏了高一（2）班师生的舞台剧表演节目《情满松中》。

唐雪梅老师、周焕南主任对王杨老师的展示课分别作了精彩的点评，并对松岗中学班主任工作寄予了厚望。最后，刘向红副校长代表学校班子对各位领导和专家的莅临指导表示衷心感谢，对首届班主任节进行了回顾总结，对今后的工作提出了新的要求和希望。

2017年5月5日，首届班主任节闭幕式上邱绍谦工作室成员与领导及专家合影

松岗中学首创的班主任节活动模式，后来成为许多兄弟学校借鉴学习的样板。

第二届班主任节结合创建宝安区法治教育示范校活动，主题确定为"班主任，我们青春的领航人"。主要活动内容和成果有：为18名在松岗中学连续担任十年及以上班主任工作并且仍在任的教师颁发证书；丁文祥名班主任工作室承办"家校合育中的法治教育与宣传"主题活动；邱绍谦名班主任工作室承办"爱国·法治·责任"主题班会课说课比赛；德育处、教学处组织编写法治教育案例集《守护青春，与法同行——松岗中学法治教育成果资料汇编》；分年级开展班主任外出研学活动。

第二届班主任节开幕式

附：2018年松岗中学连任十年及以上且仍在任的班主任名单

初中：伏自平、刘自力、祝凤云、方武昌、陆丰芹、严晓岚、岳铮、吴金凤

高中：黄巍、隆国念、司马静波、李强、孙之明、王宏伟、李永进、邱绍谦、吴明、陈振利

第三届班主任节主要活动和成果有：举行"感恩有你——班主任"主题班会课；完成"与你（老师）相遇"主题班级文化建设；举办"班主任，我想对您说"学生征文活动；邀请著名专家徐静茹对班主任进行了心理健康及指导讲座；丁文祥名班主任工作室承办"与孩子共同成长"家校合育主题活动；邱绍谦名班主任工作室承办"考前心理疏导"主题活动；举行优秀德育个案评选；邱绍谦名班主任工作室前往重庆参加全国名班主任工作室联盟第四届学术年会，并获得授牌；组织各年级班主任赴兄弟学校进行德育工作交流和学习。

第三届班主任节开幕式

附：2019年"十佳班主任"名单
初中：彭晓珊、岳铮、陈海华、李卫、钟敏、刘自力、谭惠洪、汪芳、王密娟、江高威
高中：王宏伟、李玩玲、马静、黄巍、张彩霞、狄莎、黄海涛、言静、宋赢赢、龚奇锋

第四届班主任节在防疫抗疫的紧张气氛中拉开帷幕,主要活动和成果有:举行"线上表白一句话"评选活动——在疫情期间,我的班主任如何撒下春天的阳光和温暖;为全体年级长和班主任献上一束鲜花;评选"十佳班主任"(初中和高中各 10 名);完成一次有特色和亮点的主题班会"居家有你更温暖——我们一同守则";举行赞美班主任网络诗歌朗诵比赛;完成"与你同行,战胜疫情"主题班级文化建设。

第四届班主任节开幕式

附:2020 年"十佳班主任"名单
初中:方武昌、欧阳霞、李羽中、黄亚妹、张翠英、岳铮、杨婧、林海娜、黄景芳、曾婷
高中:司马静波、黄巍、刘惠兰、唐传超、王宏伟、刘静、夏炯、李婷、狄莎、黄海涛

（二）班主任节效果良好、影响深远

班主任节为辛勤耕耘的班主任们营造和谐、愉快的工作氛围，为班主任提供展示工作风采的平台；班主任节让班主任们舒展身心、愉悦精神，为担任班主任而感到骄傲和自豪；班主任节活动促进全校形成尊重班主任、理解班主任、热爱班主任、争做班主任的良好风气；班主任节让班主任队伍更加昂扬向上、意气风发。

班主任节不仅成为全体班主任专业化成长的大好平台，有力地促进了班主任的个人成长，推进了班主任队伍的建设，激励了班主任做敢于开拓和勇于担当的教育者，同时也带动了全校教师立德树人整体水平的提高。

班主任节扩大了松岗中学的影响力，擦亮了松岗中学的德育品牌，得到了社会的广泛认可。2019年4月，《宝安日报》A12版以《松岗中学班主任节启幕》为题、《南方教育时报》第6版以《松岗中学：为班主任点赞》为题，详细报道了学校班主任节活动的开展情况。

二、先行先试的法治教育

依法治国是习近平新时代中国特色社会主义思想的重要组成部分。依法治国把坚持党的领导、发扬社会主义民主和严格依法办事统一起来，从制度和法律上保证党的基本路线和基本方针的贯彻实施，保证中国共产党始终发挥总揽全局、协调各方的领导核心作用。

面对党和国家事业发展的新要求，面对人民群众，特别是深圳和新疆两地广大家长、学生的殷切期待，面对学校管理体系和管理能力现代化的目标，加大力度推进学校法治教育已迫在眉睫。

2018年3月9日上午，时任宝安区委副书记、政法委书记王立德到松岗中学调研，了解学校的法治教育和校园安全情况。王立德书记就学校法治教育问题作了具体指示：全区要在松岗中学召开"法治进校园"示范校现场会，打造宝安区中小学法治教育的样板；要求松岗中学加强研究，先行先试，探究出一条鲜活有效的学校法治教育之路。

松岗中学在中共宝安区政法委、宝安区教育局的大力支持下，成立以程显友为组长，刘向红、余迅、杨海春为副组长的领导小组。领导小组下设德育课程组和教学课程组，德育课程组组长为副校长刘向红，副组长为德育处主任程华，组员为德育处、新疆部、邱绍谦名班主任工作室成员、丁文祥名班主任工作室成员、年级长、法制辅导员、家委会主任；教学课程组组长为副校长余迅，副组长为教学处主任郑传林，组员为初高中教学级长及高中政治、初中道德与法治全体教师。

松岗中学认真贯彻落实宝安区政法委、区教育局关于法治教育的指示，在原来德育工作的基础上，启动了"守护青春，与法同行"系列教育活动。通过德育专题、学科教学、实践体验、校园文化、家校社区共育五大途径，扎扎实实开展法治教育。

（一）德育专题

法治主题班会课：根据各年段学生特点、性别，结合上级教育主管部门要求，配合相关节日，由班主任、家长志愿者、法治

副校长、法治辅导员、法律专业人士等在特定时间组织开展主题班会和专题讲座。（德育处、安全办）

班会课说课比赛：结合学校第二届班主任节和区班主任能力大赛，以法治教育领导小组拟定的12个专题为主题，举行青年班主任班会课说课比赛。（德育处、邱绍谦名班主任工作室）

德育工作校际交流：组织邱绍谦名班主任工作室成员、丁文祥名班主任工作室成员与全国德育实验基地学校盐田外国语学校德育团队进行互访交流，就法治教育、社区教育、和谐德育、生态德育和男女生青春期教育等专题进行深度研讨。（德育处、邱绍谦名班主任工作室、丁文祥名班主任工作室）

（二）**学科教学**

将法治教育列入学校课程体系，探索课堂学习和课外体验结合、教学与德育双轨并行的新方法及新途径，形成学校与社区联动、家庭与学校共育的新局面和新气象。

学校将法治教育纳入学校课程体系，制定了全方位、全过程、分阶段的执行方案。

初中：按照规定课时在初中三个年级开设部编教材《道德与法治》课程，按国家要求完成相应的学习。（教学处、思品与历史科组）

高中：根据高中政治课程设定在高中三个年级开设必修或选修《生活中的法律常识》，按国家要求完成相应的学习。（教学处、政治科组）

其他学科要求教师根据教材内容和教学需要，加强法治教育

渗透。（教学处、各学科组）

同时，发挥深圳市课程改革特色学校的优势，组织学科骨干教师精心编写了针对不同年级、不同年龄段的法治教育案例集。（德育处、教学处、名班主任工作室）

（三）实践体验

根据各年段学生特点，组织相关法治体验活动：

1. 组织参观禁毒教育基地。（安全办、校团委、初二年级）

2. 落实宝安区"法治进校园'三个一'活动"，组织师生观看相关题材的话剧和影片。（校团委、各年级长）

3. 组织初中学生现场观摩东方派出所协警大队春季练兵比武。（德育处、安全办）

4. 组织法律知识竞赛。（安全办、丁文祥名班主任工作室、年级长）

5. 组织初中学生法治主题演讲比赛。（初二年级组、初中语文组）

6. 组织高中学生开展模拟法庭活动。（邱绍谦名班主任工作室、政治科组）

7. 自编、自导、自演、自拍制作法治教育微电影《伙伴》。（刘向红、裴天平、郑连超、施森、孙文莹）

8. 组织高中学生开展法治主题辩论赛。（高中语文组、高二年级）

9. 拍摄制作松岗中学法治教育宣传片。（办公室）

10. 组织学生模拟法庭社团去北京盈科（深圳）律师事务所参

模拟法庭社团活动

观交流。（邱绍谦名班主任工作室、政治科组）

11. 邀请北京盈科（深圳）律师团队来学校进行法治教育讲座，指导模拟法庭活动，聘请律师担任学校法治教育指导教师。（邱绍谦名班主任工作室、政治科组、办公室）

12. 组织学生模拟法庭社团去福田法院现场观摩庭审。（邱绍谦名班主任工作室、政治科组）

（四）校园文化

学校在加强法治教育的同时，重视友善教育、民族团结教育。用法治思维规范校园文明秩序，营造团结互助、和谐友好的关系氛围，推动校园友善文化建设。

学校按照"分类培育，精准指导"的指导思想，要求各班主任不仅要了解学生在校的情况，还要了解学生的家庭情况、社区情况，有针对性地开展教育帮扶工作。

根据德育处、安全办联合组织的摸排结果，各年级做好三类特殊学生的建档、帮扶和跟踪工作。

新疆部十几年如一日坚持周会制度，每周末下午对全体学生集中进行思想政治教育；同时开展"一人一组一方案"帮扶活动，对帮扶学生思想上给予特别的关注，生活上给予悉心的关怀，教育学生不负党和国家的期望，做知法、懂法、守法、普法的好青年。

学校还致力于加强学生的心理健康教育，帮助学生形成健全的人格和良好的个性心理品质。

一是开展全校新一轮心理健康教育C证培训，并选派名班主任工作室骨干教师参加心理健康教育B证培训。

二是恢复学生心理援助义工团——"心灵方舟"的工作。

三是要求所有班主任批阅学生周记，及时掌握学生的思想心理动态。

四是强化心理教师的专业责任，在完成好上课咨询工作的同时，要定期对班主任和学生"心灵方舟"朋辈义工团举办培训讲座，为开展心理健康教育提供理论指导和技术支持。

五是组织毕业班学生参加"家校共育，点亮心灯"团体心理减压训练活动。

开展友善校园文化建设主要工作有：

一是开展班级文化建设评比活动。通过校徽按年级分色，营造"多彩青春，文明校园"氛围，提升学生精气神，强化年级管理和学生集体荣誉感、归属感；鼓励学生自主制定班训、设计班徽，创作班歌，组织班级文化评比，增强班级凝聚力，增进同学友谊，促进友善班级的建立。（德育处、邱绍谦名班主任工作室、音乐

与美术科组）

二是举办"筑梦教育，与法同行"教职工歌唱比赛，推进法治教育和师德师风建设，师生共建平安、和谐、文明、友善校园。（工会、音乐科组）

三是举办"教育情怀，法治精神"师生书画展。（工会、美术科组）

（五）家校社区共育

在松岗中学德育管理理念中，学校不应该是教育的孤岛，而应该是自带光芒的文化圣殿，要辐射和影响周边社区和家庭。在这座繁忙的城市，许多家长忙于工作，忽视了对孩子放学后时间段的管理，给社会上不良风气的乘虚而入留下了危险的空档。学校派出丁文祥名班主任工作室团队，在东方、楼岗和红星三个社区建立了"家校共育"工作站，放学后将近百名初中学生组织起来，进行作业辅导和开展各类兴趣活动，把对学生的保护和关爱延伸到了校门外。

一是组织工作室社区驻点家长和学生调查问卷。（丁文祥名班主任工作室）

二是在东方、楼岗、红星三个社区设点实地考察调研。（德育处、丁文祥名班主任工作室）

三是组织学校、社区协调会议。（办公室）

四是"家校共育"工作站启动挂牌仪式。（德育处、丁文祥名班主任工作室）

五是东方、楼岗、红星三个社区工作站按计划开展活动。（丁

文祥名班主任工作室)

　　松岗中学贯彻落实党的十九大精神，全面推进法治教育，最终只有一个目标，就是让同学们知法、懂法、守法、用法，在法治精神的守护下，远离纷扰，安心学习，健康成长，成为德、智、体、美、劳全面发展、具有法治素养和道德素质的社会主义事业的建设者和接班人。

宝安区政法委书记王立德（右二）参观指导学校法治教育工作

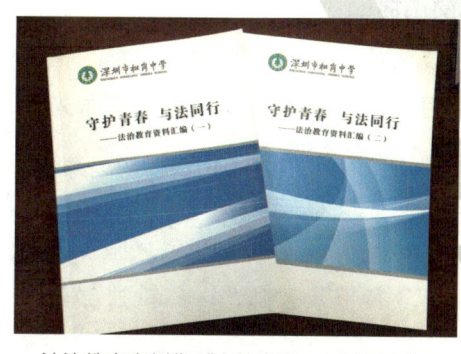

法治教育案例集《守护青春，与法同行》

2018年6月26日，宝安区中学法治教育现场会在松岗中学召开，时任区委副书记、政法委书记王立德，区委常委、区政府党组成员孟锦锦出席。区委政法委、区法院、区检察院、区教育局、区公安分局、区司法局分管负责同志，各街道分管政法副书记，各派出所主要负责同志，各中学校长，共300余人参加了此次会议。

王立德书记亲临现场指导，充分肯定了学校的法治教育经验，并指出要将松岗中学法治教育经验向全区中小学推广。

学校认真总结了法治教育的经验和成果，编印了《守护青春与法同行》法治教育案例集，后来宝安区教育局在此成果基础上，编印了《育法治素养　为人生护航》一书。

程显友校长主持的"中学法治教育实践研究"获市级课题立项，松岗中学法治教育的实践探索，正在不断向系统化、体系化、科学化推进。

松岗中学法治教育经验被《南方都市报》、深圳政府在线、宝安政府在线、《宝安日报》、宝安电视台、《中国检察报》等媒体广为报道。

三、爱国主义教育的井冈山研学

为贯彻落实高中课程改革精神，加强"四史"教育，松岗中学于2019年4月23日—4月28日开展了以"缅怀革命先烈，传承井冈精神"为主题的井冈山社会实践活动。

2019年4月23日，经过半个月的筹备，松岗中学高一、高二全体学生背起行囊，踏上了奔赴井冈山的"红色之旅"。杨海春副校长作为总指挥，与50多名带队教师、4名新疆部教师一同前往。

"井冈红"茶园体验

临行前，新疆部副主任、第二支部书记王立平在全体新疆班学生大会上作了动员讲话。他首先介绍了活动前期准备情况：此次活动得到了深圳市教育局领导的大力支持、政府相关部门的协调帮助，学校专门成立了领导小组，制定了详细的活动方案。为确保安全，本次社会实践活动管理机制实行县、乡（镇）、村三级联动。总之，学校花费前所未有的人力、物力、财力，才使此次活动成行。接着，他提出希望和要求：同学们应心怀感恩，珍惜拥有，努力学习，立志报答祖国。最后特别强调，同学们要有政治敏感性和责任意识，严守纪律，听从指挥，团结一致，互帮互助。

出发途中，同学们十分兴奋，火车上大家坐在一起，或聊天分享零食，或哼歌看窗外风景，车厢中充斥着欢乐的气氛。

下了火车，一到农家，主人已经准备好简单却诱人的早餐，迎接大家的到来。

上午大家安顿下来稍作休息，下午就开始投入劳动了，松土、施肥、打垄、采茶……头一次见茶树，听茶园阿姨说茶叶都是摘茶尖上的嫩叶炒制出来的，同学们觉得甚是新奇。

穿上红军服，重走长征路。同学们在林间山路上唱起《映山红》，歌声把大家带回到那个艰苦卓绝的年代。歌声唱给自己和同伴，唱给山林和涧水，也唱给长眠于群山怀抱里的英雄先烈……

整个活动准备充分，开展顺利，内容丰富而有意义。同学们与当地农民一起劳动——挖一次红薯、翻一次地、砍一次柴等；一起生活——自己动手淘米、做饭、洗菜、炒菜、擦桌子、准备碗筷和凳子。同学们在活动中体验劳动的苦与乐，感受井冈山当地的风土人情。

同学们通过倾听当地人讲述革命前辈当年在井冈山上艰苦斗争的热血故事，接受红色传统教育；通过重走红军路，学习红军将士严明的组织纪律和过硬的战斗作风；通过学唱红歌，感受先辈们的英雄主义精神和乐观主义精神；通过参观革命遗址，在烈士陵园敬献花圈、祭奠先烈等活动，缅怀革命先烈，传承井冈精神；通过撰写《社会主义新农村调查报告》，用文字记录下革命老区人民的生活和社会主义新农村的变化，激发爱国利民、自强不息的精神意志和学好本领、报效祖国的坚强决心。

研学之旅收获丰硕，新疆部和德育处联合举办"六个一"系列活动，即一次研学总结汇报、一部研学纪录短片、一次研学征文比赛、一期研学宣传板报、一次研学手册评比、一次摄影作品

烈士陵前庄严宣誓

评比，将革命传统教育、爱国主义教育的成果巩固、内化，使之成为每一名学生终身受用的人生财富。

这次研学之旅对学生的触动和教育是深远的，学生们不仅受到了红色爱国教育的洗礼，更明确了自己的责任与担当。

四、率先垂范的名班主任工作室

为了推进学校名师工程建设以及落实宝安区德育家庭教育年，在学校领导的部署下，德育处研究决定在初、高中成立两个名班主任工作室，以形成"一机两翼"学校德育工作新格局。

2017年1月4日，邱绍谦名班主任工作室、丁文祥名班主任工作室正式挂牌成立。此项重要举措标志着学校的德育研究工作进入全新的时期，名师建设工作迈出重要的一步。

（一）邱绍谦名班主任工作室

邱绍谦名班主任工作室成立之初共有主持人1人、成员8人、学员10人。

工作室工作目标与任务确定为"带队伍、抓项目、做展示、出成果"四大方面。

带队伍：培养、带动青年班主任的发展和成长，让工作室成员中的见习班主任能够尽快适应正式班主任的岗位，让年轻班主任早日成为班主任队伍中的骨干力量。

抓项目：每学年确立一个关于教育管理方面的课题并开展研究。依托课题研究，把工作室研究的成果以课题结题的方式给予呈现。

做展示：每学期至少开展3次培训活动，比如报告会、名师论坛、专题讲座、班主任能力大赛、经验交流等。

出成果：工作室成员每学年至少完成一篇关于教育管理的论文，形成小册子作为今后班主任培训工作的资料。

邱绍谦名班主任工作室创建过程中，形成了民族团结教育、"体验式"德育、德育科研三大特色。

民族团结教育特色。松岗中学承担着新疆班的办学任务，而"混班""混宿"是学校在促进民族团结与文化融合方面的两项重要措施。作为德育工作"先行先试"的实验团队，工作室必须通过自己的探索实践，形成一套行之有效的经验，以供学校领导参考，供全体班主任学习借鉴。

工作室成员在邱绍谦老师的带领下，积极开展了课题研究与创新实践，取得了一系列研究成果，这些成果也辐射到了省市内高班其他兄弟学校。例如，工作室主编的《民族融合教育高中班会课设计》（高一、高二、高三各一册），已在校内外推广使用。

"体验式"德育特色。工作室开展了"民族团结背景下高中德育创新研究"，并申报了宝安区德育重点课题，依托现代德育理念，采用"体验式"德育形式，班主任在工作实践中通过开展主题研讨、伙伴式学习、学生自主管理、社会实践等方式，充分调动学生品德发展的主动性和积极性。

通过几年的探索，工作室围绕培养社会主义核心价值观，组织学生开展了一系列德育实践活动，取得了良好的德育效果和社会影响，从而也打造了工作室"体验式"德育特色。

德育科研特色。2017—2019年的三年时间，工作室承担了教育部德育课题"用'爱、细、严'管理方针培养新疆学生的幸福感"（2017年12月结题）、广东省"十三五"规划德育课题"内地新疆班开展融合教育研究"（2021年5月结题）、深圳市"十三五"规划德育课题"内地新疆班混班教学策略探究"（2019年7月结题）、宝安区"十三五"规划德育课题"民族团结背景下高中德育创新研究"（2020年7月结题）与"内地新疆高中混合班的班级文化建设初探"（2019年12月结题）。通过这些德育课题的研究，工作室成员及学员的德育实践与理论水平均得到了显著提升。

工作室为总结德育经验、促进班主任之间相互交流和学习，还创办了学校德育专刊《启航》。2017—2019年共结集印刷《启航》

8期。2017—2019年，工作室成员有近40篇德育论文在国家级及省级论文评比活动中获奖，有20多篇德育论文在国家级及省级刊物发表，有百余篇德育工作文章或论文在校级刊物上发表。

工作室取得的主要成绩有：

2020年工作室荣获广东省首届中小学名班主任工作室联盟年度积极作为奖，在宝安区教育局中期考核中工作室获得"宝安区优秀班主任工作室"称号。2017年6月被评为宝安区优秀名班主任工作室，2018年10月升级为深圳市级名班主任工作室。

教师培养方面，工作室大部分成员都已成为省、市、区、校各级优秀班主任及中青年骨干教师。

2017年6月，在广东省聚焦"双核"——创意主题班会说课比赛中，黄海涛老师获高中组特等奖，王杨、宋赢赢老师获高中组一等奖。

邱绍谦名班主任工作室成员祝贺言静老师（中）获奖

2018年10月,言静老师获深圳市第七届中小学班主任专业能力大赛(高中组)一等奖第一名。同年11月,代表深圳市参加第七届广东省中小学班主任专业能力大赛(高中组),获综合总分一等奖(最高奖)与情景答辩单项一等奖。

2019年9月,王杨参加宝安区第二届"我最喜爱的班主任"评选,获宝安区一等奖与"我最喜爱的班主任"称号。同年12月,获深圳市第二届"我最喜爱的班主任"荣誉称号。

2020年9月,王杨获广东省"最美教师"称号。

邱绍谦名班主任工作室成员王杨获广东省"最美教师"称号

2019年12月,工作室主持人邱绍谦通过了中小学正高级教师职称评审,成为松岗中学历史上第一位正高级教师。

(二)丁文祥名班主任工作室

丁文祥名班主任工作室成立之初,共有核心成员6人、新秀成员6人。

丁文祥名班主任工作室将自己的目标与理念确定为以"研究

的平台、成长的阶梯、辐射的中心"为工作宗旨，不断探索当前班主任工作有效的德育途径，优化班级管理手段，提高班主任综合素质。为此，工作室将长远目标定位在打造名班主任团队上，力求通过多形式的班主任学习、研讨、实践和培训活动，不断加强班主任专业能力建设，使每名成员成为班级管理的能手、德育科研的先锋，并能在学校范围内发挥示范、带头和辐射作用，从而形成"名优群体效应"。

丁文祥名班主任工作室在实践探索过程中，逐渐形成了家校社区共育和正面管教两大特色。

家校社区共育特色。基于家校共育的重要性，工作室将家校社区共育作为德育研究的重中之重，引导家长树立正确的教育观念，学习与掌握科学的教育知识和有效的教育方法，为子女健康成长营造良好的家庭教育环境。

内容包括了解不同年龄段孩子的生理、心理和智力发展特点；如何与孩子建立良好的亲子关系，学会一致性沟通；家长如何配合学校教师共同开发学生的非智力因素，增强孩子的学习动力等。

工作室研究的第一步是建立家校共育网络，形成较为完善的家校共育的课程。

首先，以年级为单位建立健全的家长委员会，每学期定期召开一到两次的家长委员会会议，研究当前家庭教育、学校教育、社会教育的动态，商讨办好家长学校的措施和方案，收集并反映家长对学校工作的建议和意见。

其次，拟定主题教育活动计划，确定拟邀请的家庭教育专家或指导师、具体的教学内容和时间。所邀请的家庭教育专家或指导师不仅理论知识丰富，而且接地气，学习课程以活动为主，侧重正面管教方面。

再次，成立家长学校，组织家长参与学校、年级或班级的有关管理和教学活动，引导家长配合学校共同教育好学生，使学生养成良好的学习行为习惯。有计划地开设家长培训主题教育活动，聘请家庭教育讲师到校给家长传经送宝，既讲理论知识，又重实践操作。家长学校自成立以来，开设了不同主题的课程学习。

最后，通过家长培训主体教育活动学习，在家长中广泛征集家庭教育学习和实践心得，评选出第一批丁文祥家长学校优秀家长13名。

工作室研究的第二步是将家校共育拓展到社区，进一步扩大教育的影响力和渗透力。

丁文祥名班主任工作室成员李卫、施光华老师在社区工作站辅导学生

工作室依据学生所需，在社区为青少年在德、智、体、美等方面的成长搭建展示平台和服务平台。主动与村委、党建中心、家长委员会、爱心个人取得联系，联合村委、党建中心、家长委员会、爱心个人共建合育机制，在活动场地和育人资源上取得有力支持。

制定了较为翔实的方案之后，工作室按照学校领导的部署，在松岗联投东方、前进公社、红星社区三个社区试点，开展以学校德育骨干引领社区教育、文化发展的探索。

通过不懈的努力，工作室成立了三个"家校共育"工作站，在驻点社区招收放学以后家长没时间照看的初中生，由工作室和德育处成员轮流值班，联合驻村社工开展工作，并与学生和家长签订《"让爱飞翔"学习社区小组管理承诺书》。工作站主要内容有同伴合作学习、作业个别点拨、读书分享会、电影欣赏、才艺展示等。

正面管教特色。工作室以家校共育合作社区——联投东方社区学生以及家长为研究对象，对如何通过正面管教实施亲子教育、改善亲子关系进行系统研究，以期从家庭教育、改善亲子关系的角度出发培养学生朝着正向、积极的方向发展。

为了更好地开展研究，工作室申报了"正面管教与初中生家庭教育有效整合的研究"课题（主持人高春敏），研究过程中采用了问卷调查、文献研究、个案分析、行动研究等多种方法。从深入分析中学生亲子关系的问题及根源入手，探讨正面管教的可行性及策略。

工作室将课题研究与家校教育活动结合起来，共举办了4次相关主题的家长培训课堂：

第一期："走进亲子沟通"——一致性沟通构建和谐向上的亲子关系（主讲人：丁文祥）；第二期："女孩与教育"——养育好一个女孩，就养育了一个民族（主讲人：顾球瑛）；第三期："如何与青春期孩子建立亲密关系"——智慧爱：构建亲密亲子关系，做现代合格家长（主讲人：戴花妹）；第四期："如何激发孩子学习动力"——正面管教：好关系好教育，好教育好成长（主讲人：涂南萍）。

五、专业规范的心理健康教育

在青少年心理健康日益受到重视的当下，松岗中学的心理健康教育工作也日渐完善。主要有以下几个方面：

（一）积极开设心理健康课程

松岗中学在初一、初二年级开设了心理课程，在高一、高二年级开设了心理社团，宣传和普及心理健康知识，倡导积极健康的生活方式，扩大心理健康教育在学生中间的影响，积极发挥朋辈的力量，协助社员解决自身遇到的心理问题，探索中学生生活中、学习中与心理有关的问题，以自主、互助的形式帮助社员面对成长的烦恼。

课堂上除了心理健康知识，还普及了一些心理学基础理论知识。在渗透理论知识时，借助心理学专业中的趣味性小测评、心理游戏和团体辅导方式来帮助学生更好地理解，也增强了学生对课程的自主性和参与性，使他们对心理学专业以及心理健康有了正确的认识。

（二）建立完善心理危机干预制度

根据深圳市宝安区教育发展事务中心《进一步规范学生心理危机干预及特别预警学生备案制度的通知》的文件精神，为推动和完善学生心理健康教育工作，创建和谐校园，有效地对学生心理危机进行干预，及早预防、及时疏导、快速干预、有效控制学生中可能出现的心理危机事件，减少学生因心理危机带来的生命、财产、健康损失，促进学生身心健康成长，学校制定了《心理危机干预制度》和《特别预警学生干预实施方案》。拟在以心理健康、心理危机知识的教育为立足点，以心理危机干预中的"预防、预警"为重心，建构全方位、各个部门协调合作的心理危机干预体系。

（三）心理测评、危机排查和咨询

在学期之初，心理咨询室都会对新生进行心理测评及心理危机现状排查，如2019年疫情特殊时期，学校开展了全校学生心理普查，共2347名学生参与。

在此次普查中筛选出预警学生134人，其中初中生80人、高中生54人。在2020年疫情背景下，对复学返校的学生进行心理危机排查，全校范围内的心理危机排查总人数为初中生2040人、高中生1857人，共3897人。其中一般预警学生共139人（初一年级33人、初二年级27人、初三年级15人、高一年级23人、高二年级37人、高三年级4人）；重点预警学生111人（初一年级 16 人、初二年级 30 人、初三年级 16 人、高一年级 14 人、高二年级 34 人、高三年级 1 人）；特别预警学生 13 人（初一年级 4 人、初三年级 1 人、高二年级 2 人、高三年级 6 人）。

心理咨询室的常规工作中比较重要的一项就是对学生进行一对一心理咨询，以 2018—2019 学年为例，第一学期接待来访学生共约 130 人次，第二学期接待来访学生共约 160 人次。

（四）积极与专业机构合作

除了本校的心理咨询室，学校还积极与专业机构合作，借助校外资源推进学生心理健康教育，重点是对毕业年级和新疆班学生的心理辅导。

2017 年 5 月，宝安区中、高考心理辅导团 13 名讲师前来学校进行高考考前辅导和中考考前辅导。辅导采取小班授课的形式，先由工作室成员与讲师们集体备课，再由心理讲师进行班级授课，效果良好。

2018 年 5 月，学校邀请江苏大学心理学教授刘伟在松岗体育中心开展了一场大型高考心理团体辅导活动。聘请了宝安区心理辅导团 30 名心理名师、50 名高三家长作为助教。辅导活动分上午和下午两个时段，历时 6 个小时，内容有破冰活动、团队建设、冥想放松、绘画心理等多个项目。

2019 年，学校与专业机构合作，推出"新疆生心理咨询师计划"，由机构配备心理咨询师在学校驻点，帮助解决新疆学生常见的问题，如人际关系或亲子关系不和谐、负面情绪过多、孤独、抑郁、焦虑等。

2020年，学校与十五心理科学研究院合作，在学校开设心理课，应对疫情复学的学生心理问题，如返校心理调适、高考心理辅导等。

六、扶贫济困的爱心捐款活动

松岗中学一直以来重视对学生进行爱心教育，将爱心教育作为道德教育的重要部分，松岗中学师生将"爱国利民，自强不息"的校训落实到具体的做好事、献爱心、争做"有利于人民，有益于社会"的雷锋式好人的具体行动中。通过组织一次次扶贫济困献爱心活动，让学生由具体的感性体验到能够理性思考，使他们成为有博大的胸怀、高远的眼界和担当精神的新时代青年。

松岗中学是一所充满爱心的学校，一代又一代的松岗中学师生在不断传递着帮困济难、无私奉献的大爱精神。

2018年3月，初一年级学生肖其臻被查出患有髓母细胞瘤四级，不得不中途休学离开校园接受治疗。2019年9月，经过长期治疗，肖其臻同学回到学校上课。不料不久就被查出肿瘤复发并转移，病情十分危急。肖其臻的班主任吴海燕和前后两位年级长岳铮、孙文莹等教师得知消息后，心急如焚。她们呼吁挽救这个花季少年的生命，得到了学校工会和家委会的回应和支持。松岗中学工会、德育处、团委、学生会、家委会立即联合倡议全校师生进行爱心捐款。教师、学生、家长积极响应，短短一个星期，捐款高达444520元。

2018年10月25日上午，学校举行捐赠仪式，学校副校长杨海春、党委副书记刘向红和家委会主任王强共同向患病学生肖其臻的母亲移交了这笔爱心善款。肖其臻的母亲感动得泣不成声："感谢松岗中学师生和家委会的慷慨解囊及无私帮助，你们的大恩大德我们全家会永远铭记于心！"

爱心善款交接仪式

楼岗村村委书记袁照强在"家校共育"工作站揭牌仪式上的讲话

尊敬的程显友校长、刘向红副校长、丁文祥老师，
尊敬的各位警官、各位老师、各位家长，亲爱的同学们：

　　五月，是花开的季节；五月，繁花似锦，绿茵如海，一切都显得那么热情洋溢、生机盎然、充满希望！

　　为了让我们社区初中年级学生放学后有个安全的学习和活动去处，松岗中学丁文祥名班主任工作室联合社区创建了楼岗社区"家校共育"工作站。今天是工作站揭牌的好日子，我谨代表楼岗社区对松岗中学丁文祥名班主任工作室"家校共育，让爱飞翔"工作站进驻楼岗社区表示热烈的欢迎，对楼岗社区"家校共育"工作站的成立表示衷心的祝贺。感谢松岗中学将德育工作延伸到我们社区，将优质教育资源引入到我们家门口。

　　习近平总书记在党的十九大报告中指出，必须把教育事业放在优先发展位置，办人民满意的教育。教育部颁布的《中小学德育工作指南》指出，学校、家庭和社会是学生成长的三个主要场域，三者要协调一致、相互配合，才能从整体上为学生营造积极健康的成长氛围。

　　在贯彻和落实党的十九大精神，办人民满意的教育方面，松岗中学的领导和老师们体现出强烈的社会责任感和可贵的担当精神，派出丁文祥名班主任工作室进驻楼岗社区、东方社区、红星社区进行试点工作，我们楼岗有幸成为三个社区试点之一，并成为率先挂牌的社区。

　　感谢学校领导对楼岗社区的重视，感谢丁文祥名班主任工作室教师们的辛勤付出！为保证此项工作在楼岗社区能够顺利有效地开展，我代表村委班子对学生、家长及社区居民提出两点希望和要求：

一是学生要准时到达学习点报到,有特殊情况不能到位的,及时向值日老师和家长义工请假;来社区学习的路上要注意交通安全,不闯红灯,尽量结伴同行;听从教师或工作人员的管理,严格自律;爱护公共物品,爱护公共卫生;认真安静地学习。

二是希望家长和社区居民能积极参与到这项公益活动中来,协助名班主任工作室的教师工作,共同培养学生良好的学习习惯,共同营造安静和谐的学习氛围。

学生的健康成长离不开学校教育、家庭教育以及社区教育。有松岗中学这么优秀的教师团队进驻引导,有全社区居民的支持和配合,我相信我们楼岗的学生们将更加优秀,我们社区的学习氛围将更加浓厚,我们的社区文化建设将更加丰富多彩!让我们携起手来,共同努力,将楼岗社区建成名副其实的文化社区、教育社区、法治社区!谢谢大家!

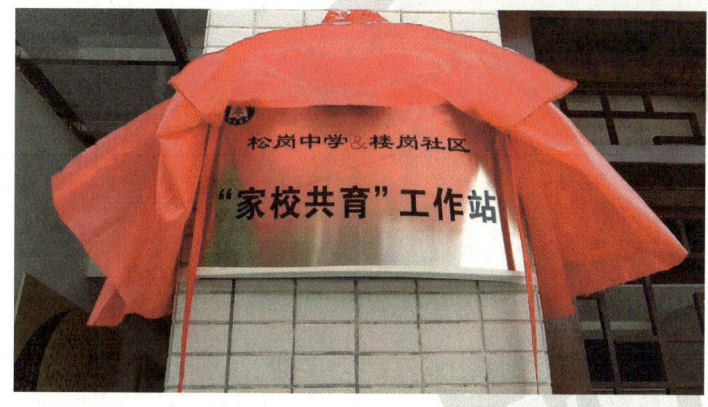

楼岗社区"家校共育"工作站

东方社区"家校共育"工作站

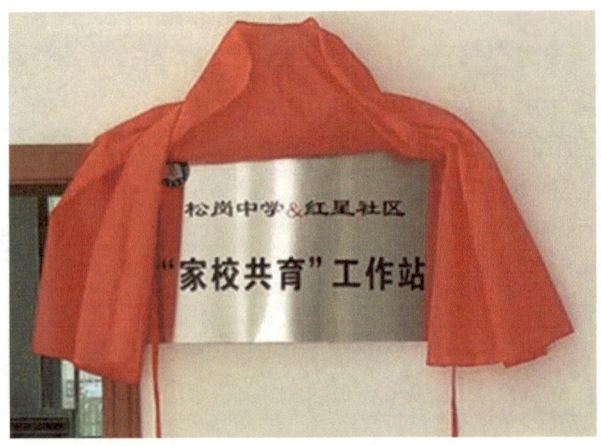

红星社区"家校共育"工作站

民族团结教育篇

举办新疆班是中共中央、国务院赋予松岗中学的一项重要的政治任务，办好新疆班是学校党委义不容辞的政治责任和光荣义务。在全面加强党的领导的新形势下，松岗中学坚持强化学校党委政治核心功能，发挥各党支部的战斗堡垒作用和党员教师的先锋模范作用，有力保证了国家教育援疆大政方针在学校的做细落实，形成了新时代松岗中学民族团结教育的特色。

一、坚持党委政治引领

针对新疆班工作政治性强、要求高、影响大的特点，学校党委深入学习贯彻中共中央、国务院教育援疆指示精神，牢牢把握新疆班办学的政治方向。

一是落实第一议题学习制度。党委班子常态化、制度化学习党的民族政策和国家关于内高班建设的法规意见，对标省、市有关制度方案，制定完善松岗中学新疆班内部教育管理规定，有效提升新疆班工作规范化水平和党委一班人办好新疆班的政治责任感。

二是优化党组织功能作用。立足学校政治定位，加强党建与民族融合、结对帮扶导师制、党建带团建等制度建设，努力在全校营造手足相亲、守望相助、共同成长、遵纪守法的浓厚氛围。以跟岗培训、选派支教等为载体，组织党员教师开展党性锤炼和实践锻炼，着力把党员教师打造成引领民族融合、促进民族团结、善育优秀人才的坚强战斗集体。

三是夯实师生思想政治基础。以党史、新中国史、改革开放史、社会主义发展史"四史"为主要内容，以学校各级党组织负责人、班主任和新疆内派教师为骨干力量，以课堂和"党员＋团员"组织生活等为主要载体，强化思政课教学针对性，提升思政课教学质量，坚定师生政治立场，确保正确的人才培育方向。

学校党委深刻领会党和国家举办新疆班的精神要义，坚持高举民族大团结旗帜，把培养造就坚定维护祖国统一、密切联系群众的少数民族优秀人才作为新疆班工作的重要任务，着力提升新疆生和本地生的融合意识、团结意识、互助意识。

首先，重视抓好意识形态经常性教育。利用主题班会、年级周会，对新疆班学生进行爱国主义教育、"五个认同"教育、理想前途教育，筑牢中华民族共同体意识。学校党委副书记、纪委书记、新疆班主任邓克亲自谱写了《圆梦松中》的新疆班之歌，教育学生时刻牢记肩负的责任和使命，自觉维护民族团结。

其次，建立安全工作联动机制。与公安、反恐、民宗、医疗等部门合作，确保学生政治安全、人身安全和身体健康。

最后，严格做好常规管理工作。一是切实做好日常预防预警；二是严格执行值班和信息报告制度；三是加强学校安全保卫工作；四是注重学生心理健康教育；五是建立家校联系平台；六是做好暑期护送返疆家访工作。

二、继续完善全员导师体系

"为国育才，为党育人"是党和国家赋予教育工作者的神圣使命，学校必须确保教育教学方向和党的政策目标相一致，确保学生发展方向和立德树人根本任务相吻合。为增强新疆生的适应能力，提升民族人才培育质量，学校结合实际建立了学生成长导师制度体系，并按照全力建设、全员覆盖、全程引领的思路，抓好学生导师队伍建设；按照"严、爱、细"的导引原则，帮助学生形成健全的人格和正确的人生观、民族观、国家观。

学校利用初、高中一体化管理模式上的优势，为每一名新疆生配备了导师，充分发挥了党员骨干教师在学生综合素质培育中的主导作用。

一是做好选拔。学校按照上级部门要求，审定导师资质。选用党员教师或思想素质好、责任心强、教龄3年以上的优秀教师担任学生导师，教龄3年以下的教师担任导师助手，积累经验。

二是加强培训。建立学生导师培训交流制度，新任学生导师一律先培训后上岗，每年开展集中培训不少于两次。积极发挥优秀导师"传帮带"作用，结合导师培训及学期总结等时机开展导师工作交流。

三是科学管理。制定《深圳市松岗中学内高班学生导师管理暂行规定》，并组织签订《松岗中学教师与新疆生帮扶结对协议》，加强导师队伍领导管理，明确导师主要职责、考核制度、激励制度，督导导师及时、充分掌握学生情况，认真履行职责，精准施导。

四是全员覆盖。学校按照全员育人、全程育人、全方位育人的现代教育理念，结合师生比例，规范导师配备形式，做到导师配备全员覆盖、导师工作有效开展。学校明确1组1班（1个导师组指导1个行政小班）和1导多生（1名导师指导3名以内学生）两种导师配备形式，由各年级结合实际选用，确保每一名学生均有一名导师进行经常性指导，确保导师作用得到有效发挥。

五是优化组合。按照新老搭配、学科搭配、强弱搭配的原则，优化导师组结构，确保各个导师组按照教师年龄、学科、特长等因素合理搭配，做到科学合理、优势互补。结合学生文化基础、性格特点、民族成分等因素，精准配置学生导师，做到导师与学生科学组合。

六是落实职责。在跨区域学习生活背景下，新疆学生较同年龄段本地生在文化风俗、人际交往、语言沟通、学习成绩等诸多方面存在更多的压力和挑战，容易产生思想压力，在与他人深入沟通及有效融入环境上存在一定的思想及心理等障碍，迫切需要学校导师的引领疏导和主动关爱。学校坚持生活上关心，建立导师工作台账，督导导师主动了解新疆学生困难需求及家庭状况，帮助新疆学生熟悉城市及学校环境，了解各项设施设备，协助学校做好暑期回疆、返校等工作。学校坚持思想上疏导，建立"导师+心理咨询师"工作机制，定期汇总梳理有关问题，针对新疆学生不同的压力来源和思想状态，因情施策、因人施策，积极引导，有效化解。常态化举办丰富多彩的集体活动，通过"两生"交叉编组，建立交流融合的有效平台。学校坚持学习上帮扶，组织导师深入了解掌握新疆学生文化基础，帮助新疆学生解决学习中遇到的问题，引导他们正确看待成绩排名，帮助他们增强学习自信心、提高自学能力、提升学习成绩。

三、促进文化融合与共同成长

(一)相互欣赏,提高认同感,共同成长

文化是一个民族的魂魄,文化认同是民族团结的根脉。各民族学生在文化上要相互尊重、相互欣赏、相互学习、相互借鉴。学校在全体学生中加强社会主义核心价值观教育,牢固树立正确的祖国观、民族观、文化观、历史观,对构筑各民族共有精神家园、铸牢中华民族共同体意识至关重要。

2017年艺术节高一(10)班学生演出《同桌的你》(班主任为刘莎)

新疆班同学普遍性格开朗、多才多艺,而本地班同学热情善良、刻苦好学的优点也很突出。两地学生在平时的学习生活中,相互欣赏、相互帮助,如同兄弟姐妹,松岗中学校园里每天都有新疆班、本地班同学"你帮我进步学业、我帮你增长才艺"的友情故事上演。

2019届毕业生张心怡在老师的指导下,将自己与新疆同学相识、相知、相伴成长的心路历程制作成了一部微电影《缘起丙申》,将这份中华儿女结缘万里的民族团结之歌沉淀与珍藏(此作品荣

获第九届宝安区信息技术教育节高中组第一名）。

　　松岗中学"西北狼战队"学生篮球队组建于2015年1月。为了激励队员们团队协作、勇于拼搏的精神，同时考虑到松岗和新疆分别位于深圳特区西北部和祖国西北部的特殊位置，教练曾生老师给球队取名为"西北狼战队"。松岗中学篮球队成立后第一年首次出征，便一举夺得宝安区中学生篮球比赛季军，后连续两年获得区赛冠军；2017年代表宝安区参加深圳市中学生篮球比赛获得季军，另外还获得过深圳市"体彩杯"青少年篮球赛第四名。球队12名队员中，有汉族、维吾尔族、哈萨克族、俄罗斯族、回族等，队长是本地学生郭泽凯。无论是本地学生还是新疆学生，队员们都精诚团结、配合默契，相互信任、相互欣赏、相互支持，同学之间结下了深厚的友谊。即使毕业后天各一方，因对母校的认同，对"西北狼战队"的感情，大家通过微信群和电话等多种方式，至今仍然保持着密切的联系，保持着同学加队友的特殊友谊。球队的各民族同学成为相互欣赏、共同成长的典范。

"西北狼战队"学生篮球队连续两年获宝安区中学生篮球比赛冠军

（二）相互亲近，提高幸福感，共同进步

文化上的兼收并蓄，有利于促进各民族学生间精神上的相互亲近。因本地班学生与新疆班学生间的同学关系，使许多粤新两地素不相识的两个民族家庭人员结为好友，互帮互助。

从 2017 年暑假开始至今，广东本地学生家长委员会多次通过自己家的孩子得知，新疆班有些同学家庭中突生变故，家里没有能力承担经济负担等的时候，本地学生家委会及时与学校团委协商，帮助他们渡过难关。

这一时期，每年暑假都有本地班家长带领孩子，到万里之外的新疆班同学家中看望同学及其家人，让孩子们亲身感受新疆人民的热情大方及面对困难时的豁达乐观，让孩子感受见到阔别已久的同学时的喜悦，体会到"赠人玫瑰，手有余香"的幸福感，增进了各民族家庭之间的相互理解和情感，同时也增强了中华民族共同体意识。

（三）相互体谅，提高归属感，共同发展

文化上的兼收并蓄，精神上的相互亲近，有利于各民族学生间经济上的互帮互助。每年评选助学金的时候，本地班同学主动将国家高中助学金名额让给更有需要的新疆班同学，使得新疆班同学每年能享受到国家助学金的比例高达 40%。本地班同学的善意举动使新疆班同学更懂得感恩、更懂得珍惜，归属感增强，达到共同发展、共同进步的目的。

四、教育成绩

承办新疆班 20 年来，在各级党委、政府和教育部门的关怀领导

下，松岗中学取得了可喜的成绩。迄今已有16届毕业生，共为高校输送优秀毕业生3000余人，其中有20名学生被北京大学、清华大学录取。2020年，热孜牙·艾山同学以656分名列全国新疆班理科生第二名的优异成绩入读清华大学，成为本校第一个考入清华大学的维吾尔族女孩。

自办新疆班以来，共有1300余名新疆学生向党组织递交了入党申请书，共发展学生党员61名、入党积极分子200余名。

松岗中学为党和国家培养了一大批少数民族优秀人才，如今，他们正在不同岗位上为国家，尤其是为新疆的经济建设和社会稳定作出贡献。

20年来，松岗中学新疆班从未发生过任何政治事件和安全事故，学校也获得了教育部、国家民委、广东省教育厅和新疆维吾尔自治区教育厅、深圳市政府和宝安区政府等各级领导的高度赞誉。

2019年，学校党委副书记、新疆部主任邓克被评为第七届全国民族团结进步模范个人，赴京接受颁奖并受到习近平总书记的亲切接见，还受邀参加了庆祝中华人民共和国成立70周年天安门广场观礼。

学校新疆班出色的办学业绩在社会上产生了积极的影响。《宝安日报》《深圳特区报》《深圳晚报》《南方日报》《南方都市报》《羊城晚报》《新疆日报》、中国民族教育和央视网等多家媒体都对松岗中学新疆班进行了报道。

2019年10月16—17日，新华社、《中国教育报》、中国教育电视台、《中国青年报》以及深圳卫视、深圳都市频道等中央、地方主流媒体，对松岗中学承办新疆班近20年来所取得的辉煌成就和成功经验又一次进行全方位采访报道。

教 学 篇

教学质量是学校的生命线,松岗中学狠抓常规教学管理,致力于课堂教学改革,继续坚持问题化教学,在教学质量、教研成果等方面都取得了新的跨越和突破。

一、教学常规管理

(一)学科组和备课组建设

学科组和备课组是学校教研活动的重要组织和最基本单位,学科组和备课组建设得如何,直接关系到学科建设和教学质量。

为进一步加强学科组和备课组建设,学校建立了相应工作条例,规范和促进学科组和备课组活动的开展,将常规教学管理落到实处。

学校要求各学科每月定期召开科组教师会,充分发挥特级教师和科组长的引领作用;每周召开备课组成员会,把集体备课落到实处;教学处人员每日进行教学常规检查,对于检查中发现的问题当场记录并通知到相关责任人。

(二)教学过程管理

一是坚持听课制度。学校要求中层以上行政干部(含级长)推门听课常态化;要求全体教师每周听课至少 2 节,新教师听课每天不少于 1 节。

在毕业年级推行备课组内部教学问题研讨课,每一名教师针对教学中出现的问题至少上一节研讨课,课后进行集体研讨,共同解决问题，为下一步的教学提供经验和参考。在非毕业年级推行行政公开课，领导和教师一起听课评课。倡导和鼓励师徒结对，学科组内、备课组内互相听课。对听课要求有记录、有评价、有反思。通过听课，帮助青年教师尽快成长。

二是组织特级教师和教学处领导对全校各年级备课组进行全面的常规教学检查，包括教案书写、听课本记录、作业批改情况等。对常规教学检查后的结果及时通报。

三是组织学生对教师进行评教问卷调查。问卷结果反馈至各年级，由年级掌握学生评教的具体情况。对个别评价相对较差的教师，教学处和年级长结合学生意见，通过与相关教师座谈，分析查找原因，及时加强指导和督促改进。

四是教学处对每日课堂巡查记录进行详细汇总登记，对每班优点与不足及时向全校通报，以敦促每一名科任教师真正履行"一

2019届初三毕业典礼

岗双责"，担负起教书育人的双重使命。

科研处配合教学处，把问题化教学设计思路及问题化教学评价量表分别印在备课本、听课本上，让教师们对问题化教学的设计思路与评价内容有进一步的认识，在备课、听课的过程中能够更清晰地进行教学设计与教学评价。

科研处还协同教学处、各学科组、各备课组积极开展问题化课堂教学研究，通过对教学内容的分析整合，运用科学的教学策略，实现课堂效益的最大化，切实提升课堂教学效率，同时为青年教师的成长搭建交流切磋的平台。

（三）备考策略特色

松岗中学在高考备考策略上形成了一整套极具松岗中学特色、行之有效的方法。以2019—2020年高考为例：

一是高考领导小组统筹指挥、分工明确。程显友校长全面负责高三备考工作；余迅副校长制定整体备考工作计划，做好阶段工作部署，深入备课组，深入课堂，解决教学中存在的问题；教学处、新疆部和年级各司其职，备课组长全面负责本学科教学，采取切实有效的措施提升学科教学质量。

二是备课组计划分阶段制定、分阶段检验、分阶段落实。备课组制定了一轮复习计划、二轮复习计划、空中课堂教学计划、复课调整计划、高考冲刺日计划，不同的时间段、不同的情况、不同的班级因时因情调整计划，每个备课组的计划都是由整到分再到整。各个备课组根据高考备考方案制定大的方向，学科教师根据各班情况制定各班复习计划及进度表，备课组协调，既保持个性，又达到高考目标统一。所有高三教师上研讨课，教学处统筹，年级落实；每个备课组40岁以下的教师完成近三年高考题；语文、数学科组在高三第一学期请省、市专家进行高考备考专题讲座；高三年级按月进行考试，高三领导小组全程跟踪课堂教学、心理辅导、临界生动态、作业批改等教学常规。

三是疫情期间创造性地开展工作。教学处、高三领导小组共同研究线上教学方案，高三年级长李永进用自己的第一堂网课拉开了线上教学的序幕。高三全体教师发扬松岗中学优良传统，坚持分层教学。线上教学长达两个半月，十分艰难，所有教师坚守岗位、恪尽职责。复课后松岗中学在深圳一模取得阶段性胜利，上高分保护线的人数比例居全市前列，也为高考的胜利打下了坚实的基础。

二、中、高考成绩

遵循教学管理制度，落实教学过程，潜心研究教学教研，再加上松岗中学教师突出的敬业精神，这一时期造就了学校的教学成绩每年都上一个台阶的辉煌。

（一）中考成绩

2017年： 参考学生566人，总分均分355.6分，其中440分以上3人、435分以上8人、430分以上18人、425分以上34人、420分以上55人、410分以上113人、400分以上178人。（本届年级长为丁文祥、谷晶敏、王锋）

2018年： 参考学生584人，总分均分360.3分，其中440

分以上 2 人、435 分以上 7 人、430 分以上 18 人、425 分以上 40 人、420 分以上 62 人、410 分以上 129 人、400 分以上 186 人。（本届年级长为**岳铮、高春敏**）

2019 年：参考学生 581 人，总分均分 360.3 分，其中 440 分以上 1 人、435 分以上 7 人、430 分以上 18 人、425 分以上 46 人、420 分以上 62 人、410 分以上 128 人、400 分以上 193 人。（本届年级长为**孙文莹、陈维超**）

2020 年：参考学生 636 人，总分均分 364.2 分，其中 435 分以上 10 人、430 分以上 26 人、425 分以上 48 人、420 分以上 82 人、410 分以上 152 人、400 分以上 226 人。（本届年级长为**吴金凤、谷晶敏**）

（二）**高考成绩**

2017 年：本地班共有 319 人参加普通高考，重点本科上线 152 人、本科以上上线 289 人、省专以上上线 318 人，三线上线率分别为 47.65%、90.60%、99.69%。重点率继续创历史新高，本科率继续保持在 90% 以上的高位，各指标稳居宝安区前列。新疆班共有 198 人参考，重点本科上线 34 人、本科以上上线 119 人、省专以上上线 198 人，三线上线率分别为 17.17%、60.10%、100%（本科、省专上线率分别比上年增长了 5.72%、0.92%）。（本届年级长为**李永进、隆国念**）

2018 年：本地班参考人数 318 人，过高分优先投档线 152 人，上线率为 47.80%；过本科线 313 人，上线率为 98.43%。新疆班参考人数 212 人，过高分优先投档线 35 人，上线率为 16.51%；

过本科线144人，上线率为67.92%。（本届年级长为**吴明、刘先军**）

2019年：本地班317人参考，上高分保护线（重点线）167人，上线率为52.68%；上本科线306人，上线率为96.53%。新疆生238人参考，上高分保护线（重点线）50人，上线率为21.01%；上本科线157人，上线率为65.97%。（本届年级长为**邱绍谦、王杨**）

2020年：高考再铸辉煌，亮点纷呈。

亮点一：文理考生再攀高峰。

本地学生纯文理181人报考，上高分优先投档线103人，上线率为56.91%；上本科线176人，上线率为97.24%。

亮点二：低进高出，高进杰出。

低进高出：中考录取AC类387分，本地班320人（含艺术传媒学生）参考，上高分优先投档线222人，上线率为69.38%；上本科线295人，上线率为92.19%。

高进杰出：中考417分及以上人数26人，高考几乎全部达优先投档线。本地考生超优先投档线50分以上38人，超60分以上24人，超70分以上19人，超80分以上13人，超90分以上7人，超100分以上4人。

亮点三：新疆生与本地生比翼齐飞。

新疆生271人参考，上高分优先投档线（重点线）61人，上线率为22.51%；上本科线189人，上线率为69.74%。

亮点四：国际班发挥稳定。

两个国际班（中考410分可进），高分优先投档上线率为

78.65%、本科上线率 100%。

亮点五：高分考生佳绩喜人。

文向荣 577 分（本地生，文科），被中国传媒大学录取。本届高考 600 分以上高分考生共 15 人，如涂林航 671 分（本地生，理科），全省排名第 946 名；热孜牙·艾山 656 分（新疆生，理科），全国新疆班理科第二名，成为第一位考入清华大学的维吾尔族女生。（本届年级长为**李永进、王强**）

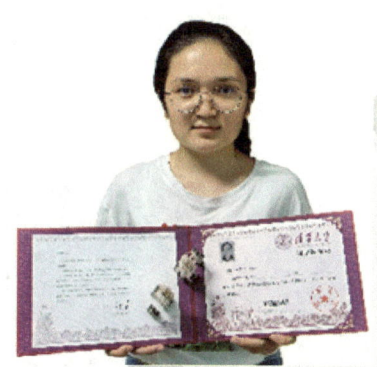

松岗中学首位考入清华大学的维吾尔族
女生——热孜牙·艾山

活 动 篇

这一时期,学校社团门类齐全,活动课程繁多。学校开设了文学社、石榴籽合唱队、民乐队、管乐团、石榴籽舞蹈队、书法社团、绘画社团等 40 多个社团。此外,学校每学期开设有近 80 门校本课程供学生自主选择,为学生的全面发展提供了丰富多彩的舞台。

2017 年艺术节闭幕式

话剧表演《我的叔叔于勒》

2017年校运会开幕式

健美操社团表演

机器人比赛的赛前集训

科技节机器人表演

书法社团

表 6-3 2017—2020 年获奖或荣誉情况（不完全统计）

年度	项目名称	获奖情况	指导教师	级别
2017 年	第十四届中国中小学校园影视评选活动	张心怡获电视专题片类一等奖	施森	国家级
	第十四届中国中小学校园影视评选活动	米合热阿依获节目主持人评比一等奖	郑连超	国家级
	中国中学生啦啦操选拔赛	校健美操队获二等奖、最佳表演奖	李敏	国家级
	深圳市宝安区中学生篮球赛	校篮球队获深圳市宝安区冠军	曾生	区级
	第十五届广东省中小学生电脑机器人活动实体机器人竞赛	沈梓豪获初中组机器人灭火比赛一等奖，颜瑾、姚子锋获高中组足球比赛二等奖，阿卜杜热哈曼、李明祎获高中组篮球比赛二等奖	熊建成	省级
	广东省中学生化学竞赛	周烨姝仪等获 1 个一等奖，1 个二等奖，1 个三等奖	张云生 伍秀文 张万芬	省级
	广东省中学生生物学联赛	郑智龙等，1 人获一等奖，9 人获二等奖，24 人获三等奖；10 人获得参加全国中学生生物学联赛的资格	伊西庆 龚文龙	省级
	2017 年深圳市中小学电脑机器人活动	获得 4 个一等奖，3 个二等奖，3 个三等奖	熊建成 张辉	市级
	深圳市宝安区中小学书法现场比赛	校书法社团获 3 个一等奖	李斌	区级
	第十届"文心雕龙杯"作文大赛	柯文琦等13人获初中组一等奖，2 人获高中组一等奖，47 人获初中组二等奖	唐江云等 9 人	国家级
	深圳市世界读书日"中华文化"创作大赛	林美思等，1 人获一等奖，3 人获三等奖	何琳 邱晓莉 吴永芳	市级
	深圳市中学生篮球赛	校篮球队获季军	曾生	市级
	第十八届"深圳读书月"中小学生现场作文大赛宝安区预赛	柯文琦等，1 人获一等奖，1 人获二等奖，2 人获三等奖	汪旺富 何琳 张辉	区级
	深圳市中小学"优秀社团"创建申报评审	校创新创客社团获评"深圳市优秀社团"	熊建成 高超	市级

(续表)

年度	项目名称	获奖情况	指导教师	级别
2017年	深圳市宝安区第二十三届中小学生田径运动会	校田径队获2金2银14铜	蔡俊标 舒灿等	区级
	广东省中小学生健美操啦啦操联赛	校健美操队获高中组轻器械自选动作冠军，高中组街舞自选动作冠军，高中组团体总分第一，初中组竞技女单第二名、第三名，初中组街舞自选亚军，初中组团体总分第三名	李敏	省级
	第七届全国校园文学研究高峰论坛成果展评活动	松语文学社获全国示范校园文学社	唐江云	国家级
	深圳市第八届名著新编短剧大赛	初二学生获二等奖	伏自平 韩露 郑凯玲 邱晓莉 陈玲	市级
2018年	全国数学联赛（广东赛区）	邹艺格获二等奖	王杨	省级
	第十届深圳市宝安区中小学信息技术教育节	张心怡、阿依谢分别获电视作品评比（中学组）一等奖、电视作品评比（中学组）二等奖	施森	区级
	第十六届广东省中小学生电脑机器人活动实体机器人竞赛	颜瑾、欧阳涛获高中组足球赛冠军，李明裤、阿卜杜热哈曼获高中组篮球赛亚军，杨凯翔获初中组超级轨迹赛三等奖	熊建成	省级
	第十八届广东省青少年机器人竞赛	刘海洋、邵凯洒获机器人综合技能赛高中组二等奖	熊建成	省级
	2018年深圳市中小学电脑机器人活动	杨凯翔获初中组超级轨迹赛二等奖	张辉	市级
	第十七届深圳市青少年机器人赛	刘海洋、邵凯洒获机器人综合技能赛高中组一等奖，杨苏智、欧阳涛获机器人综合技能赛高中组二等奖，王筱卓、梁素敏获机器人综合技能赛三等奖	熊建成	市级
	第三十三届深圳市青少年科技创新大赛	刘海洋获科技发明中学组一等奖	熊建成	市级
	第十一届"文心雕龙杯"作文大赛	龚楚廷等35人获一等奖，63人获二等奖，55人获三等奖	李龙等15人	国家级
	深圳市宝安区第三届中小学生书法现场比赛	谢鸣获一等奖	李斌	区级
	广东省化学竞赛	吴思维、王佳豪、洪磊、庞博、张淑霞等获3个二等奖，2个三等奖	邱绍谦 张丽华	省级

(续表)

年度	项目名称	获奖情况	指导教师	级别
2018年	广东省第六届少数民族传统体育运动会	校运动代表队获蹴球混双银牌，蹴球单打第八名，珍珠球男队和珍珠球女队均获第七名	蔡俊标 舒灿等	省级
	深圳市宝安区中小学生"弘扬社会主义核心价值观"大型征文比赛	李潘婷获高中组特等奖	刘蕙兰	区级
	广东省第六届"南粤长城杯"演讲比赛宝安区复赛	叶丽娜·阿孜拜克获一等奖	刘蕙兰	区级
	第十九届"深圳读书"中小学生现场作文大赛（宝安区赛区）	韩嘉鹏、熊永佳等2人获二等奖，3人获三等奖	王锋 何琳 等5人	区级
	第十九届"深圳市读书月"第九届名著新编短剧大赛	初二年级学生获课本剧决赛二等奖，最佳服装化妆道具奖	刘自力 郝丽莹 黄先国	市级
	全国青少年"五好小公民"主题教育读书活动"红旗飘飘，引我成长"征文比赛	宋沅芳、袁梦捷、蔡梓晴等，1人获一等奖，2人获三等奖	伏自平 郑凯玲	国家级
	深圳市优秀学生社团评选活动	校模拟法庭社团获评"深圳市优秀学生社团"	张彩霞 宋赢赢	市级
	"深圳市中小学生探究性小课题"立项课题成果验收和评选活动	陈家祺等人获评"优秀深圳市中小学生探究性小课题（物理）"	黄海涛	市级
	深圳市宝安区高中英语演讲比赛	吴映钏等人获评"优秀深圳市中小学生探究性小课题（生物）"	陈叶笑	市级
2019年	"4·23"世界读书日"喜阅新一代"创作比赛及获奖作品联展活动	蔡一铭、高姿妍、蔡音芙等，1人获初中组一等奖第一名，2人获初中组二等奖	李龙 郝丽莹 唐江云	市级
	第十二届"文心雕龙杯"校园文学主题征文活动	丁光润、徐郡茹等，30人获一等奖、69人获二等奖、99人获三等奖	陈玲 等16人	国家级
	深圳市五四红旗团委、团支部，深圳市基层团支部标兵，优秀共青团干部，优秀共青团员评比活动	松岗中学团委获评"五四红旗团委"	郑连超	市级
	深圳市宝安区"学宪法讲宪法"演讲比赛	安苏热获一等奖	罗爱梅 杨昌定	区级
	深圳市宝安区"学宪法讲宪法"知识竞赛	戴思思获一等奖	江红	区级

（续表）

年度	项目名称	获奖情况	指导教师	级别
2019年	第九届全国校园文学高峰论坛暨校园文学成果展评活动	松语文学社获全国年度示范校园文学社，廖玉婷获评模范社长	唐江云	国家级
	全国健美操冠军赛	校健美操队获年龄一组三人操第6名，年龄一组混双第7名，三人获得"国家二级运动员"称号	李敏	国家级
	深圳市中小学生"优秀科技社团"终期评审活动	校机器人科技实践社团获评"深圳市优秀科技社团"	熊建成	市级
	深圳市宝安区第三届中小学生"与祖国同行，让梦想花开"主题征文比赛	王凯伦、李佳分别获初中组一等奖、高中组一等奖	吴海燕 孙之明	区级
	深圳市宝安区2019—2020学年高中学生演讲比赛决赛	徐杨、阿丽米热、任冠桦等，1人获二等奖，2人获三等奖	贺君 讷笑春 罗晓翠 许安	区级
	第三十五届全国青少年科技创新大赛宝安区选拔赛暨宝安区学生创客节	校创新创客社团获创客马拉松与3D打印项目均获得宝安区高中组第一名	高超 杨志平 等8人	区级
	深圳市中小学生田径运动会	校运动代表队获2银2铜	肖光辉 魏厅	市级
	第三十五届全国青少年科技创新大赛宝安区选拔赛	邓凯杰、陈伟杰等获科技发明类二等奖、科技发明类三等奖	熊建成	区级
	深圳学生创客节	周泽弘、罗佳瑶、廖玉婷获创客马拉松大赛高中组二等奖	杨志平	市级
	第十九届广东省青少年机器人竞赛	周宇翔、陈鑫获机器人综合技能赛初中组二等奖，周华考、李浩获机器人综合技能赛高中组三等奖	熊建成	省级
	2019年深圳市中小学电脑机器人活动	陈杰获人型机器人全能挑战赛初中组二等奖，张炎佳获人型机器人全能挑战赛初中组三等奖，杨凯翔获超级轨迹赛初中组三等奖，周华考、李浩获机器人足球赛高中组二等奖	熊建成 张辉 李小勇	市级
2020年	深圳市优秀学生会评选活动	松岗中学学生会获深圳市优秀学生会	郑连超 汪芳	市级
	深圳市优秀学生社团评选活动	松岗中学电视台社团获深圳市优秀学生社团	施淼	市级

(续表)

年度	项目名称	获奖情况	指导教师	级别
2020年	"4·23"世界读书日"阅读，伴我成长"创作比赛活动	李堤、钟业赟、曾茗宇等，1人获初中组一等奖，2人获高中组一等奖，2人获初中组二等奖，3人获高中组二等奖	王锋 颜曙萍 彭刚 等9人	市级
	"墨香端午"深圳市宝安区第五届中小学生书法比赛	黄晓颖、周乐、文蕴熹、温淑钧四人获一等奖	曹强 林伟玲	区级
	深圳市优秀共青团员、深圳市优秀共青团干部、深圳市五四红旗团委、深圳市五四红旗团支部评选活动	安苏热·托乎达热、考沙尔·努尔波拉提、庹友恒、阿布杜许库尔·阿布力米提，分别获评广东省优秀共青团员、最美南粤少年、深圳市优秀共青团员、深圳市优秀学生干部；高二（10）班团支部获深圳市五四红旗团支部	郑连超 汪芳	省级 市级
	深圳市宝安区第七届学校艺术节云端才艺展演	校声乐代表队获声乐专场中学组（初中）一等奖	音乐组老师	区级

注：每年松岗中学的学生获奖都达100多人次，以2019—2020学年度为例，学生获奖114个，其中国家级28个，省级1个，市级4个，区级81个。

抗 疫 篇

2020年，农历鼠年的前夕，新冠肺炎疫情突然来袭，让沉浸在节日欢乐气氛中的人们措手不及。作为全国首批承办内地新疆高中班的12所学校之一，办学20年来都是学校领导和教师陪伴新疆学生在校园过年。面对突如其来的疫情，学校党委和行政领导班子认真贯彻落实习近平总书记强调的"要把疫情防控工作作为当前最重要的工作来抓"指示精神，按照市委、市政府和市、区教育局的部署，切实做到"意识到位，职责到位，工作到位，保障到位"，采取果断有效的措施，充分保障新疆班学生的身体健康和生命安全，坚决打赢疫情防控阻击战。

一、领导高度重视，细化防疫措施

面对新冠肺炎疫情，学校领导高度重视，松岗中学党委书记、校长程显友第一时间下发紧急通知，成立疫情防控领导小组，明确责任分工，细化学校疫情防控措施，确保学生安全。疫情刚刚被报导，学校就下发紧急通知，并张贴在校园宣传栏和校门口。学校采取的一系列防疫应对措施主要有取消学生外出购物安排，启动学生每日身体健康状况上报工作；学生无特殊情况，一律不得外出；谢绝外来人员入内，对于外来后勤保障人员，必须严格检测，方可进入校园；召开专题会议，从校园管理、学生就餐到学生活动、学习安排等，进行专项部署，从源头上阻断疫情蔓延。

"新疆学生父母不在身边,我们就是他们的父母。我们要像对待子女一样关爱他们,绝不能让疫情进入校园!"程显友校长对春节期间学校值班人员说。新冠肺炎疫情发生后,程显友校长第一时间对疫情防控工作进行部署安排,强调防疫工作"两个到位":即"严禁无关人员(包括新疆班学生家长)进入校园,严禁学生外出"门卫把关到位;"提高广大师生的思想认识和政治觉悟,加强防疫病毒知识和学生避免感冒外出就医"宣传服务措施到位。

程显友校长部署防疫工作

大年三十,程显友校长就指示办公室制订疫情防控方案,筹备防控物资;要求学校安保人员把好学校大门,从源头阻断疫情蔓延;值班的行政领导在假期全程值守,中途不换岗,细化职责,把责任落实到人;按照疫情防控标准,对各项工作均从严要求。对于具体疫情防控工作,程显友校长事必躬亲,要求抓细抓实,如取消新疆生外出，取消聚集活动，严防外卖、代购生活用品，设立健康观察室，校园消毒，食堂人员的手机消毒，安排物业、食堂从业人员到学校集中居住等，他都亲自督促落实。此外，程显友校长还鼓励学生，并对学生进行心理疏导；当他看到气温将会下降的气象信息时，叮嘱管理教师，提前购买学生所需物品；提醒总务处确保学生宿舍24小时热水供应，提前购置御寒衣物、被褥等物品，以备学生不时之需。

程显友校长在新型冠状病毒感染防控工作中率先垂范，受到上级领导的肯定和表扬。深圳市教育局局长陈秋明在巡查松岗中学疫情防控工作后说，松岗中学"领导重视，方案细致，落实到位，值得表扬"。

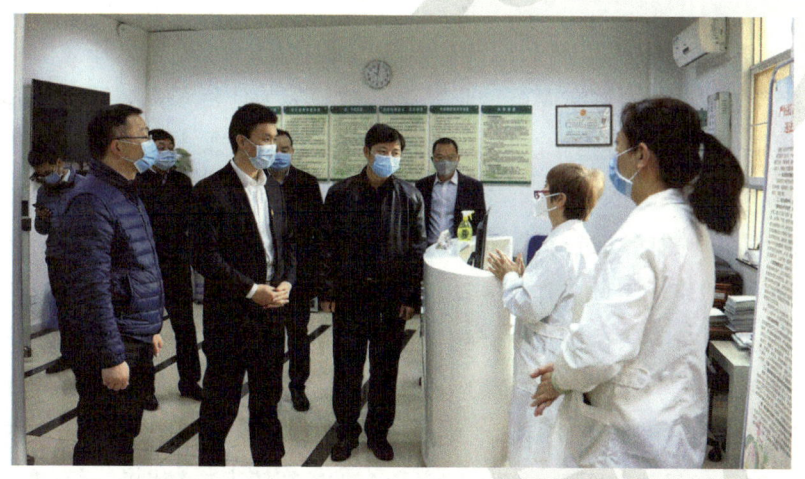

深圳市教育局局长陈秋明（左二）来校检查指导防疫工作

深圳市宝安区委书记姚任巡查松岗中学新冠肺炎疫情防控工作后，称赞道："校长很重视，方案很细致，执行很到位。"

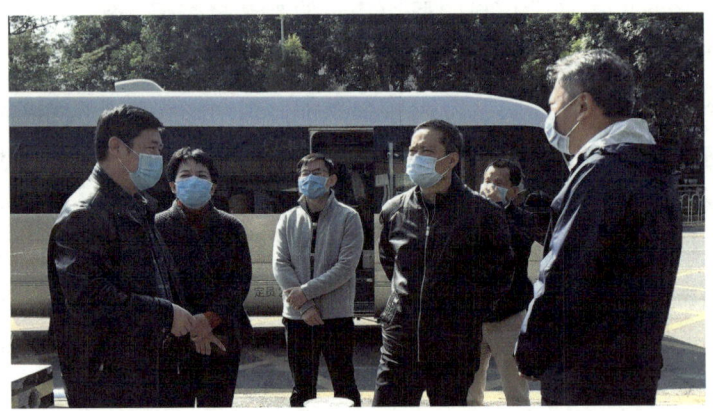

深圳市宝安区委书记姚任（右二）来校巡查指导防疫工作

分管新疆部工作的松岗中学党委副书记、纪委书记邓克，已经整整20年未与家人单独吃过年夜饭，因为他每年都要陪伴新疆孩子一起在学校过年。新冠肺炎疫情发生后，邓克副书记顾不上照顾身患疾病的妻子，立即组织新疆部教师开会，对新疆班学生寒假期间的活动进行周密细致的安排，带领新疆部教师一起坚守岗位，加班加点地工作，事事亲力亲为。大年初一到初五值班时间，他24小时吃住在校，白天到教室、阅览室、运动场巡视检查，晚上到宿舍查看学生就寝情况，嘱咐学生盖好被子，注意保暖，谨防感冒。正是这样的举动，让新疆班孩子们真切地感受到了家的温馨和父母般的温暖，很多同学见到他，都情不自禁地叫一声"邓爸好！"。

寒假期间,邓克(右一)带领新疆部教师晚间巡查

寒假期间,值班领导、工作人员和新疆部教师团结一心,无怨无悔地值守,为疫情防控筑牢坚固的防线。松岗中学副校长杨海春、陈芋鑫、余迅,在寒假期间值守学校一线,以高度的责任感,不辞辛劳地处理疫情防控工作。学校办公室、安全办、新疆部、校医室负责人及相关工作人员,严守纪律,按照学校统一部署,耐心细致地开展疫情防控工作,用自己的坚守确保新疆学子在松岗中学的春节平安。

二、贴心服务管理,书写温暖故事

为了做好新疆班学生的服务管理,充分保障同学们的健康安全,松岗中学以大爱关心呵护着每一名新疆班学生,确保876名新疆学生的健康安全。

由于新冠肺炎疫情突然来袭，原本确定的学生假期社会实践活动、外出购物以及其他群体性文体活动被迫取消。但为了能让学生在学校度过一个快乐祥和的春节，学校领导和老师在确保安全的前提下，尽心尽力地筹备春节习俗事宜。除夕和大年初一，学校食堂为新疆学子准备了美味可口的新疆特色美食。领导和老师还跟学生们一起包饺子、吃饺子，让远离父母亲人的学生感受到浓浓的年味，又给每个学生发放了红包和新年礼物。"虽然今年松岗中学过年少了很多文体活动，但各级领导和老师的关心陪伴，让我们过了一个不一样的春节，我们感到很开心！"新疆班学生热黑拉·阿合买提如是说。

新冠肺炎疫情发生后，新疆部教师分工合作，积极行动起来。大年夜，松岗中学党委副书记、纪委书记、新疆部主任邓克亲临男生宿舍探望学生，祝学生新年快乐。他逐一向学生嘘寒问暖，提醒大家注意多穿衣，防寒保暖。他还和学生拉起家常，以排解学生的思乡之情，言语中充满浓浓的爱意。

新疆部副主任王立平，从放寒假开始就没有离开过学校，虽然家近在咫尺，但为了学生仍坚守在校园。每当就餐时间，他总是第一个站在餐厅门口，督促学生戴好口罩，询问大家生活以及学习中的困难，以便及时解决，急学生之所急。新疆部管理教师加马力丁、哈拜有拉每天都在运动场巡查看望运动的学生，叮嘱他们注意安全，运动后尽快换衣，谨防感冒。2月中旬气温陡降，寒风中尚均安、加马力丁、张翌、哈拜有拉、娜孜热等教师认真巡查校园，严防学生订外卖，老师们通力合作，确保校园安全。

张翌老师在防疫期间更是一心扑在学生身上，走访学生，宣传有关防疫知识，提醒学生勤洗手、勤通风、戴口罩，做好防范。新疆部教师还逐班逐人登记所需物品，与天虹商场协商订购货物到校门口，亲自将货物消毒后，再搬到阶梯教室分发给学生。新疆部教师尽心尽力地守护着876名新疆学子，为他们遮风挡雨，撑起一片蓝天。

在学校封闭管理期间，2019级新疆班学生蒙根花的父亲身患肺癌，虽然有治愈希望，但昂贵的手术费让一家人束手无策。

宿舍同学及时将这一情况告知新疆部教师，新疆部教师按照学校指示，立刻联系家长和驻村工作组，了解到学生家庭真实情况：蒙根花的父亲原本是家中唯一的经济支柱，现在家里没有了任何经济来源，还得筹集一笔高额医疗费，难倒了这一家老小。虽然他们也使用了"水滴筹"平台筹集资金，但由于资源有限，筹集到的资金也非常有限。

新疆部教师立即将蒙根花同学父亲的"水滴筹"信息发布在学校的师生群和家长群内，仅半天时间，就筹集到了治疗初期的全部费用，解了一个困难学生家庭的燃眉之急。

在松岗中学防控新冠肺炎疫情的战场上，还有与新疆部教师一起战斗的可亲可敬的校医们。

入党积极分子校医余结梅主动报名寒假值班，勇挑重担。她让丈夫带着孩子回江西老家过年，独自一人留守深圳，坚守岗位。自新冠肺炎疫情发生至2020年4月27日学校正式开学，余结梅医生连续奋战了68天，不分昼夜地为876名在校新疆生和全体值守人员提供 24 小时在岗服务。学校封闭管理期间医务室共接诊学生 371 人，其中发热病症学生 22 人，咳嗽病症学生 13 人。为了学生，她无怨无悔。

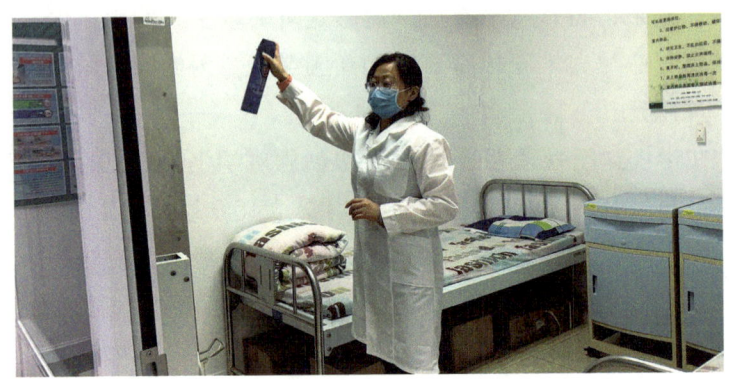

校医余结梅寒假疫情期间坚守岗位

校医王瑞英利用自媒体平台对学生开展新冠肺炎疫情防控的健康宣传教育；指导大家做好校园环境卫生及各种消毒、消杀；对因身体不适或心理问题来校医室就诊、休息的新疆班学生给予关爱、细心诊治。

三、社会各界援助，师生永铭心间

松岗中学的防疫抗疫工作得到社会各界的大力支持和帮助，许多热心企业、校友、学生家长和各界人士主动为学校提供各种技术和物资上的援助。学校的防疫抗疫工作得以顺利进行，离不开这些热心人士的无私奉献。

表 6-4　松岗中学接受的防疫物资捐赠（不完全统计）

时间	捐赠人	捐赠物资	备注
2020年3月23日	格润智能装备（深圳）有限公司董事长颜波	1台红外热成像测温门（型号：GR-TD168）	—
2020年4月2日	旅英国家斯诺克运动员赵心童	6台非接触感应式消毒机	松岗中学2011届毕业生
2020年4月3日	东盛比亚迪公司总经理陈劲帆	8000个一次性医用级口罩	松岗中学2011届毕业生
2020年4月18日	深圳前海置富金融控股集团有限公司董事长马少福	2万个一次性医用级口罩	—
2020年4月27日	深圳市宝安区第六届人大代表、深圳市万华酒店管理有限公司董事刘飞虎	1万个一次性医用级口罩	—
2020年5月8日	深圳众圳实业有限公司董事长邓集辉	2000个KN95口罩	松岗中学初一学生家长
2020年5月9日	李云华先生和雷琴女士	2000个KN95口罩	松岗中学初一（9）班的学生家长

四、停课不能停学，科学上好网课

2月9日是往年深圳高中正常开学的时间，但由于疫情影响，集中上课变成了一件不可能实现的事。

为了保证教学进度正常进行，让学生在疫情防控期间能够正常学习，松岗中学遵照上级教育部门"停课不停学"的指示精神，从2020年2月10日起，高中部启动网络教学，教师按正常的教学进度进行网上授课。

2020年2月10日，程显友校长在网络上讲授《开学第一课》，对学校开展线上教学的必要性、网课的要求、对新冠肺炎预防指引进行了详细讲述。此外，教学处制定了详细的网络课程方案，并督促各年级和科组进行落实。

2020年3月1日下午，教学处第一时间组织教师将初一、初二的教材，共计1381份，进行分发封装，并由校医按规程进行分装前和封装后的消毒，确保教材能迅速安全地送到学生手中。高中各年级的教材也及时邮寄到学生手中，确保了线上教学的顺利进行。

学校安排专门的技术人员全天候在校值班，确保各班教室的网络、投影设备等功能正常，保障线上授课能正常运行。为了上网课时学生不聚集，学校充分利用空置的教室，将学生人数较多的班级分为两个教室就座，每班不超过26人。学生上网课时，保证每个学生每天一个口罩，并为每班配备了消毒水，鼓励学生勤洗手消毒。新疆部教师每天在教室和校园巡查，监督学生戴好口罩并认真听讲。

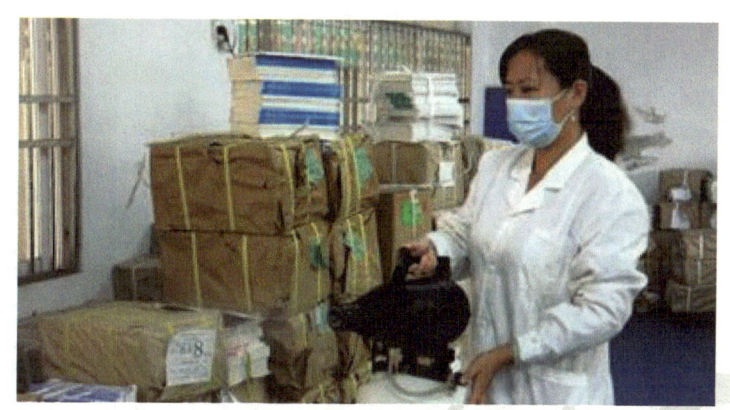
校医谢静在对教材外包装进行消毒

上网课期间,所有的教师都积极主动学习网络教学技术,运用多种直播上课工具进行线上授课,同时充分利用市区学科教研教学平台和"观察者""新华网"等APP的资源提高线上课堂质量。

教师还要对学生的学习过程进行全程跟进、督促、辅导。一是数量上的监控,要求打卡完成每天的作业和笔记检查。二是质量上的监控,教师利用"懂你教育"和组卷网的资源优势,根据学生的作业完成质量,进行重点突破;学生也能根据错题本的提示,找到自己知识的漏洞,及时查漏补缺。三是小纸条式的个别辅导。对于作业以及考试中出现的普遍性问题,集体解答;对于部分学生反复出现的问题,则采用小纸条的形式,进行个别辅导。

新疆班学生在校上网课

  学校将所有行政人员分配到不同班级，同步跟踪每节课的授课情况。教学处每天统计、公布线上授课情况并定期向学生和家长进行网上问卷调查，及时了解线上的授课质量。

  开设网课以后，因为是线上授课，学生需要看着大屏上课，用手机配合做练习题。最先是让班长负责管理，上不需要用手机的课时，全体学生将手机上交并统一存放，下课后才可取回。为避免手机线上学习对学生造成负面影响，学校规定：每班预留一部手机在班长手中，用于配合任课老师授课，调动全体学生的上课积极性，掌握练习完成情况。每天下午五点发放手机，方便学生完成作业，晚上十点晚自习下课后将手机收回。教师不定时在教学楼巡查学生的情况。经过检查，发现学生学习状态有很大的进步，学习效果非常不错，这离不开老师们的辛勤付出。远在万里之遥的新疆班家长们了解到孩子在校一个半月安全健康，学习不断进步，通过电话、短信和微信，向学校的老师们致以真诚的感谢。

五、做好复学准备，迎接学子归来

从 2020 年 4 月 13 日起，学校分别安排骨干力量对高中三个年级所有新疆学生进行心理疏导、生活关心、学习辅导、防疫指导和秩序巡查，化解学生之间的矛盾，疏解学生远离家乡亲人的心结，激发他们学习的热情。通过对高三年级提前两周，高一、高二年级提前一个月的介入，稳定了新疆学生的情绪，提高了学习效率，养成了卫生防疫习惯，为线上教学与课堂教学的衔接打下了良好的基础。

为了做好 2020 年春季学期开学准备工作，2020 年 4 月 21 日下午，学校在学术报告厅举办全校职工参加的松岗中学 2020 年春季学期学生返校防疫培训。学校要求所有教职工应该做到明责、履责，否则会被追责；在健康申报中，做到不漏报、不瞒报；在实际工作中，要认真负责，发现问题第一时间上报。

为了应对防控疫情的形势，2020 年 5 月 11 日上午，学校聘任松岗人民医院副院长张旭为卫生健康副校长，这是学校首次聘任学校卫生健康副校长。

2020 年 5 月 11 日是全体学生返校的第一天，由于之前做了大量的准备工作，校门口、教室、宿舍、饭堂及医务室的各项硬

开学返校工作有序进行

件设置全部提前配齐，各部门负责人、值日领导和老师提前到岗，悉心指导学生，学生错峰返校、错峰用餐和错峰放学等工作规范有序、有条不紊，未出现异常。教育教学管理服务各项工作井然有序，师生精神面貌良好。顺利复学的有序局面确保了学生的正常学习，尤其是毕业年级的复习备考。在学校领导、师生和家长的共同努力下，松岗中学2020年中、高考取得了辉煌的成绩！

六、防疫号角吹响，党员冲锋在前

在新冠肺炎疫情期间，松岗中学领导和教师除了全力以赴承担本校防控和教学双重任务之外，一些党员教师还积极响应上级号召，在疫情防控最艰难的时期，勇敢投身于社区防控工作。

舒灿（右）在塘下涌社区工作

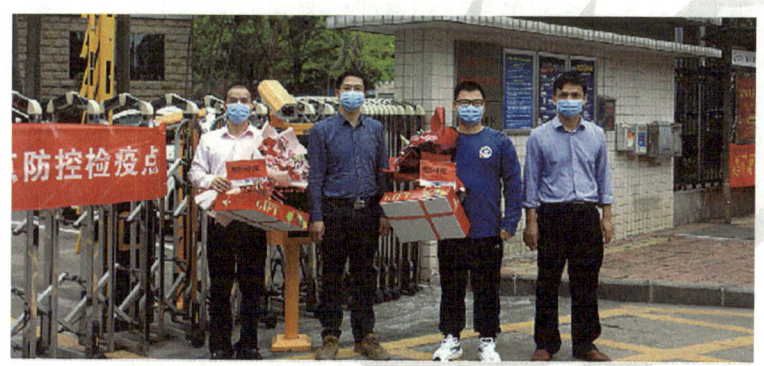

陈芋鑫副校长（左二）、吴天德主任（右一）代表学校慰问
社区抗疫党员舒灿（右二）、高强（左一）

  2020年3月2日至5月9日，第九支部书记舒灿同志和第二党支部党员高强同志，主动报名参加全区机关事业单位抽调党员干部支援社区疫情防控工作。他们在疫情期间服从社区安排，担任湖北返深人员的登记、卡口进入人员体温检测、防疫物资配送、

防疫指引的张贴等工作，坚持社区抗疫两个多月，不畏风险，不辞辛苦，表现出共产党员在党和人民需要的时刻，冲锋在前，勇于担当的可贵精神，受到社区党组织的高度赞扬，被学校评为"2019—2020年度优秀共产党员"，受到学校党委表彰。

2020年暑假，松岗中学党员教师再一次经受了严峻考验。当时新疆某地已出现疫情，由党委副书记刘向红、邓克分别为领队的两批共23名党员骨干教师返疆护送队，克服重重困难，将870多名新疆学生平安护送到家。

返疆护送队的同志回到深圳后，自觉遵守有关规定，经历了长达半个多月的酒店隔离或居家隔离后，才重返校园。松岗中学党员教师返疆护送队，万里护航战疫情，不忘初心担使命，以实际行动诠释着共产党员的责任与担当，彰显了人民教师的品德与情怀。

第二批返疆护送队人员

（左起：陈胜华、杨昌定、余结梅、李玩玲、刘向红、曹强、程伟、吴宝珺）

第一批返疆护送队途径中风险区,居家隔离14人:邓克、王强、龚奇峰、范静、彭彬玉、宋赢赢、刘莎、凌燕、娜孜热、努尔古力、颜曙萍、谢静、梁海生（警长）、龙助贵（警长）。

第二批返疆护送队途经高风险区、酒店隔离12人:刘向红、吴明、吴宝珺、王渊、段丽霞、程伟、陈胜华、余结梅、李玩玲、曹强、杨昌定、罗阳斌（警长）。

当疫情防控号角吹响,共产党员冲锋在前！

松岗中学的疫情防控工作得到社会各界、新疆班学生和家长的肯定和赞扬。《中国教育报》《中国民族教育》《南方都市报》《深圳晚报》《南方教育时报》《宝安日报》等媒体对松岗中学疫情防控取得的成绩进行了报道。

第七章

校史特写

从东宝中学到松岗中学

——记老校友蔡志坚的革命与教育人生

蔡志坚既是革命年代从东宝中学走出来的优秀学生，又是中华人民共和国成立后在松岗中学任教的优秀教师。在他身上，我们可以看到红色基因从东宝中学到松岗中学的传承，也可以感受到东宝中学校友历经岁月洗礼仍初心不改的坚贞。

蔡志坚老师

1929年，蔡志坚出生于东莞市长安镇霄边村的一个农民家庭。父亲蔡庭谦为人忠厚，思想开明，当选为霄边村农民协会第一任会长。

蔡志坚十岁那年，霄边村遭到日军飞机狂轰滥炸，他目睹不少乡亲被炸伤亡，房屋被炸毁。他自己家也被日本侵略者霸占，全家老少流离失所。

由于霄边村是宝太线（宝安—太平）上的一个交通要塞，再加上霄边村附近将军山的有利地形，霄边村成为军事要地。从1938年东莞沦陷至20世纪40年代初，霄边村一直被日本侵略者占领。

在此期间，中共东莞县委不断派遣地下党员进入霄边村，他们以霄边小学教员身份为掩护，开展抗日宣传，组建抗日妇救会、抗日青年同盟会、农业研究社、抗日儿童团、抗日教师联合会、民兵常备队等抗日组织。游击队也不时派遣特派员、侦察员进村，配合地下党组织发展抗日外围力量，了解驻将军山的日本侵略者的兵力布防情况。

这一时期，蔡志坚正在霄边小学读书，直接受到何永、梁静宜等一批从事地下革命活动教师的教育和影响，不仅努力学习文化知识，还懂得了许多革命道理。在老师的引导下，蔡志坚13岁就参加了抗日儿童团，并且担任团长，在党组织的指导下，带领抗日儿童团开展各种抗日革命活动。

1944年8月，蔡志坚考上了东莞县第三中学。他住在哥哥的朋友何诚的家里，何诚是党派驻在太平地下交通站的负责人。一天晚上，何诚委托蔡志坚到太平市（今东莞市虎门镇）附近的龙眼村去送一封信。他拿出一张小字条，要蔡志坚先把内容背下来，再把送信的路线和收信人的地址、联络暗号告诉蔡志坚。当蔡志坚看到这张小字条，就知晓了何诚的身份，更懂得送这封信的重要性，心里非常激动。蔡志坚非常小心地将小字条卷成火柴棒大小，从衣扣缝里塞进衣襟内，按何诚吩咐的送信路线走，其间要经过敌人盘查得非常严厉的一道哨卡。他刚一走近哨卡，敌军哨兵就气势汹汹地吆喝着走过来开始搜身。

蔡志坚第一次执行党组织交给自己的送信任务，就遇上敌人的盘查，心里自然非常紧张。但他很快又意识到，自己是在执行党组织委托的重要任务，要胆大心细，不怕牺牲。于是，紧张的情绪很快就平静下来。他若无其事地抬起手来让敌军哨兵搜身，平心静气地说："我是太平镇县三中的学生。"敌军哨兵从他口袋里搜出一封信，打开一看，是一封内容为他在学校学习情况的家信。敌军哨兵看了半天也没发现什么问题，一挥手吆喝道："滚！"就这样，蔡志坚成功地完成了党组织交给他的送信任务。

半年后，蔡志坚患了伤寒，病情严重，迫于无奈，中途退学回家治病。随着抗日战争形势的变化，1945年春，霄边村已成为敌后解放区，霄边小学复办，蔡志坚又到小学去复读。这时，中国共产党派了多名党员教师到霄边小学任教，其中体育教师梁思潮领导组织了抗日少年先锋队，蔡志坚被推选为队长。

1945年夏天，日本侵略者又对霄边村进行血腥扫荡。蔡志坚和几名进步学生跟随龚锡贤、蔡一枝、梁思潮等老师撤出霄边村，被党组织安排到驻犀牛坡的东江纵队一支队油印室，正式成为东江纵队的一名小战士。

此后不久，支队油印室领导孙冰派人将蔡志坚送到东宝中学读书。蔡志坚入学不久,就被选为班长并加入共青团组织。

在此期间,他聆听了东宝行政督导处谭天度主任关于全国抗日形势的报告,以及王士钊副主任关于当时东宝地区实施的各项方针、政策的演讲。

1945年冬,国民党政府接管了广东抗日根据地,东江纵队主力奉命准备北撤山东烟台,东宝中学停办。蔡志坚根据党组织的安排,回到霄边小学当代课教师,同时协助地方武装力量开展情报工作。

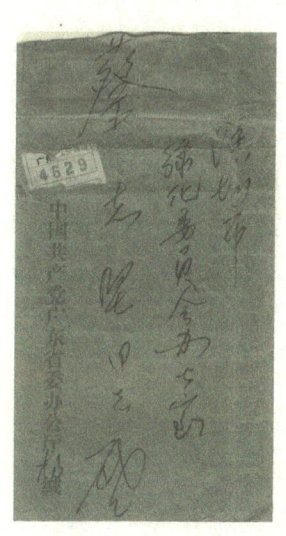 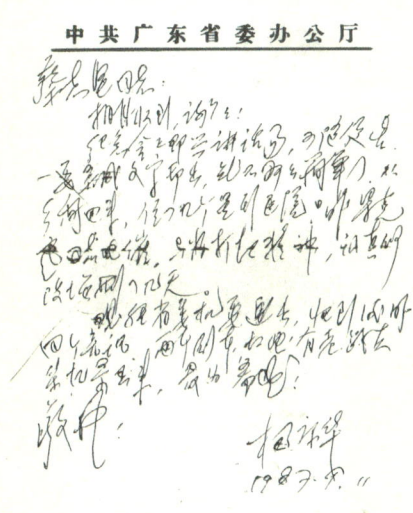

杨康华给蔡志坚的亲笔信(由东宝中学校友会会长、市绿化委员会陈琴代收)

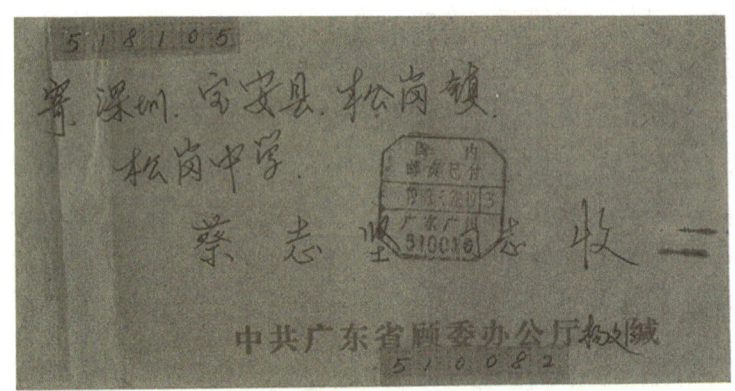

因杨康华住院，此信由其妻子代笔，杨康华亲笔署名

1946年下半年，蔡志坚考上了东莞师范学校，但只读了半年，又回到了霄边小学继续任教。1949年6月，蔡志坚按照党组织安排，负责怀德独树村地下交通站工作。

中华人民共和国成立后，留在宝安地区的东宝中学学生，许多已成为各中小学校的教师。怀着对东宝中学的母校情节以及受到老同学们的热情邀请，蔡志坚萌生了重回母校所在地工作的念头。

终于在1949年秋季，蔡志坚成为公明中心小学的教师。1952年下半年，蔡志坚又被调到沙井中心小学任教，兼管学校总务工作。1956年，沙井开始筹办中学，蔡志坚参与了沙井中学的筹建。

在校舍未建成之时，学校提前招收了一个初中班，借用当地的一座天后古庙上课，由蔡志坚具体负责首届初中班的开办工作。1958年沙井中学校舍建好后，公明初级中学（学校复办后名称）初一年级的学生整体转入沙井中学读初二（另初二年级转入南头中学读初三），这样，东宝中学复办后的第二届学生恰巧又与东宝中学老校友结缘成为师生。

由于蔡志坚工作出色，1961年下半年被调到沙井步溪小学（今为步涌小学）担任学校负责人。

1966年下半年，蔡志坚在"文化大革命"中受到冲击。恢复身份后，蔡志坚先后在沙井新桥小学、松岗塘下涌小学工作。在塘下涌小学任教时，担任初中班的语文教学工作，由于教学能力突出，所教班级语文成绩连续多年在松岗排名第一。1975年下学期，蔡志坚被推荐正式调入松岗中学。

蔡志坚，这位当年的抗日少年先锋队队长、学校历史上第一批共青团员（东宝中学时期）、东宝中学的直接传承人，在经历各种艰难曲折之后，终于如愿以偿回归母校，站上母校的讲台，开始了随后10年的教书育人工作，为党的教育事业，为培养社会主义建设者和接班人，呕心沥血，辛勤耕耘，默默奉献，直至1985年从松岗中学光荣退休。

蔡志坚退休以后，仍然积极地参与各项活动，为社会主义建设奉献余热。他先后担任多个群众社会团体的负责人职务，如深圳市东江纵队老战士联谊会理事兼宝安西片联络员、粤赣湘边区

程显友（左五）、刘向红（左三）、廖国军（左一）、程伟（右一）
拜访慰问蔡志坚夫人、松岗中学老教师江才笑（左四）及家人

纵队老战士联谊会松岗组组长、宝安区关心下一代协会理事兼松岗分会副主任、松岗镇老干部活动中心主任、松岗退休教师协会会长，等等。

蔡志坚同志就是这样一位活到老、学到老、干到老，矢志不移、兢兢业业地工作，并深受人们尊重的革命老人。2015年3月22日，蔡志坚病逝于深圳市人民医院，终年86岁。

蔡志坚的一生是追随革命的一生，是为党的教育事业无私奉献的一生。

从松岗中学走出来的非遗传承人

一、记省级非物质文化遗产"松岗赛龙舟"传承人文康宁

文康宁是松岗街道东方社区已经退休的老支书。1961年秋,文康宁从小学毕业,进入公明初级中学学习。当时学校条件简陋,甚至没有固定的校舍供师生上课,文康宁读初一时,是借用光明粉厂的车间上课;初二时,又搬到学校的本部——公明水贝下村陈家祠堂;到了初三,学校整体搬迁到松岗公社黄松岗下的校址(宝安党校旧址及松岗糖厂部分车间、宿舍)。

据文康宁回忆,学校搬迁工作于1963年秋季进行,由于缺乏

校史组采访文康宁(左一)

可以用来运输的车辆，他和同学们都是用手抬着桌椅板凳，从公明校区徒步到黄松岗校区。他清楚地记得，当时是何如德校长、廖政祥主任主持迁校工作的。他的班主任兼物理老师巫观水带领同学们一起把课室里的桌椅及教学用具全部搬运到松岗公社黄松岗校区。文康宁在黄松岗校区读了一年初三之后，于1964年毕业。

每当回忆起在学校读书的经历，文康宁总是感慨万千。他一直认为那是一段既艰苦又充实的时光。当时国家刚经历"三年困难时期"，学校的办学条件非常简陋，但是自己的求知欲望并没有受到影响。

在初一、初二时，从松岗到公明上学要步行好几千米，住宿和饮食条件都很艰苦，文康宁总是想尽办法克服困难。家里的兄弟姐妹多，经济条件仅能供他一人读中学。他非常珍惜这个来之不易的读书机会，学习特别努力，成绩也特别优秀，曾被评为"三好学生"，并获得了免交学费的奖励。

当时的老师也非常敬业，经常深入学生家中进行家访，到现在文康宁还清晰地记得班主任巫观水老师来家中家访时对他进行教导与鼓励的情景。

文康宁读初一时，学校正在建设白龙冈校区。虽然他这一届学生因为年龄小，没能亲自参加白龙冈校区的建校劳动，但是也曾为新校建设捐献过砖石、木材等。

初中毕业以后，文康宁回到生产队参加劳动，由于有知识有文化，很快成长为一名农村基层管理干部，之后又先后担任东方村村主任、党支部书记等职务。文康宁一直热心于文化教育事业，在任东方村村主任和党支部书记时，曾主持建成文天祥纪念馆，还划拨出东方村的土地给松岗中学建设新校区，同时还发动村民及村办企业积极捐款支援新学校的建设。

谈到龙舟文化，文老书记更是滔滔不绝。他认为，与龙舟结缘，完全是松岗当地的传统文化熏陶使然。赛龙舟活动在松岗历史很悠久，早至明清时期，当地就有端午赛龙舟的习俗。

在中华人民共和国成立初期，文康宁年龄尚小，但非常喜爱看龙舟比赛。每年端午龙舟赛他都随大人早早来到观看地点，有时饭都顾不上吃。甚至龙舟比赛结束了，他还意犹未尽，邀上几个小伙伴在鱼塘里划小渔船比赛。二十世纪五六十年代，由于频繁的政治运动和经济困难等原因，松岗的龙舟比赛曾一度陷于停滞。

直至二十世纪七十年代，国家倡导"发展体育运动，增强人民体质"。当时松岗公社各大队、生产队开始着手恢复深受大家喜爱的端午龙舟比赛活动。但是由于经济不宽裕，没有钱制作真正的大龙舟，大家就用渔船代替龙舟进行比赛。

改革开放以后，经济条件慢慢好起来，大家对龙舟比赛活动就更加重视。当时文康宁担任东方村村主任一职，镇政府安排由他负责组建一支真正的龙舟队。

1997年，松岗镇举办了第一届端午节龙舟大赛，东方村提前请来专业教练对队员进行训练。队员们团结一致，全身心投入，志在必得。最后东方代表队夺得当年龙舟大赛第一名。

1998年，回归之后的香港举行龙舟邀请赛，希望深圳市派出一支代表队参加。市里将任务交给区里，区里就把这个光荣的任务交给松岗镇东方村龙舟队。此次邀请赛中东方村龙舟队不负众望，又夺得第一名。从此，松岗镇东方村龙舟队声名远播。

1999年，松山镇东方村龙舟队参加在深圳市香蜜湖举办的龙舟大赛，获得第二名；之后又参与了电影《绝地苍狼》的拍摄。

随着国家对传统文化的日益重视，再加上松岗镇东方村龙舟队在各项大赛中取得的优异成绩，松岗赛龙舟活动最终被认定为省级非物质民俗文化遗产保护项目。

作为松岗镇东方村龙舟队的发起人和组织者，文康宁被大家一致推举为松岗龙舟协会会长，松岗赛龙舟非遗项目传承人的荣誉和重任也就理所当然地落在文康宁身上。

以东方村为主，松岗镇本地住着爱国诗人文天祥的后人，文氏祠堂是松岗镇最大的祠堂，每年的龙舟节活动结束后，龙头会被供在文氏祠堂里。松岗镇的端午节龙舟文化除了传统意义上的纪念屈原，还有一项特殊的含义就是纪念文天祥。

以文康宁为代表的优秀的文氏后人，正用自己默默的坚持，以不服输的龙舟精神传承着祖先的优秀品质。

二、记区级非物质文化遗产"木器农具制作技艺"传承人文业成

文业成是区级非物质文化遗产"木器农具制作技艺"的传承人。文业成于1960年秋入读当时的公明初级中学。1962年上半年读初二时，因为家庭经济困难而辍学。但文业成天资聪颖，凭着文天祥后人特有的坚韧不拔的顽强精神,经过自己多年的刻苦努力,在木制农具、书法、绘画等方面都有了很深的造诣。

　　文业成刚入学时,正赶上学校兴建白龙冈校区。学校号召每位学生捐献建校材料。文业成家庭困难,没有现成的青砖、木材可捐,父亲就把自家大门上的横杠取下来让他带到学校。文业成又利用放学时间到各处捡拾废旧砖头,然后用竹筐挑到学校。

　　文业成不仅为白龙冈校区捐献过建设材料,还亲自参与过建校劳动。有一次下午劳动课时,老师曾带着文业成和其他同学从公明步行到松岗白龙冈帮助建校。在物资极端匮乏的情况下,老师和同学们都忍着饥饿,靠自己的双手,一砖一瓦建起白龙冈校区。

　　因为当时学校仍在公明,离松岗路途较远,文业成只能选择住校,但是住宿条件也十分简陋,文业成家没有被褥让他带去学校,学校也没有专门的宿舍,他只能每晚在教室的地板上铺上稻草,垫上草席就地而睡。即使条件这样艰苦,年少的文业成仍一直坚持努力学习,学习成绩也一直名列前茅。

　　文业成自小就有艺术天分,书法和绘画水平超过一般同学。有一次学校举行书法比赛,他的作品被评委老师评为第一名,但他的班主任兼语文老师凌鹤鸣却提出要扣三分,理由是他用来书写的墨水太淡,影响了卷面审美,最终他只获得第二名。凌老师还把他叫来,当面告诉他扣分的原因,并教导他对待中华传统文化要有敬仰之心,写书法要用恭谨的态度,不能马虎。文业成认真受教,但却有苦说不出,因为家里经济困难,父母要他节省墨水,所以他在买来的墨水中加了水，但老师的教导却让他铭记终生。

到初二之后，家里已有了让他辍学的想法，但是老师告诉他，凭着他的文化和美术功底，将来可以去报考广州美工学校，鼓励他坚持读下去。由于老师的信任和鼓励，文业成主动承担了全校的板报宣传任务，经常周末还坚持留在学校出板报。

后来，由于国家教育政策调整，美工学校暂停招生，这对胸怀大志的少年无疑是个沉重的打击。得知这个消息以后，文业成无法再坚持在校学习，带着深深的遗憾和不舍离开了学校。

辍学之后的文业成进入松岗农具厂当学徒。他天资聪颖，凭着在读书时学到的几何知识，也借助自己的绘画功底，刻苦钻研木器农具制作，把原先全凭经验制作的木器，都按照一定比例绘制了图纸，并对原有的器具进行改良创新，继承和发扬了松岗木制农具的制作技艺。

改革开放以后，松岗本地的农业生产逐渐被工业、商业取代，但是文业成仍对木器农具的制作情有独钟。虽然木器农具已经不再具有实际的作用，但是文业成把它当作一门艺术来钻研，潜下心来，不断提升木器农具的制作工艺，使这项传统技艺在新时代具有了新的价值。2012年，文业成的木器农具制作技艺作为传统手工技艺被列为区级非物质文化遗产保护项目。

以文业成为传承人的木器农具制作技艺被评为区级非物质文化遗产项目以后，文业成更多思考的已经不是技艺的改良与进步，而是这项技艺在新时代如何传承。

木器农具在松岗已经历了 200 多年的制作历史。由于这项传统的农具制作技艺种类多，工序复杂细致，全靠手工锯、破削、刨、雕刻、装配，特别是在木器上雕刻"福、禄、寿"等字样和花纹图案，工艺更为复杂，现在的年轻人大多都不愿意学习农具制作技艺，目前已后继乏人。

　　文业成积极响应宝安区非遗文化"四进"活动，以"非遗文化进校园"活动为突破口，经常走进学校的课堂，亲身为现在的学生们讲述过去的历史和木器农具制作技艺。

　　文业成通过讲述大米是怎么来的，引申出松岗木器农具的发展历史，为学生们介绍木器农具的名称、构造和用途，让学生了解农耕时代的生活场景和先辈们在这片土地上自力更生、丰衣足食的农耕故事。

校史组采访文业成（左起：程伟、叶冠民、文业成、刘向红、龚奇锋）

文业成计划筹建一家非遗农具博物馆，将自己历年来收藏的明清时代农器具和自己亲手设计制作的作品，按照粮食作物种植、收割的时令进行布展。他的初心和宏愿就是要传承松岗农耕文化，让年轻一代明白农事的艰辛，珍惜现在的幸福生活。

松岗木器农具反映了深圳本地农民勤劳节俭的生活品德和吃苦耐劳、敢于创新的意志品格，是松岗人农业经济时期的奋斗证明；勤劳勇敢、自强不息是松岗人改革开放新时代引以为荣的精神脊梁。

文业成对农具制作技艺的传承，对农耕文化的弘扬，也是松岗文天祥后裔不忘初心、继往开来精神的体现。文业成虽然中途因经济困难而辍学，但他仍是母校引以为荣的优秀校友！

我与新疆班学生们的故事

——讷笑春老师的回忆

我是深圳松岗中学的一名英语老师。38年前,我从江西井冈山大学毕业,带着我的父亲——一位戎马一生的老军人的期望,走上教书育人的三尺讲台。在革命根据地江西省吉安市的一所学校里,我工作了许多年,直到父亲去世。

讷笑春老师

在母亲和大学同学的支持帮助下,我来到了祖国改革开放的前沿城市——深圳市。一个偶然的机会得知,当时松岗中学正面向全国公开招聘优秀教师,于是我前往应聘,并幸运地成为首届新疆班的一名教师。我与新疆孩子们的故事也就这样开始了。

起初得知要带新疆少数民族学生时,我还是有些许担忧的。虽然知道这批学生都是经过精心选拔的,但我担心自己听不懂他们的语言,在交流沟通上可能会有障碍。正式接触后,我才知道这些学生有非常好的汉语基础,有的学生普通话说得比我还标准,我这才知道自己的担忧是多余的。

为了能够更好地开展教育教学工作,学校对我们进行了专业的岗前培训。这不仅让我第一次了解到新疆当地的风俗、人文和历史，以及新疆少数民族学生独特的饮食生活习惯，还让我深入理解了承办新疆班的重大意义，感受到了肩负的光荣使命和责任。

这些经历，让从没去过新疆的我，越来越好奇祖国西北大地上发生的故事，也越来越对这群来自大漠天山的孩子们充满了期待。

终于，到了见面的那一天。在大家的热切盼望中，载着来自新疆的学生的大巴车从远处缓缓驶来。我想当时的每一个人，都不会忘记彼此间的初见。

学生们拎着大包小包的行李，即使历经了三天两夜的旅途已经疲惫不堪，也难以掩盖那一双双清澈而兴奋的眼睛闪烁的光芒。

他们用着流利的普通话向我们问好，并主动上前拥抱我们，这让我们所有人又惊又喜。

我深知这群学生的不易，在懵懂的年纪就踏上了万里迢迢的求学之路。比起本地的学生，他们更需要关心和爱护，于是除了"老师"这个身份，更多的时候我还扮演着"妈妈"的角色。

刚开学时，一名来自库尔勒的回族女生，由于水土不服，导致生理期紊乱。同为女性的我深知问题的严重性，主动带着她跑了很多家医院寻医问诊，最终医生建议她通过服用中药来调理。于是，每天煎两次中药的任务，便由我的丈夫"顺理成章"地承担下来。这样送药、煎药，频繁往返于家和学校的日子，持续了三个月，这名学生最终渐渐康复，开始正常地学习生活。

付出的同时，我也常常收获感动。学生们非常懂得感恩，那些年里的每个生日都是他们陪我度过的,那个放在不锈钢蒸锅上的生日蛋糕,是我吃过最甜的、最难忘的蛋糕。

那一天,我像往常一样进入教室后,讲台上的不锈钢蒸盘和一束鲜花让我有些诧异,再走近一看原来里面装着一个特制的蛋糕,蛋糕上插着彩色的蜡烛。

班长作为主持人,播放了一个写着满满祝福的幻灯片。校园广播也传来了班里同学为我朗诵的文章,当听到开头的那一句"妈妈,您好!"时,我的泪水便再也忍不住了。

能与他们相遇,是我一生中最亮丽的风景。他们让我明白了,"妈妈"这个词不限于血缘,也可以是跨越万里的爱与陪伴。

令我印象深刻的还有这样一个"乌龙事件"。

一天下课后,管理班费的女同学发现放在桌子上的班费丢了,急得号啕大哭。大家都以为是被人偷了,我也打算展开调查。结果是班里另一名同学看到班费随意放在桌上不安全,就先收起来保管好。

通过这件事,我更了解这群学生的内心是多么的善良朴实,他们身上诚实真挚的品质深深地打动了我。他们不仅有颗真挚的心,刻苦学习的样子也特别美。

当时学校的住宿条件还是比较艰苦的,10个人挤在一间宿舍里,也没有空调。但这并没有影响他们学习的热情,他们都非常珍惜学习的机会,争分夺秒地学习,用优异的成绩回报国家和学校、父母和老师。白天,除了必要的活动,大家都在教室里学习,回到宿舍后还要学习到很晚,宿舍教官几次三番催促才熄灯休息。

讷笑春老师（第三排左一）和她的第一届新疆班学生合影

这样的作息，他们保持了四年。

　　他们的努力得到了回报，全班 40 人全部考上重点大学。其中 1 人考取清华大学，3 人考取北京大学，2 人考取同济大学，2 人考取中山大学，多人考取浙江大学、厦门大学、武汉大学等名校。

　　如今，毕业后的他们有的进入了腾讯、华为、新浪、华硕、格力等知名企业工作；大部分同学则回到了自己美丽的家乡，为建设美丽的新疆而努力……每个人都过着各自幸福的生活，为社会建设奉献自己的一份力量。我想这与他们诚实善良的品质，过硬出色的本领，特别是母校传递给他们的"爱国利民，自强不息"的精神是密不可分的，这让我倍感欣慰。

　　为接送学生，我一共去过四次新疆，每次看到新疆的变化都会令我眼前一亮。这里也有我的学生们的一份贡献，这令我倍感自豪。

我喜欢新疆的孩子，现在依然有退休后去新疆支教的愿望，希望自己可以与这片土地和这片土地上的人们有更亲密的接触，更深入的交流。

我担任新疆班教师迄今已经二十年，这一路走来也少不了家人的支持。我的丈夫是一名体育教师，他是我工作的最大支持者和鼓励者。对于自己的女儿，我也感觉亏欠她很多。当时一心扑在照顾新疆学生的工作上，对女儿的陪伴少之又少。后来她渐渐地长大了，懂事了，也慢慢地理解了我从事这份工作的辛苦与责任。

时间转瞬即逝，一晃已经过去了二十年，每当回忆起那段和新疆学生一起奋斗的日子，我还是会热泪盈眶。这是一段珍贵的缘分，也是属于我的幸运，值得我珍惜一辈子。

学校文化,其实是骨子里的东西

——同行眼中的松岗中学

2009年4月24日至25日,我有幸参加第一届港、台与内地(祖国大陆)语文教学圆桌会议报告会暨散文教学研讨会,来到了深圳市宝安区松岗中学,这所之前从未听说过的学校,用它的行动告诉我——学校文化,其实是骨子里的东西。

一、教师,一个为学校荣誉而努力的集体

松岗中学的大门,并不宏伟。初入校门,学校的保安问道:"老师,您是来参加研讨会的吗?"在我点头确认之后,保安用很绅士的姿势将我指向了报到的地点,因为是雨天,还不忘提醒"请您走绿色长廊"。

踏入报到大厅,迎面而来的是接待老师亲切的话语:"感谢您对我们学校工作的支持,老师请您签到。"随后接待老师把相关的资料用半鞠躬的姿势递给了我。

在我顺着绿色长廊走向会议报告厅的过程中,需要几个转弯,令我惊讶的是给与会老师指示路线的不是学生,而是面带微笑的老师。

当一个学校为了不耽误学生的学习时间或者休息时间,而让老师做最平凡的事情而且每个老师都很乐意地做好的时候,这个学校的合力是令人赞叹的。

二、校长，一个真正的教育专家

2009年4月24日8:30，罗玉平校长开玩笑地说："既然冯老师（冯善亮，广东省教育厅教研室教研员）说要我讲20分钟，那我就先把预先写好的稿子放一边吧。"

于是罗玉平校长开始了脱稿演讲。从回归学科的总体理念概述，到学科教学的构建以及具体的操作；从自己所从事的专业，到相关学科的阐述；从新课程的理念，到具体的操作困惑；从对教学之茧的认知，到破茧的痛苦与喜悦；等等。罗玉平校长的分享令人受益匪浅。这是一个专家式的校长，一个教育的真正内行，而不仅仅是个管事的人。

罗玉平校长是一个校长，更是一个第一线的教育专家。从这个校长的身上，我深刻地感受到学校的科研文化，其实是渗透在每个人的骨子里的。一个学校的校长，一旦脱离了教学的第一线，成为单纯的行政管理者，那么教育的悲哀就来临了。

三、学生，将自觉化为自然的群体

2009年4月24日15:15，著名特级教师陈继英的示范课结束了。

来自松岗中学新疆班的同学们有序地退场之后，我发现了一个让人震惊的现象，不是桌面和地板上没有一张纸，而是学生们坐过的凳子被摆回到课桌下面。这本来没有什么奇怪，但是那些凳子摆放的整齐程度不能不让人震撼。而且这个过程，没有人刻意去要求，更没有人临时要求，而是学生自主地完成的，且完成到了极致的地步。

我忍不住对坐在旁边的江门市语文教研员刘晓曦老师说:"刘老师您看,这里的学生多么自觉,凳子摆放得是多么整齐啊!"

"是啊,这已经不是自觉的问题了,而是将自觉化为了自然。"刘老师如是说。

自觉化为了自然,这是教育的极大成功,是学校文化渗透到骨子里最深刻的体现。

四、后勤,一支令人起敬的队伍

一天的大雨淋漓。

2009年4月24日17:40,在深圳市教研室教研员程少堂老师的幽默结语中,第一天的活动落下了帷幕。

拖着疲惫的身体走进洗手间的一刹那,我又一次震惊了:每个便池的旁边都放了一个大大的水桶,里面装满了一桶桶的水,还放了一个用于冲水的瓢。

很显然,这是后勤人员用一个个大的垃圾桶放在排水管口接的雨水啊!节约每一滴水,充分利用每一滴水,松岗中学的作为,让人肃然起敬。

集体合力、专业引领、化自觉为自然、变口号为行动,松岗中学告诉我们,什么才是真正的学校文化,说到底就是骨子里的东西!

本文摘自2009年4月27日新浪博客,是一位外校教师在松岗中学的所见所感,从他人的视角来看松岗中学的校园文化建设和发展。

木棉花之恋

——记松岗中学首位正高级教师邱绍谦

松岗中学文剑辉教学楼，常年被高大茂盛的花树翠木簇拥着，四季景色宜人。每年春天，树丛中的几株木棉树特别耀眼。火红的木棉花开满高高的枝头，像一支支尽情燃烧的小火炬，以自己独特的方式绽放着生命之美。

此刻的教学楼六楼高三办公室的窗前，一位年过半百两鬓斑白的男教师正在凭窗眺望。手头的工作刚刚告一段落，他站起身来，轻轻推开窗户，春天的气息扑面而来，抢入眼帘的是几处火红的木棉花，像一团团火焰……他会心地笑了，嘀咕一句："又开花了啊！今年开得有些早呢。"那是他最熟悉的花，他陶醉和依恋于这片火红。

2003年初春，邱绍谦以省级优秀骨干教师的身份从星城长沙来到了南国鹏城深圳。借松岗中学承办内地新疆班而向全国招聘优秀教师的东风，三十五岁的他意气风发地跨进了松岗中学的校园。

第一次站在校园内几株木棉树下，他瞬间被这满树火红的木棉花所吸引，一种由衷的爱恋油然而生。这爱恋成了十八年的守望。十八年里，邱老师从风华正茂的青年骨干，"进化"成了早生华发的松中元老、松岗中学历史上首位正高级教师。

松岗中学首位正高级教师、深圳市名班主任工作室主持人邱绍谦

一、"金牌"教练

"……如果我能在蓝天上翱翔,是你给了我一双强有力的翅膀!老师,教师节快乐!"这是2005届毕业生吴玉洁发给邱绍谦老师的短信,如今女孩已是上海某知名大学的教师。

每年教师节,邱老师都会如期收到很多条学生的问候短信,其中吴玉洁同学的问候,从毕业到现在从没间断。学生的节日祝福,又将邱老师的思绪拉回到了十八年前……

那是2003年5月,在深圳市宝安区的化学竞赛中,邱绍谦带着陈丹、吴玉洁、谢旭等学生,夺得了区赛十个一等奖中的7个!大喜过望的罗玉平校长当即决定开设化学奥赛辅导课程,主教练的重任顺理成章地落在了邱老师身上。从此,邱老师既要忙常规教学，又要忙竞赛辅导。平时上课期间的部分晚修、几乎每个周末、2003年和2004年的两个暑假，他都与这帮学生一起度过。

2004年接连不断的市赛、省赛、全国赛，他们一路过关斩将，战绩辉煌，有两名学生拿到了全国化学奥林匹克竞赛的金牌（省赛区一等奖），取得了重点大学的保送资格，这其中一名就是吴玉洁同学，当年她被保送至上海交通大学。

这两块金牌也是松岗中学化学竞赛辅导历史上取得的双"首金"，邱老师也因此获得中国化学会颁发的化学竞赛突出贡献奖。

2004年底，邱老师被学校聘为化学奥赛首席教练。在后来的10多年里，他带着化学科组的两名竞赛辅导老师，为学校继续赢得了10多块化学奥赛金牌，获得金牌的学生均取得了重点大学的保送资格。

二、功勋级长

邱绍谦自2005年起接手松岗中学高中年级长工作，在级长岗位上一干就是十六年。这十六年里，他带领自己的年级团队，送走了五届高三毕业学生。他和团队的"战友们"，共同谱写了松岗中学一届又一届的高考传奇。

2007年高考，松岗中学高三新疆班重点上线率达50%，是学校新疆班高考重点上线历史最好成绩，名列2007年深圳市所有学校重点上线率第三名、宝安区第一名；学校也因此荣获深圳市高考先进单位卓越奖。在当年全市高考工作总结表彰大会上，时任校长罗玉平作为学校代表发言（总共两所被推荐学校，另一所是深圳中学）。

另外，2007届学生朱佳获全国中学生物理决赛一等奖，进入国家集训队并被清华大学提前录取；高龙同学以广东省内地新疆班理科第一名的成绩考入北京大学；冶晓倩同学以143分的成绩夺得深圳市高考英语单科状元；高杰同学以148分的成绩夺得深圳市高考物理单科状元。

2010届、2013届和2016届高考，邱绍谦和他的"战友们"，连续三次为学校夺得"深圳市高考先进单位卓越奖"，本地生重点上线率连续多年保持宝安区第二。

2010年，马文梅同学夺得宝安区理科总分第一名，考入北京大学；吴利鑫同学夺得宝安区理科总分第二名，考入上海交通大学。2013年，张蕴璐同学以681分的成绩夺得宝安区理科总分第二名，考入复旦大学临床医学专业（八年制）。

在2016年深圳市教育局组织的高考总结会上，松岗中学被深圳市教育局领导评价为"低进高出"的典范学校。

2016年秋季开学，作为资深年级长的邱绍谦及其团队在迎来新一届学子的同时，也迎来了一场新的考验。因为教育部对全国承办内地新疆班的学校提出了新要求：所有新疆学生要与本地学生实行全面混合编班、混合住宿。

第一次执行混班混宿政策，没有任何经验可循，邱绍谦顶着巨大压力，探寻以班级文化建设来促进民族融合和学生共同成长的德育新路。年级先后组织了"班徽、班训"评比活动，并开展了原创班歌比赛；策划了隆重而别具特色的成人礼、百日誓师、毕业典礼等大型活动，让学生终生难忘。

2019届高三高考，本地班重点率达52.68%，比上年增长4.88%，本科上线率为96.53%，创学校本地班历史最好成绩，学校也因此获深圳市高考先进单位超越奖。

学生三年一届，来了又走了，走了又来了；校园的木棉花，开了又谢了，谢了又开了，年复一年地绽放美丽，留下芬芳，不断地见证着邱绍谦和同事们耕耘的汗水与丰收的喜悦。

三、成长导师

2020年11月深秋，宝安区第八届班主任能力大赛上，安静的现场中更让人感受到结果宣布前那种特殊的紧张气氛。当主持人报出特等奖的名单时，台下松岗中学团队席上欢呼声一片！邱绍谦名班主任工作室成员宋赢赢获得本届大赛高中组第一名，并将代表宝安区参加深圳市班主任能力大赛。

作为带头人的邱绍谦露出了欣慰而淡定的微笑——这已是他第四次带领自己的团队征战班主任专业技能大赛了。

2016年底，为了探索新形势下学校德育工作和班主任队伍建设的新途径，帮助年轻的班主任队伍快速成长，学校德育处决定，在初中、高中部各挂牌成立一个名班主任工作室，选出两名在班主任工作中的有经验、有影响力的教师担任主持人，带领各自的团队，先行先试，率先垂范，以期形成松岗中学"一机两翼"德育工作的新格局。

但在研究确定工作室主持人时，颇费了一番周折。最后经过慎重考虑，决定打破在班主任中选人的定势思维，让年级长邱绍谦来担纲。时任副校长刘向红找邱绍谦谈话，推心置腹："你担任年级长，还有两个班的教学，如果再加一个工作室，工作量至少又要增加三分之一，实在有点于心不忍；但根据德育处反复考察的情况，一致认为你是最合适的人选。当然我也明白，一个学校级别的工作室主持人的头衔，对于一位早已荣誉等身的老教师来说，唯一的意义就是两个字：奉献。你看……"面对学校领导充满期待的目光，邱绍谦给出了四个字回答："责无旁贷。"

自此，松岗中学历史上第一个名班主任工作室正式挂牌运作了，团队刊物办起来了，一艘由"80后""90后"年轻班主任组成的学校德育"先锋号"航船，肩负"为国育才，为党育人"的使命，在优秀党员教师邱绍谦的带领下，沿着班主任专业化发展之路正式启航！

2017年6月，邱绍谦带领团队首次出征，参加在佛山市由广东省中小学名班主任工作室联盟组织的广东省首届中小学班会课说课比赛。黄海涛获中学组特等奖，王杨、宋赢赢获中学组一等奖。工作室成员的论文在联盟首届德育论文评比中也连获佳绩。

工作室的年轻人，开始在各类班主任专业技能比赛及征文中崭露头角。

2018年11月下旬，广东省第七届中小学班主任专业能力大赛在佛山市南海中学举行，这是全省最高水平的班主任技能比赛，可谓群英荟萃，强手如云。深圳市高中组的参赛选手就是工作室成员、市选拔赛的第一名言静老师。言静老师最终不负众望，夺得综合总分一等奖和情景答辩单项一等奖（最高奖）。实现了深圳市宝安区高中学校教师自此项大赛举办以来一等奖的零的突破。

喜讯传来，全校欢呼一片，省、市、区十多家新闻媒体也争相报道。载誉归来的言静老师，在全校教职工大会上动情地说："邱绍谦名班主任工作室是我快速成长的平台。我在前后长达10个月的学校、学区、区、市选拔比赛时间里，身心备受煎熬，也偷偷哭过多次，甚至有几次我都想放弃比赛了，是工作室主持人邱绍谦老师和工作室小伙伴们，自始至终持续不断地给我帮助、指导与鼓励，让我不断地鼓起信心和勇气，一路过关斩将勇往直前！最终，我以每次选拔赛第一名的成绩，一直走到了省决赛赛场……"

工作室成员们工作勤勉、扎实，班主任工作方法极具创新特色。王杨坚持给带过的每个班写一首班歌，以增强班级凝聚力；言静坚持给全班每位同学写信，帮助学生解决成长过程中的困惑；黄海涛创建"水滴班"公众号，与家长分享班级创新活动，促进家校共育……

创新的理念加上认真的实践，让这支班主任团队沉淀了不少成果：编印了班主任工作专刊《启航》共5期；所主持的深圳市课题"内地新疆班混班教学策略探究"、深圳市宝安区重点课题"民族团结背景下高中德育创新研究"均已结题；广东省课题"内地新疆班开展融合教育研究"已通过中期检查。

年轻的工作室成员已逐渐成长为学校、区、市、省各级优秀班主任。2019年松岗中学评选首届"十佳班主任"，高中部"十佳班主任"中有六名就是邱绍谦名班主任工作室的小伙伴。

2019年9月至12月，王杨参加深圳市"我最喜爱的班主任"选拔比赛，获区一等奖和深圳市"我最喜爱的班主任"称号。

2020年8月，王杨荣获广东省教育厅、省精神文明办联合评选的"广东最美教师"称号（深圳市仅有5人，王杨是其中最年轻的一员）。

2017年6月，邱绍谦名班主任工作室获广东省中小学名班主任工作室联盟"积极作为奖"；2018年6月，获"宝安区优秀工作室"称号；2019年9月，邱绍谦被评为"深圳市第二批名班主任工作室主持人"，工作室也同步升级为"深圳市名班主任工作室"。工作室一年一个台阶，声名远播，吸引越来越多的年轻班主任加盟。

为了带好这支年轻的班主任团队，邱绍谦付出很多，但他表示非常乐意做年轻人的成长阶梯。邱绍谦常说："陶行知先生说过，'教师最大的快乐是培养出值得自己崇拜的学生。'教学相长，我常常会被工作室这帮年轻人感动。从他们身上，我也学到了不少东西；和他们在一起，我发现自己也成了一个意气风发的年轻'后生'，我感受到了我的青春激情还在和他们一起燃烧。"

时光荏苒，芳华永驻。松岗中学校园中的那几株木棉树，仍以坚韧不拔之姿屹立于树丛，怒放于春天。是的，今年的春天来得比往年要早些，校园中的木棉花开得正红正旺。邱绍谦老师每天都会从这里走过，他时常驻足木棉树下，陶醉和留恋于满树的火红，也深情致意落英遍地的芬芳……

2020年12月

长者之风，山高水长

——记松岗中学党委副书记、纪委书记、新疆部主任邓克

2019年10月1日，庆祝中华人民共和国成立70周年大会在北京天安门广场隆重举行，现场氛围热烈高涨。参加观礼的人群里，有一位来自深圳教育界的长者，他身材健硕魁梧，满头银发，他就是刚刚荣获"全国民族团结进步模范先进个人"称号的深圳市松岗中学党委副书记、纪委书记、新疆部主任邓克。

深圳市松岗中学党委副书记、纪委书记、新疆部主任邓克被评为"全国民族团结进步模范先进个人"，并受邀参加庆祝中华人民共和国成立70周年大会观礼

看着邓克老师的满头银发，和他工作多年的同事都不禁感叹："时光催人老啊！"他们都记得邓克老师当初来到松岗中学新疆部工作的模样：一头板寸黑发，身形高大笔挺，话音饱满洪亮……

二十年，白驹过隙，弹指一挥间。

二十个寒假，他都陪伴新疆班学生在校园中度过；二十个春节，他没有一次能够回家乡与亲人团聚；二十年来，他给学生买的火车票"旅程"足迹印在深圳、广州、兰州、乌鲁木齐等多个地方；二十年来，他 60 多次坐火车护送学生返疆、回校……回顾邓克老师的人生路，同事们发现，他的二十年，不只是一个教育工作者普通的二十年，更是一个教育"播火者"、引领者和温厚长者辛劳、坚持、坚守的二十年。

一、"播火者"和引领者

邓克老师一接触新疆班工作，就明确了自己的工作方向：高度重视学生的思想政治教育工作，做一个党的教育思想的"播火者"。

新学年开学之初，学校会例行对新疆班新生进行入学教育。每一年，入学教育课上给学生留下印象最深的精彩教育演讲，一定是邓克老师的入学教育演讲。邓克老师这一开讲，就是 20 年。

学期始末讲，重大节日时讲，累计起来已有 160 余场。讲的内容广博而有针对性：心理辅导、思想品德、行为规范、意识形态、爱国感恩、民族团结、"五个认同"、抵制"三股势力"等。邓克老师常说："我们不仅要让学生学到知识，更要让他们在思想品德上成为过硬的人；我们要做党的教育思想的'播火者'，做学生人生路上的引领者。"

松岗中学作为全国第一批新疆班办班学校，办学之初，老师们没有经验，不熟悉新疆，不熟悉新疆学生。教育教学管理没有现成的模式可循，一切都要靠自己在实践中摸索，而这种摸索还不能像人们通常所讲的"摸着石头过河"那样随意，因为事关政治，不能有半点失误；事关航线，不能有丝毫偏离。松岗中学又是全国新疆班办学规模最大、学生人数最多的学校，压力有多大可想而知。而作为新疆派来的唯一的一名正编教师，平时年级组、班主任在对新疆班学生教育过程中遇到了困难、困惑，碰到解决不了的问题，第一时间想到的人就是新疆部的邓克，向他反映，向他讨教，甚至直接将问题一股脑交给他这个新疆学生的"大家长"，这个新疆孩子们共同的"邓爸爸"。在大家心目中，仿佛没有邓克解决不了的问题，邓克就是大家的主心骨、定心丸，就是办好新疆班的"中流砥柱"。

其实，邓克也不是神通广大的"天外来客"，被调来松岗中学之前，他也是一名站在三尺讲台上默默耕耘的普通数学老师和班主任。只因他来自新疆，而且是一名共产党员，所以比别人多了一份对党中央办新疆班的伟大"初心"的理解，也就多了一份对自己所肩负的使命的主动担当。

邓克老师常说："将一个孩子引入正途，就是挽救了一个家庭，是对教育事业的负责。"

学生马萍在 2009 年暑假回家后近一个月没返校，学校联系不上，准备上报除名。邓克找到学校领导，诚恳地说："如果这里将她除名，新疆那边的学校又没读上，这样就可能毁了这个孩子。据我了解，这个孩子本身就是单亲家庭，母亲还患有多种疾病，如果我们不给她机会，对这个家庭更是一个沉重的打击。希望能给我一点时间来沟通处理。"经过邓克老师的努力，马萍同学终于重新回到了学校课堂。但邓克老师对她的教育并没有因此有所放松，他一方面严肃地指出马萍同学自由散漫的错误，一方面又给予了她一个长者的关心。

最终，马萍同学深深地认识到了自己的错误，并积极努力改正，短时间内各方面都发生了巨大变化。2010年，她顺利考上了广东外语外贸大学。

木扎帕同学进校后不仅学习差，其他方面的表现也让老师大伤脑筋，第一学年因为多次违纪，他本应受到退学处分。邓克多次跟他沟通，陪他聊家常，还通过电话与其家乡村干部联系沟通，最终找到了孩子问题的根源所在。

在接下来的三年里，邓克老师一直密切关注木扎帕的学习、思想行为，并给予了他及时的纠偏指导和帮助。木扎帕同学后来考上了重庆大学，从而开启了一段积极向上的人生路。

20年来，邓克老师曾帮扶过许多暂时没有找准人生方向的学生，最终引导他们走向了光明之路，也帮助学生的家庭驱散了阴霾，获得了阳光。

2015年教师节，一场文艺演出正在深圳会堂火热上演。随着14个不同民族的学生旋转着舞蹈上场，诗朗诵《边疆来信》拉开了序幕。这是一群已经大学毕业回到新疆任教的校友们的心声，其中3名教师的来信表达了他们对母校最深沉的爱与感激。

曾是"问题学生"的阿里木江在信中写道："亲爱的邓老师，还记得当年经常惹事的我吗？我现在也成为一名教师了，当我面对学生时，才深切地体会到我当年是多么调皮和不听话，写这封信，就是想就当年的行为向您道歉……是您一次又一次无比耐心的谈话教育，让我从内心深处感受到了久违的父爱。后来我坚定地选择了师范专业，不为别的，只因为我也想成为像您这样的好老师……"

"长大后，我就成了您……"在演员们动情的朗诵声中，剧中3名教师手捧鲜花出现在舞台中央，向他们的恩师鞠躬、献花并现场发表感言。这令人惊喜又动容的一幕，令台下的观众热泪盈眶……

"我从小在新疆长大，与那片土地和人民有着深厚的情缘，因为我深知一个孩子就是一个家庭的希望。在这二十年里，我既是松岗中学的教师，也是新疆孩子的家长，更是一名共产党员。身上这份沉甸甸的责任让我不敢懈怠，我必须加倍努力工作。"邓克老师动情地说。

二、温厚长者

《论语》中说孔子"温而厉"。如果说邓克老师在对学生思想要求方面是"厉"的话，他对学生的生活、学习方面的关心就是"温"了。

二十年来，寒来暑往，学生一届届地来，一届届地走，唯有邓克老师对学生的关爱像一团滚烫不熄的炉火，一直温暖着学生的心；二十年来，邓克老师像一把永远燃烧的火炬，一直照亮着学生们远去的征程；二十年来，邓克老师心细如发，对学生的关心从来事无巨细。

这份情、这份爱，汇聚成了松岗中学所有内高班学生一句深情的"邓爸爸"。

白雪同学是松岗中学第一届的优秀学生。但进入高三，她一度情绪低落，精神状态极差。邓克深知这时的她是最不能接受严厉的说教的，于是积极地与她沟通，像父亲一样和她聊天，终于使她走出了低落情绪。

高考期间，邓克老师带她到家里吃饭，让她感受到了家的温暖，最终她以全国新疆班理科第一的成绩被清华大学录取。

郭晓娅同学得了肾小球肾炎，病情非常严重，她的父母来照顾她，没地方住，邓克老师便把自己的宿舍让出来给他们住，还给他们提供生活物资的援助，事事亲力亲为。2012年高考，恢复健康的郭晓娅考上了山东大学。

艾力木古丽同学身患白血病，急需巨额治疗费用。邓克老师得知情况后立即向学校领导汇报情况，向全校发出了捐款倡议，并带头捐款1500元。最终共筹款10.28万元，之后，邓克老师又帮艾力木古丽同学联系医院，让她在新疆医科大学附属医院接受最好的治疗。

班涛同学是松岗中学2010届毕业生，2016年他得了严重的心脏病，几次病危。邓克老师知道后动员学生、老师捐款67680.2元（不含网上捐款部分），并亲自到医院送去慰问金。这件事感动了班涛家人和身边所有的知情人，新疆安贞医院的一位心脏外科专家得知此事后亲自为班涛动手术。由于得到了及时的救治，班涛安全度过了危险期，最终顺利康复。

米热阿迪力腿部骨折，无法走路。邓克老师亲自把他送回新疆的家里。米热阿迪力身高1.8米，一路上都是邓克老师背着他。家长得知后感动地说："就是亲生父亲也不过如此。"

阿孜古丽上大学期间想修第二学位，因家庭经济困难，向邓克老师求助，邓克老师当即给她汇去1000元。经过邓克老师推荐，阿孜古丽毕业后回到母校松岗中学当了一名历史教师。她动容地说："我要把邓爸爸的关爱回馈给母校的学生们。"

有一年，邓克老师作为护送老师护送新疆班学生返校，乘坐的火车快到长沙站时，学生阿依努尔腹部突然剧疼，脸色苍白，冷汗直冒。看到这种情况，邓克老师当即决定下车，他一边和列车长联系一边安排学生准备下车。因为护送老师少，其他人又没有经验，邓克老师就一个人陪着阿依努尔下车，送她到医院治疗。

后来，医生诊断出阿依努尔得的是急性阑尾炎。幸亏及时就医，要不然后果不堪设想。

……

三、荣誉，是肯定，更是激励

邓克老师在松岗中学工作的二十年正是他人生中最美好的年

华。在这二十年里，因为工作缘故，他一直与妻子分居，即使2016年妻子患病住院期间，他也没有请一天假。

在这二十年里，他任劳任怨，只讲奉献，不计回报，默默耕耘，把每一个学生都看作自己的孩子。在这二十年里，他将中共党员"不忘初心，牢记使命"的责任担当和一个人民教师"春蚕到死丝方尽，蜡炬成灰泪始干"的奉献精神置于生命中最核心位置。

二十年来，邓克老师从意气风发的青年，变成了满头银发的温厚长者。联结青年和温厚长者的是"十年树木，百年树人"的教育工作者的担当意识，这是一个长者的仁心大爱。

因而，与他的满头银发一同到来的，还有无数闪光的荣誉："全国民族团结进步模范先进个人""深圳市民族团结先进个人""深圳市教育系统十佳党员""第二届感动宝安优秀教育人物""新疆优秀教师""深圳市宝安区师德标兵""深圳市宝安区先进教育工作者"……

邓克老师虽然已年过半百，但仍精神矍铄，工作劲头依然很足。"教育学生无小事，有利于民族团结的事要多做。""荣誉，是肯定，也是激励。"他这样说的，也是这样做的。

现在，当我们走进松岗中学，我们依旧会看到满头银发的邓克老师忙碌的身影：找学生谈心、帮助学生解决实际困难……

长者之风，山高水长。

不忘初心返疆路，牢记使命育英才

——松岗中学暑期返疆护送队家访纪实

坐上飞快的火车，像骑上奔腾的骏马。铁道线和家访路上是我们育人的好课堂。

——题记

一、"七一"日幸福启航，护送路润物无声

2019年7月1日6:30，松岗中学第二批护送新疆生暨爱心家访工作队如期启航。在出发前，学校党委副书记刘向红特别强调："今天是'七一'，我们就要出发！为党庆生的最好方式就是为党工作。我们这个爱心护送家访队是以共产党员为主体的团队，其中有几位还是各支部的支部书记和支委委员。我提出几点要求：课程意识，将护送旅程当作立德树人的课堂；组织意识，不要私自行动；大局意识，提倡资源共享；廉洁意识，不接受家长的请客吃饭和礼物。"

7月1日的清晨，天气略显闷热。放眼望去，学校内广场处处欢声笑语，一张张青春笑脸在绽放，那沉甸甸的行李箱，满载着同学们一年的思念与漫长的等待。

伴着清晨的阳光，高一、高二年级的406名新疆学生怀着激动的心情在学校内广场集合。

"2号车人齐了，准备上车！"一声令下，47名等待已久的学生一拥而上，大大小小的行李箱几乎围住了整个大巴。"放不下了！"有个学生喊了一声，其他的学生瞬间躁动起来。原本在外围指挥的班主任李玩玲老师拨开人群挤了进去，只见十几个"着

急"的大小箱子横七竖八地占满了整个行李舱。李老师放下自己的背包，弯腰探进行李舱，先把两个小行李箱移至地上，再将舱内的几个大行李箱整齐排列，然后奋力从地上抱起一个小行李箱放在大行李箱上面。

"小的行李箱递过来！"看着身材娇弱的班主任亲力亲为，旁边的阿卜杜萨拉木忍不住了，挥手对身后的同学喊道，然后抱起旁边的行李箱，一个个往上放。"大行李箱给我！""小行李箱给我！"……在阿卜杜萨拉木一声声的指令下，学生们有序地配合起来。阿卜杜萨拉木直起身来擦了擦满头汗珠，回头看见自己的老师，咧开嘴笑了……

不知什么时候，每辆大巴旁，都有一个亲力亲为的老师和满头大汗的"阿卜杜萨拉木"——他们精明干练，热心服务，不辞辛苦地帮同学们将行李迅速有序地摆放在大巴的行李舱里。

学校领导和相关班主任全部到校门口送行。

天气晴朗，凉风阵阵。深圳交警全程护送，九辆豪华大巴浩浩荡荡地开出校门，向市区进发！

一路上，同学们叽叽喳喳的，他们像百灵鸟一样快乐地叫唤着："你看，每个路口都有深圳交警！""你瞧，我们的大巴车排列得多么整齐！""快看，铁骑又上来了，帮我们疏通道路！"……

"这可是我的大巴车第一次走快车道啊！"司机也很开心，笑着告诉同学们。

到达罗湖火车站后，同学们排队进站，在候车室等候片刻，就开始有序地上车。虽然天气炎热，但是师生精神饱满，迅速登车。

火车车厢过道很狭小，行李很多，女生们力气有限，无法将沉重的行李放置到行李架上，这时男生们主动承担起任务，将小件行李整齐摆放在座位下，将大件行李置于行李架上。

男生们行动井然有序，很快放好了行李，带队教师来到各个车厢，组织学生清点人数，等候发车。

列车工作人员称赞松岗中学师生在进站上车过程中体现出了良好的素质和严明的纪律，行动效率高，安全有保障，减轻了列车人员的工作负担。

帮助同学放置行李

二、长路漫漫担责任，聊天交心师生情

时针指向21:39，李玩玲、李敏、段丽霞老师前往学生车厢巡查上半夜学生休息情况。

"老师好！""老师好！"同学们热情地与老师打招呼。"你们也过来啦？"顺着熟悉的声音望去，大家发现了座位上与学生合盖一张小毯子的刘静老师。"刘老师，你还没回去啊？""是啊，回去也睡不着，陪着他们聊一聊开心一点，也安心一点。"

23:54，几名女老师刚从学生车厢返回，就见刚刚还鼾声如雷的吴明级长突然从铺上弹坐起来——"我要去学生那里看看，都几点了？"王宏伟、龚文龙、熊振杰、曾家赋等几名男教师也都醒了，快速起身，跟着级长往学生车厢走去……

列车载着孩子们激动的心，一路北上，跨过长江、黄河，转而西行，穿过茫茫戈壁、漫漫黄沙，于7月3日凌晨，伴着第一缕阳光，火车驶入哈密站。

松岗中学家访工作队早在出发前就召开了专题会议，明确职责，落实任务。带队的教师提前准备好，去各车厢引导学生做好下车准备，并且跟各个家长都取得了联系，确认家长前来车站接学生回家。

时隔一年，就要看到父母了，学生们脸上满是兴奋与激动，一点也看不到旅途中的疲惫。到达哈密站，有哈密教育局的工作人员到站台迎接学生们。老师把学生们交给教育局的同志，大家抓紧时间拍照、签字，第一站交接工作顺利完成。邓克副书记及时对大家的工作予以肯定和鼓励。4:50正值睡意正浓之时，老师们脸上却没有露出半点倦意。大家做到了分工明确，工作到位，热情周到，细致周密，给学生、家长和当地教育局同志留下了很好的印象。希望大家继续保持这种良好的精神状态和雷厉风行的工作作风。

很快又有学生在吐鲁番站下车，老师们照例按交接程序一丝不苟地护送学生下车、拍照、签字，完成交接。

到达乌鲁木齐站

乌鲁木齐站到了，老师们迎来了最艰巨的任务——将400多名学生交到内学办工作人员或家长手中。老师们按照事先的安排分成三组，准确清点人数，分别同前来接站的内学办工作人员和家长进行交接。

同学们依依不舍地跟老师们告别，老师们看到他们幸福的笑容也倍感欣慰。孩子们对家乡和亲人的思念，在这一刻终于在亲人的怀抱里得到了最充分的回应。这久别重逢的一幕幕让人泪水纵横，感慨万千。

即使是漫长的48小时火车车程，同学们也一直是兴奋激动的；即使有无缝衔接的值班安排，级长、带队老师也是不安心的……

努日曼是2017级学生，6月初，她在宿舍意外扭伤导致膝盖骨裂，需住院并接受手术治疗。由于归家心切，还未完全康复的她便提交了出院申请。

一路上，努日曼拄拐走路，行动极为不便，同学们热心地帮助她搬运行李。新疆部张翌老师全程陪同她进站上车，并将她安排在卧铺车厢休息。因努日曼需要在乌鲁木齐中转，张翌老师又安排了同是喀什地区的同学沿途继续照顾她，直到接到努日曼安全到家的电话，张翌老师这才松了一口气。努日曼在给张翌老师的电话中十分激动地说："老师，谢谢您！麻烦您了！假期我会好好休息，争取早日康复，开学后好好读书的！"

还有2018级学生祖克热。7月1日，在返疆途中第一天，细心的张翌老师在巡查车厢时发现祖克热的脸上、手脚均出现浮肿，祖克热自己解释说可能因为喝水太多的缘故，全身都酸痛。张翌老师根据自己的判断，估计不仅仅是喝水的问题，立刻汇报给邓克副书记。邓书记马上安排祖克热到卧铺车厢休息，并叮嘱校医随观。直到第三天下车时，祖克热的浮肿基本消下去了。

松岗中学师生将车厢变成了一个温暖的家，通过这趟返疆之旅，学生们又一次受到教育，真真实实地感受到松岗中学是一个民族团结的大家庭，给予自己无微不至关爱的老师如同父母，朝夕相处的同学就是亲爱的兄弟姐妹。

老师们深深地明白，每个孩子远离父母万里求学，他们背负着亲人的希望、家乡的希望、国家的希望。老师所有的付出都是职责所在，且意义深长。

三、有缘千里来相会，此情绵绵无绝期

爱心家访在 7 月 3 日的下午正式开始。第一个访问的是居住在乌鲁木齐市开发区的伊力夏提家。伊力夏提是 2018 级学生，原为高一（6）班学生，班主任是吴宝珺老师。现为高一（9）班物理类学生，班主任是康艳红老师。

老师们把家访时间安排在伊力夏提家长下班的时间——19:00，此时的新疆依然艳阳高照。当老师们赶到他家时，他的奶奶、爸爸、妈妈以及哥哥和小侄子都来到小区门口热情迎接。一进家门，大家就明显地感受到这个四世同堂家庭的温馨和睦，每个人脸上都写满了幸福的笑容。

老师们详细介绍了伊力夏提在学校的学习和生活情况：伊力夏提性格沉稳文静，尊重老师，团结同学；学习专心勤奋，政治意识强，是一名优秀的共青团员，还是国旗班成员。就读松岗中学以来，从未迟到旷课，身体素质好，乐于助人，任劳任怨，积极带头，所在宿舍一直被评为"文明宿舍"。

伊力夏提的父母告诉老师们，伊力夏提在进入松岗中学之后，明显变得更加懂事了，说话做事都比以前显得稳重了。

伊力夏提的父亲表示，伊力夏提在松岗中学读书，一家人都放心，感谢老师们的辛勤付出！他还特别提到，在等待录取通知的那段时间，伊力夏提每天都在祈祷能被松岗中学录取，因为朋友告诉他，松岗中学是新疆班教学质量最好的学校。那天晚餐后，伊力夏提如往常一样去书房打开电脑，当看到录取一栏中赫然显示"深圳市松岗中学"时，他兴奋地大喊大叫，惊得全家人都跑

过去，不知发生了什么事。只见他紧握双拳，激动地说："松岗中学！松岗中学啊！我终于成功了！未来属于我！"全家人都被他感染了，祝贺他梦想成真！父亲鼓励他一定要珍惜机会，勤奋刻苦，奋力拼搏，学有所成，感恩学校，感恩党！

老师们在家访过程中，感受到这个维吾尔族家庭的和睦、热情，置身于这样的家庭氛围中，体会到伊力夏提在松岗中学读书不仅是带着自己的梦想，还带着亲人殷切的期盼。吴明级长更是叮嘱年级每名老师，在教书育人过程中不能放弃任何一名学生，不能辜负每一个家庭的希望。

临别时，新疆部副主任、第二支部书记王立平代表学校送给伊力夏提1000元奖励性助学金。伊力夏提的父亲坚持不接受，说感谢老师的指导都还来不及呢！最终在老师们的坚持下，这位父亲含着感动的泪水接受了。家长赠言："有缘千里来相会。"吴宝珺老师答曰："此情绵绵无绝期。"

在伊力夏提家中合影

四、苦心人上天不负，有志者梦圆松中

7月5日，爱心家访团来到了吐鲁番。

第二个访问的是努尔比亚同学家。努尔比亚是松中2017级学生，分科时他选择了四年高考的物化生组合，现在在高一（2）班。

努尔比亚为人非常自律，担任班委，热心地为大家服务，人际关系很好。此外，她积极参加学校各项活动，喜欢跳舞，是学校健美操队队员，班主任李玩玲老师和健美操教练李敏老师都对她称赞有加。

其父母都是葡萄沟景区职工；她的姐姐是大学应届毕业生，我们到达时，正碰上她的姐姐要去参加一个应聘面试；她的弟弟在当地的学校上小学，是个活泼可爱的小小男子汉。

这一刻，努尔比亚家里充满了欢声笑语，在主人盛情的招待中，大家是那样的无拘无束。努尔比亚在跟刘向红副书记交谈时，讲到自己在初中的学习经历。她在小升初考试当中，因为一分之差与内地新疆初中班失之交臂，只好在当地普通初中读书。但她立下志向，初中三年卧薪尝胆，努力考取新疆班！最终，苦心人天不负，努尔比亚同学通过当地中考以优异的成绩考上了松岗中学。

在整个过程中，努尔比亚一直陪伴着老师们，满面春风，笑靥如花。端水果，斟奶茶，收拾打扫，非常勤快。最后，努尔比亚捧出满满一大盘水汪汪、闪着紫黑色光泽的桑葚，连连招呼："老师，您快尝尝这个，刚刚摘下来的！"大家第一次见到这么大颗漂亮的桑葚，很是惊奇，兴奋地抢着品尝。

努尔比亚羞涩地告诉大家，本来桑葚上周就采摘过了，因为得知学校领导和老师们要来，父亲特地将长在树的最高处、颗粒最饱满的桑葚留着，给老师们尝鲜。听了努尔比亚的话，场面一下安静下来，大家分明被这份朴素而真诚的情谊深深感动了！桑葚吃在嘴里，甜在心里，回味无穷。

刘向红副书记代表学校，给努尔比亚同学送了 1000 元奖励性助学金。从努尔比亚家出来后，刘书记对老师们说："每个学生背井离乡万里求学都是很不容易的，如果我们有足够的耐心，可以听听他们讲自己的故事，一定会让我们为师者也受到教育。他们背负着亲人的希望、家乡的希望、国家的希望。因此，我们在教学中决不能含糊，要把这些学生真正当作自己的孩子一样培养！"刘书记加重语气特别强调，最后她还半开玩笑地说："以后啊，无论是对本地学生还是新疆学生，谁敢说'某某学生这都学不会，真是蠢！'这类话，我就跟谁较真啊！"老师们笑着频频点头称是。

在努尔比亚家门前合影

五、教育之家心系教育，师姐为范志在南方

7月7日，爱心家访团来到鄯善县，首先去了位于鲁克沁镇柳城社区的吐尔洪家家访。

来到吐尔洪家，老师介绍了吐尔洪在校的情况。自入学以来，吐尔洪一直担任班长和学校阅览室管理员，学习积极主动，工作认真负责，自律踏实，友善大方，分科时他选择了四年高考的理化生组合。

在交流过程中，老师们了解到吐尔洪的父母都是二十世纪九十年代初毕业自喀什大学，现在父亲在乡镇政府工作，母亲是教师，家里还有一个妹妹，另外还有一个姑姑跟他们一起生活。在言谈中，大家明显感受到良好的家庭教育、和谐的亲人关系造就了孩子阳光开朗、友善包容、积极向上的性格。

吐尔洪的父亲谈到，儿子吐尔洪经常提到学校有一个老师叫阿孜古丽，从松岗中学毕业考上北京师范大学，大学毕业后又回到母校当了教师。儿子非常崇拜这位师姐，说将来大学毕业也要像阿孜古丽老师一样留在深圳发展。听到这里，阿孜古丽老师连忙站出来回应，吐尔洪的父母终于亲眼见到了儿子的偶像师姐，非常开心。

阿孜古丽鼓励吐尔洪好好学习，有志者事竟成；希望其父母亲支持他去南方发展，那里有别样的美丽风光。她告诉吐尔洪及其家长，当年自己以高分考上北京师范大学以后，在大学期间加入了中国共产党，之后又以优秀毕业生身份回到母校当了教师。但要成为一名真正优秀的教师并不容易，需要不断学习，不断进取。

自己最近又报考了北京师范大学的在职研究生。她热情地邀请吐尔洪父母到深圳观光旅游,让他们看看儿子学习和生活的地方。

最后,刘向红副书记代表学校送了1000元奖励性助学金,并且勉励吐尔洪好好学习,努力向上,以阿孜古丽老师为榜样,同时也给妹妹做个好榜样。

在吐尔洪家中合影

六、三轮小车接老师，殷殷师语寄学生

7月8日，爱心家访团又来到鄯善县艾孜买提同学家里。

艾孜买提是高一（4）班学生，他是一名性格温和内向，话语较少的孩子。入读松岗中学一年来，在班主任吴宝珺、马静等老师和同学们的热心关心和帮助下，他渐渐变得自信，笑容也常挂脸上。

当老师们来到艾孜买提家所在的村路口时，艾孜买提坐着父亲驾驶的一辆农用三轮车到路口迎接老师了。艾孜买提羞涩而又礼貌地邀请老师们上车，刘向红副书记率先登车，陈振利、吴宝珺、刘静、警官紧随其后，艾孜买提笑逐颜开，他的父亲动作娴熟，小车载着学校领导和老师一溜烟地便开到家了。

老师们和艾孜买提的父亲交流，了解到这是一个四口之家，艾孜买提有个弟弟，还在上小学，父母都是地道的农民，家庭主要收入来源是六亩葡萄园。父亲说艾孜买提从小性格就比较内向，喜欢打篮球。

班主任马静老师也向其父亲介绍了孩子在学校的情况：艾孜买提是一个很有教养的好孩子，尊重老师，与同学关系良好，性格沉稳踏实，勤快能干，助人为乐，所在宿舍一直被评为"文明宿舍"。本学期期末考试成绩有了明显进步，尤其是数学。

马静老师叮嘱艾孜买提，暑假期间多体谅父母的辛苦，尽量帮助父母做些农活，同时别忘了完成作业，多复习弱势学科，注意劳逸结合。

龚文龙老师紧握着艾孜买提的手，语重心长地对他说："你要好好利用暑假努力学习。要有感恩情怀，把老师的家访、国家的关心当作前进的动力。"而且提出了等下学期回校后，一起打篮球的邀请。艾孜买提听后，腼腆地笑了，连连点头。

最后，吴明级长代表学校给艾孜买提送了1000元奖励性助学金，并且叮嘱艾孜买提要更加努力学习，多发扬优点，改变学习成绩暂时落后的状况，将来考个好大学，让父母和亲戚朋友以他为荣。

七、相见时难别亦难，葡萄架下家校连

7月10日，爱心家访团来到哈密市的萨依旦同学家，这是家访的最后一站。

萨依旦是马静老师班上的学生，担任班级的劳动委员。马静老师特别喜欢这个孩子，说她责任心强，做事认真仔细，是自己的好帮手。

萨依旦的家位于哈密市郊，是本地区日子过得比较殷实的农民家庭。庭院长长方方，院子前面是绿帘一样的葡萄架，把这个夏天装点得十分惬意。她的父亲已经70多岁了，母亲要稍显年轻些。两个哥哥都已成家，在附近上班。

萨依旦说，父母听说学校的领导和老师要来，非常激动，几天前就开始准备了，并且准备了几间不同规格的接待厅。大家发现每间房子都是窗明几净，一尘不染；每块地板都擦得发亮，简直可以照得出人影来。主会客室更是整齐雅致，装饰得十分精美漂亮，极具新疆特色。老人说招待老师的瓜果都是自家种的，希望老师们像回到家一样，好好品尝，千万别客气。

　　看到萨依旦同学忙前忙后的身影，她的班主任马静老师满怀欣喜地说，感谢前任班主任陈振利老师培养了一个优秀的劳动委员，一个班如果劳动工作抓好了，那么班级管理就抓好了一半。

　　大家畅所欲言，其乐融融，在葡萄架下合影留念。最后，新疆部副主任、支部书记王立平代表学校给萨依旦送了1000元奖励性助学金，并且叮嘱她好好学习，努力成为同学们的榜样。临别的时候，家长和孩子依依不舍，一直送到大道边，目送着家访专车消失在远方。

在萨依旦家葡萄架下合影

萨依旦一家依依不舍地送别老师

八、纸上得来终觉浅，绝知此事要躬行

7月11日23:00，爱心家访团乘坐的航班平安顺利地降落在深圳机场。

刘向红副书记总结道："通过本次家访，我们切身感受到新疆的经济繁荣和社会的和谐稳定，感受到党的民族政策为新疆带来的巨大变化。我们的平凡工作与国家的治疆方略紧密相连，责任重大，使命光荣。这次家访活动很成功，很有意义，大家也都受到教育，感触良多，收获颇丰。家访活动的意义不在于家访时的所见所闻，而在于因所见所闻而触发的所思所想，更在于由所思所想后而产生的实际行动。"

邓克副书记说："通过这一次新疆家访感受到全体老师对学生的关爱，老师和家长的深厚情谊，同时也给家长展现了爱心家访团成员对学生管理的'严、爱、细'。女教师美丽、大气、素质高，男教师干练、帅气、有涵养，给学生家长及其亲属留下了深刻印象，家长告诉我，看到老师们的风采，他们把自家孩子送到松岗中学十分放心！'七一'爱心家访团集体的风采，代表了松中教师的风采，也代表了松中党员的风采！一路走来，大家相互关心、相互照顾，其乐融融。希望下次还能和大家一起出发！"

通过这次返疆护航、爱心家访活动，老师们深深地认识到：

（一）家访是一次切实的调研和反思

全体老师关注新疆政治形势，关注社会民生，为新疆的经济发展和长治久安而欢欣鼓舞；同时老师们情系教育，时刻不忘本职工作。老师们利用家访途中的闲暇时间，研究教育，反思教学，收获甚多。

例如，吴宝珺老师在宾馆的记事便条上随手写下：1.不愤不启，不悱不发；2.必要知识点，列知识清单；3.名著欣赏，规范摘抄；4.快速阅读，书写过关；5.答题有歌诀，作业讲技巧；6.默写组题训练，经典名句格言；7.考试分析模板，考前必要提醒；8.写作经典范文，开头、结尾和布局。

（二）家访是一次相互学习和交流

在家访活动中，老师们利用闲暇时间相互交流教育教学和班级管理经验。刘向红副书记及时给予点评："老师们都做得非常不错，言传身教，感动了学生和家长。"特别是家访途中时常讨论课堂教学的事情。比如，在列车上熊振杰老师向教生物的龚文龙老师虚心请教中国古代哲学家及其代表思想的问题。学科有界，学识无涯，教学相长，虚怀若谷。有这样一批老师，学生有幸，松中有幸！在班主任工作方面，王宏伟老师擅长任务跟踪管理，严把学生学习关，工作勤恳，仿佛24小时处于待机状态，时刻等着学生呼叫；马静、陈振利老师在重视思想政治教育的同时，特别强调劳动教育，注重培养学生良好的学习和行为习惯；熊振杰老师特别有方法，在激发学生学习兴趣方面独具匠心；吴宝珺老师的班级管理注重细节和潜移默化；刘静老师对待学生平易近人，工作细致热情，以情感人，以理服人；等等。

（三）家访是一次"不忘初心，牢记使命"的主题教育

为中国人民谋幸福，为中华民族谋复兴是共产党人的初心和使命。对于承办新疆班的学校和教师而言，办好让党放心、让人民满意的教育，培养热爱社会主义祖国、拥护中国共产党的领导，维护祖国统一和民族团结，有理想、有道德、有文化、有纪律，德、智、体、美、劳全面发展的社会主义建设者和接班人，是我们的初心，也是我们的使命。

我们要坚守初心，勇担使命。家访活动代表着学校对新疆学生的重视和关爱，也代表着承办新疆班的深圳市政府对新疆民族

地区教育的关注和支持。边疆稳定重于一切，民族团结是稳定和发展的基石。每一个新疆班学生，都代表着民族的希望和国家的未来。他们今天是小小的树苗，明天必将是撑起"富强、民主、文明、和谐"的伟大社会主义中国的栋梁。

　　九层之台起于垒土，涓涓细流汇成大河。松岗中学"七一"爱心家访团，万里护航送爱心，润物无声育新苗，功在当代教育，利在千秋伟业！

供稿：吴宝珺、阿孜古丽、李玩玲、段丽霞
2019年7月12日

结语

光荣与梦想

刘向红

"落其实者思其树，饮其流者思其源。"从陕北延安"抗大"，到深圳宝安"东宝"，再到松岗中学，一脉相承着中国革命的红色文化，赓续着中国共产党人的精神血脉。

今天深圳市松岗中学全面、完整地继承了这些强大的红色基因：松岗中学"团结、守信、严谨、活泼"的八字校风，直接脱胎于延安"抗大"的"团结、紧张、严肃、活泼"八字校训；而松岗中学"爱国利民，自强不息"的校训，显然源自"爱国主义、艰苦奋斗、勇往直前"的"东纵"精神。

东宝中学"为民普及教育，为党培养干部"的办学初心，民主科学的教育理念，敢为人先的改革精神，对松岗中学各个时期的办学产生了极其深远的影响。

学校在复办时期和黄松岗初期，坚持"教育必须为社会主义建设服务，必须与生产劳动相结合"的办学方针，自力更生、勤工俭学，走"学工、学农、学军"的开放式办学道路，后期参与国家级课题"中学生主体性发展实验"研究，积极探索素质教育课程体系改革。东方大道第一时期开创民族团结教育先河，致力于为全国新疆班办学提供松中智慧和松中方案；创建"松岗中学自主学习模式"，跻身深圳市课程改革10所示范校行列；第二时期引进"信息技术环境下提高初中生自主学习能力的策略研究"

国家级课题，大力开发并实施有利于学生身心发展的校本课程，努力培育和践行社会主义核心价值观；第三时期开展党建带团建、队建活动，贯彻新时期党和国家治疆方略对教育工作的要求，创建法治教育示范校，开启"红色之旅研学"社会实践等一系列的行动，都带着鲜明的"东宝"烙印，让人们不禁联想到当年东宝中学倡导的"因材施教""教学相长"的教学原则，小组合作制的学习方式，启发式、讨论式的教学方法，"教育为抗战服务"的课程设置，教学与实践相结合的办学方针，考试制度的改革，民主平等新型师生关系的建立，等等。毋庸置疑，东宝中学先贤们勇于变革，革故鼎新的教育实践探索，为后来松岗中学各个时期的教育改革提供了学习借鉴的样板，也为松中人在中国教育改革的浪潮中勇立潮头、奋楫扬帆、勇担使命、追求卓越、始终走在时代前列奠定了坚实的思想基础。

回顾75年的历史，不难发现，学校始终在中国共产党的领导下一路前行，学校的发展始终与党和人民的事业紧密相连，与社会主义新时代步伐同频共振。

东宝中学的创办离不开以文焕庭、文炳高为代表的松岗先贤们的大力支持，而松岗中学的发展也离不开以文洪磋、文剑辉、萧树强为代表的商界精英及松岗本地各界人士的慷慨捐助。松岗人民这种热心教育、造福后代的美好传统也一直流传至今。

二十世纪末，著名企业家、热心家乡教育的文洪磋博士曾为松岗中学新校区（文存贵纪念中学）建校捐款一千万港币。2019年12月23日，文洪磋博士之子，中美国际集团主席及行政总裁文肇伟先生重访松岗中学，看到松岗中学东方大道新校区 20 年来办学规模不断扩大、现代化办学水平不断提高，办学成绩硕果累累，他感慨万千……

2020 年 10 月 20 日，程显友调任宝安中学集团总校校长；2020 年 11 月 27 日，新安中学集团高中部校长肖扬昆接任松岗中学校长。

一部历史，总是在不断演进中实现自己的发展；一所学校，总是在一代又一代的新老传承中完成自己的使命。

经过 75 年栉风沐雨的奋斗，今天的松岗中学正循着先辈的足迹，承载着深圳、新疆两地人民和社会各界的厚望，将"为国育才，为党育人"的时代使命扛在肩上，在东方大道上继续前行。

新的阵容，新的目标，新的使命。光荣与梦想，谱就一曲曲雄壮的战歌，向着太阳，唱响未来……

2020 年 12 月

后记

校史流淌着一条河

刘向红

深圳西北有一条河，叫茅洲河。它发源于英雄山——阳台山的北麓，自东南向西北流去，穿过山谷和森林，穿过城镇和村庄，一路逶迤流淌，滋润着两岸的农田土地，养育着宝安、东莞两地的人民。流经松岗与长安交界的一段河，叫东宝河，东宝河最终汇入珠江口，奔向伶仃洋。

75年前的春天，一簇抗战火炬点燃了东宝地区的教育之光。东宝河畔的公明圩水贝下村，诞生了一所新型的革命学校，她就是松岗中学的前身——东宝中学。

东宝中学以毛泽东同志为延安抗大题写的"团结、紧张、严肃、活泼"八字校训为校训，以培养革命干部和教育人才为办学宗旨。校舍由三座旧祠堂改造而成，中间一座取名为"高尔基室"，左边为"鲁迅室"，右边为"韬奋室"。室内，书声琅琅，歌声嘹亮，青春焕发；室外，古树浓荫，小桥流水，春意盎然。

探究松岗中学起源的兴趣，始于2009年5月。那是我调来松岗中学的第三年，学校举办第九届艺术节暨迁校十周年庆典。在审查节目时，见到同事创作的一篇诗歌朗诵稿《松岗中学礼赞》，其中有这么一句："曾记否，1958年，松岗中学诞生了！深圳西北角一棵教育新蕾初现。"我忍不住问作者："1958年这个建校时间能否再具体一点？"答曰："真不清楚。"

我来不及追究考证，顺手改成了"1958年，那是一个激情燃烧的火热的秋天！松岗中学诞生了，深圳西北角一棵教育新蕾初现。"

事后，我翻遍学校所有的资料都见不到有关当年建校的文字记载。万物皆有源，但"松岗中学"之源又在哪里？难道它淹没在岁月的烟云中了？——我在想。

一次偶然机会，我在退休老教师薄根如那里见到一本《松岗中学40周年校庆纪念册》，纪念册是1998年编的，薄薄的一本。我随手翻了一下，或许是当时条件有限，里面竟然没有一张图片，主要收集的是1961—1998年各届毕业生的名单。前言提及松岗中学变迁的内容，只有200多字。

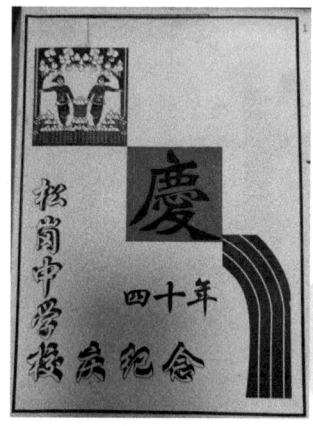

1998年学校编辑的校庆纪念册　　《松岗中学40周年校庆纪念册》前言

纪念册第一句"松岗中学的前身是公明中学，始办于1958年，校址在公明下村原《东宝中学》（笔者注：此处书名号属误用）旧址陈家祠堂内（东宝中学是东江纵队1945年初创办的一所革

---

① 〔公明中学〕此处"公明中学"指1956年9月在东宝中学旧址上复办，1963年秋季整体从公明搬迁至黄松岗，1965年10月正式改名为"宝安县松岗初级中学"的原"宝安县公明初级中学"。
② 〔百灵岗〕即白龙冈。因方言读音相近，当地人也写成"百灵冈"或"白灵冈。"

命学校）"，而正是后面括号里作为补充说明的这21个字深深地吸引了我。我求教于薄老前辈，正巧他就是那次"40周年校庆"筹备小组的秘书长。薄老师告诉我，东宝中学办学时间很短，中华人民共和国成立后复办过程也比较曲折、复杂。

1956年公明中学在东宝中学原址上复办，连续招了两届初一学生，但中途又分别整体转交给南头中学和沙井中学，真正在本校完整读完初中三年的，是自1958年入校的那一届开始。所以，当时有人提议将松岗中学校史从1958年算起，这样正好可以赶在迁入东方大道新校区之前举办一个"40周年的校庆"，也算是向黄松岗老校区的告别……

我终于知道，"1958"原来始于此次校庆，而它其实只是历史上一个人为的、短暂的意外，并不是真正的起点。就像一条河，它不是源头，只是时间之流撞上礁石被拦截分割而不经意转出的一个小漩涡。

时光流转，人事更替。2017年5月，程显友接任松岗中学校长，班子成员开始讨论60周年校庆筹备事宜。在征求大家意见的过程中，当得知学校的建校时间还有另一种说法时，这位有着强烈政治敏感和使命感的校长当即决定，改变原定60周年校庆计划，将校庆时间推迟到2020年12月，筹备建校75周年暨承办新疆班20周年庆典。

直至2019年11月上旬，学校班子正式召开了"松岗中学建校75周年暨新疆班20周年庆典筹备工作会议"。在会议上，程显友校长对校庆的各项筹备工作进行了分工，由我担任校史组组长，负责牵头校史编纂工作。

我深知此次校史编纂的意义与艰难。75年的历史，时代风云变幻,学校办停交替,校址几经变迁,校名几度改换,就像茅洲河,曲折蜿蜒,翻滚奔腾,浪花飞溅。尤其是自建校至20世纪80年代初,这段从抗日战争到改革开放跌宕起伏、长达40年的校史,却不曾见过任何文字资料,坊间传说隐约明灭,似有似无,踪迹难觅。20世纪60年代初至90年代末,学校经历了两次整体搬迁,最近十年之间又相继进行了两次规模较大的校园改造工程,而学校档案室还在筹建中,很多东西都已"物失人非"……能否在短短一年的时间内,完成如此严肃而又艰难的校史编写任务?

　　一事当前,人是决定因素。我毅然放弃了学校原定的常规分组方案,决定亲自组建编写团队。我从高中语文组选定李强、程伟、裴天平三位老师作为编写组核心成员,后又加入杨大为

刘向红(左)、薄根如(右)首次探访东宝中学旧址

校史组探访东宝中学旧址（左起：程伟、李强、刘向红、裴天平）

老师。但几位老师都在高中教学一线，每人都承担着十分繁重的教学任务，不可能集中时间专门写作。在工作安排上，只能采取目标导向、原则遵循、任务包干、阶段推进的方式。在征求大家的意见后，我将双周周四下午作为校史组工作例会时间，有事则聚，无事则自主安排，大部分研讨交流与分享都是在工作群里进行。

经过一个多月的前期调研与酝酿，校史编写工作于 2020 年 1 月 16 日下午正式启动。我组织召开了第一次工作例会。首先，我将松岗中学 75 年历史按照校址变迁大体分为四个时期：东宝中学时期、学校复办时期、黄松岗时期、东方大道时期，其中东方大道时期又按照三位校长的任期再分为三个阶段。然后，根据小组成员的工作经历、专业背景与特长，将写作任务进行了分工：李强负责东宝中学时期和东方大道时期第三阶段，程伟负责学校复办时期、黄松岗时期和东方大道时期第二阶段，裴天平负责东方大道时期第一阶段，杨大为负责校史赋的撰写；大事记由唐江云负责，图片由唐江云、施森提供。最后，我对编写工作提出了如下具体要求：

1. 主体结构采用编年体例，以时间为轴，编年纪事，力求展现学校发展历史的全貌。

2. 详略处理上，原则上"薄古厚今"，但松岗中学情况极其特殊，详略用墨不能完全拘泥于年代。对学校发展产生过重要影响的史实务必详写。例如，1945年东宝中学的创办，1996—1999年松岗镇政府筹建东方大道新校区时，松岗社会各界踊跃捐资情况（注意突出文天祥后人的贡献，包括文洪礌博士对东方大道新校区的捐资和文焕庭、文炳高乡绅对东宝中学的捐资），2000年始承办新疆班，松岗中学教改模式，等等。

3. 尊重历史，实事求是；以述为主，适当点评。对于重要事件，在如实记载史实的同时，给予相应的史评。对于个别绕不过去的敏感的人和事，述而不评。

4. 主基调要体现学校爱国主义、自强不息的精神文化内核。松岗中学75年的发展是与我国的政治、经济大势紧密相连的；历届学校领导班子所坚持的办学思想是一脉相承的，是符合党的教育方针的；75年来所形成的学校精神与党中央提出的社会主义核心价值体系是完全一致的。

5.内容包括办学环境、办学理念、办学特色、学校管理、师资队伍、教学教改、学生活动、突出成绩等。

2020年春节前夕,突如其来的疫情打乱了整个寒假写作计划。4月下旬返校后,原定的访谈活动仍无法进行。等到高考结束,我又带队护送学生暑假返疆。原本想利用漫长的旅途与程伟讨论一下校史写作问题,不巧又遇上乌鲁木齐疫情突发。防控压倒一切,无暇顾及其他。返深后又经历长达半个多月的酒店隔离,弥足珍贵的暑假时间又这样浪费了。

刘向红副书记(前排中)率领校史组及部分党员赴韶关学习考察,
追寻黄研、梁克寒同志的成长足迹

参观东江纵队北撤登船纪念点
(左起：欧文羽、陈小良、邓克、刘向红、陈创怀、王立平、贺君)

  2020年9月3日，我抓紧召开新学期第一次工作例会，邀请了程显友校长参加。会上听取了各部分负责人对写作情况的汇报，程校长发表了指导性意见。我根据实际进展情况对编写分工和时间节点略作了一些调整。后期因工作需要，我邀请邓雯雯、龚奇锋、冼仲强、刘芳宇、苏妮、高超、王玉红等老师参与大事记、图片和部分文字的整理工作。后又邀请了陈玉领、邱绍谦、吴宝珺参与相关专题文章的撰写。

  《松岗中学校史》终于如期编写完成了，它凝聚了编写组人员的辛勤劳动。

  从2019年11月开始，为了弄清东宝中学办学历史，我们三次实地探访水贝下村陈氏祠堂旧址；结合党员"不忘初心，牢记使命"主题教育活动，先后赴燕川"中共宝安一大"会址、东宝行政督导处、文天祥纪念馆、东莞大岭山东江纵队纪念馆、大鹏"东纵"北撤登船纪念公园和中共粤北省委机关旧址参观学习；与东莞大岭山东纵纪念馆开展馆校合作，举办"东江铁流，南粤旌旗"图片、影片进校园活动；与下村小学、公明中学的领导和老师交流，核实史实资料；与光明、大鹏党建活动中心的同志座谈，分享研究成果；赴宝安档案馆、史志办、松山湖图书馆查阅资料，搜集并甄别各种信息；凭借一张翻印的老照片，周末假日驱车前往东莞霄边村和乌沙河边，寻找学校第一任党支部书记黄研烈士的墓地和牺牲地凭吊缅怀；也曾登临阳台山顶，漫步东宝河畔，目赏晨曦晚霞，心逐波光云彩，在真实情景体验中追思过往岁月，致敬英烈先贤，寻找写作思路；为了核实1962年白龙冈校舍被毁的原因，我们想方设法地找到《松岗地方志》，仔细查阅了当年台风暴雨的有关记录；为了找寻在搬迁中遗失的档案资料，我们翻箱倒柜，被灰蒙尘；我们顶

2020年国庆假期，学校党委专职副书记刘向红带领党办干事龚奇锋、团委书记郑连超根据资料线索，找到了黄研烈士墓，前往祭拜（郑连超摄）

烈日，走街巷，登门拜访老校友、老校长、老教师；我们联系到唯一一届经历白龙冈校区的老校友，组织座谈会，聆听他们对那段艰苦岁月的回忆，记录故事素材，编纂成册……校史组各部分的主笔老师以实事求是的史家精神以及一丝不苟的工作作风，在白天完成繁重的高中教学任务之后，深夜伏案写作，焚膏继晷，字字心血。一年来，各篇章几易其稿，大家为编写《松岗中学校史》，尽了最大的努力。

校史组施淼老师在努力查找学校的历史资料

刘向红副书记（左）与龚奇锋老师（右）在修改文稿

我们的学校诞生于不平凡的岁月，她是由一群不平凡的"东纵人"创造。今天，一群平凡又不平凡的"松中人"在编写她的历史，他们在编写历史中追溯历史、还原历史、缅怀历史，同时也见证历史、续写历史。是的，一代又一代的"松中人"正在不断续写着"东宝"的红色历史，续写她的时代辉煌。

徜徉在美丽的校园，抬头仰望，高嵌在教学楼外墙上的"团结、守信、严谨、活泼"八个鎏金大字在阳光下熠熠生辉,联想到至今仍留存在水贝下村旧祠堂上方的"团结、紧张、严肃、活泼"红漆历史陈迹,真切体会到"东宝——松中"的办学方针、学校文化的薪火相传;放眼校园,各民族学子那一张张热情洋溢、充满自信的青春笑脸像花朵一样迎风绽放,回想在采访中所接触到的各届校友,强烈感受到他们身上散发的爱国主义、自强不息的精神气质一脉相承……

阳台山的水,流进茅洲河,化为东宝河。东宝河,你流着英雄山的水,你是流淌在松岗中学校史里的一条河。

东宝河,你从75年前的峥嵘岁月中走来,携着东纵儿女"抗日救国,舍我其谁"的铁血丹心,载着松岗中学师生"爱国利民,自强不息"的时代使命,你翻涌奔流,不舍昼夜;你勇往直前,奔向远方,奔向未来,奔向中华民族伟大复兴的星辰大海!

掬清流而思源兮,登阳台以远望。
举火炬以抗战兮,开黉门以主张。
铭校训以复办兮,由水贝而松岗。
七十五以煌煌兮,播南粤以芬芳。
育天山之英才兮,二十载而未央。
聚各族以同心兮,川流归以海洋。
仰先辈之初心兮,承使命以荣光。
传薪火以垂后兮,志校史以勿忘!

2020年11月16日完成初稿,12月初修订

附录

附录1 东宝中学人物志

校长何恩明（1881—1955年）

何恩明，字昌炽，出生于新安县观澜镇横坑村（现龙华新区观澜街道横坑村）的一个教会家庭。何恩明自幼在家乡读书，稍长得到教会帮助，赴上海、香港的教会学校读书。在上海教会学校读书期间，何恩明意识到中国要图强，就必须进行政治体制改革、发展科技。为了向封建势力宣战，他在同学中带头把辫子剪掉。

何恩明校长

后来何恩明获得公费留学哈佛大学的资格。留学期间因成绩优异，又爱好体育运动，成为哈佛大学第一个参加运动队的中国留学生，并被选为中国留美学生会副会长。

在美国留学期间，何恩明十分敬仰孙中山。他秘密地参加了孙中山领导的中国同盟会，积极支持孙中山发动的革命运动，深得孙中山赏识。1911年，孙中山担任临时大总统，邀请何恩明回国担任南京留守政府外事处通译科科长。

袁世凯复辟帝制后，何恩明接受孙中山指令，到南洋为"二次革命"筹款，得到广大华侨的支持。袁世凯复辟帝制失败，孙中山成立护法军政府，何恩明于1913年成为中华民国政府第一任宝安县县长。

任职六年间，他勤政爱民，严肃治安，发展经济，受到宝安县人民的敬重。后来，孙中山被迫离开广东，何恩明移居海外近10年。

1937年，抗日战争全面爆发，何恩明回到家乡观澜镇横坑村，担任观澜中心小学校长。不久，东宝行政督导处（广东第一个县级抗日民族政府）成立，他被选为人民代表。

1944年冬，东江纵队政治部决定创办培养抗日干部的东宝中学，何恩明被选派为校长，1945年2月正式上任。任职期间，他工作认真，雷厉风行，还带领师生参加下乡工作，积极宣传抗日。

1945年，根据《双十协定》，东江纵队北撤至山东，东宝中学被迫停办。全校师生疏散或转移，校长何恩明、副校长曾劲夫转移到香港。后来，何恩明担任惠东宝救济总会副会长。

1949年，何恩明回到宝安，并受宝安县委指派，成为中华人民共和国成立后深圳中学第一任校长。

1950年11月，何恩明被选为东宝归国华侨联谊会副主席。宝安县文化馆成立后，何恩明被任命为第一任馆长，直到1955年1月辞世，终年74岁。

副校长曾劲夫（1895—1966年）

曾劲夫，宝安新桥乡（现宝安区新桥街道）人，早年留学日本，抗日战争爆发后回国，在广东韶关开展抗日救亡工作。1943年，他回到家乡，参加了东宝游击区的革命活动，曾任宝二区联乡主任等职位。他曾把家里的田产变卖，换取资金支援东江纵队，在家乡有较大的影响力。1944年10月，在学校的筹建过程中，他到处奔波，尤其是在联络上层关系方面，做了不少具体工作，成为中国共产党的统战助手。

1945年，曾劲夫被任命为东宝中学副校长。曾劲夫虽然是留过洋的高级知识分子，但他平易近人，和蔼可亲，尊重同事，关心学生，与大家同甘共苦。他兼任政治经济学基础知识课，他的课深入浅出，寓教于乐，颇受学生欢迎。

曾劲夫副校长

学校"五四"剧团成立后，他兼任团长，大力支持剧团工作，做好后勤保障工作，还亲自带领学校暑期工作团下乡工作。

1945年5月4日，学校"五四"剧团首次演出《奴隶养成所》获得成功，他高兴地跑到后台向大家表示祝贺，并哼唱着当时游击区流行的歌曲《共产党，有办法》，高昂的情绪极大地感染和鼓舞了师生。

东宝中学停办后，曾劲夫移居香港，先后担任中国共产党领导的新华南通讯社、南中通讯社社长，1948年加入中国共产党。

1948年至1949年，曾劲夫担任东宝游击区东宝支队政委。1949年初，任东宝县副县长。1949年8月至1950年3月，他担任宝安县副县长。1956年之后，他先后在华南师范学院、广州哲学社会科学研究所、暨南大学任教授，从事教学和科研工作。

曾劲夫于1966年4月3日在广州病逝，终年71岁。

党支部书记黄研（1919—1945年）

黄研，原名锐辉，1919年出生于顺德一个纸业商贩家庭。自幼丧父，兄弟二人由母亲抚养成人。1939年，他在粤北四战区政治大队从事抗日宣传工作。他擅长书法，当时战区许多城镇、乡村墙壁上的抗日标语都是他写的。

党支部书记黄研

1942年，黄研考入广东省立艺术专科学校。1943年毕业后与艺专同学梁克寒一起进入韶关力行中学任教。任教期间组织剧团和秘密读书小组，在学生中做思想启蒙工作，一部分学生受其影响后走上了革命道路。

1944年11月，黄研到东江纵队参加青训班学习，光荣地加入中国共产党。1945年2月结业，被安排到东宝中学当教师，并担任党支部书记。此时的黄研年仅26岁，身体也比较瘦弱，但他政治觉悟高，且思想成熟，工作上事事带头，善于团结同事，充分尊重民主人士，他以谦虚谨慎的态度和踏实稳健的作风赢得了大家的一致信赖。他的政治课讲得通俗易懂，美术课教得生动有趣，深受学生欢迎。整个学校的美术宣传都由他负责，礼堂上方的校训"团结、紧张、严肃、活泼"八个大字就是由他亲笔书写，火炬校徽也是由他亲自设计。

他积极支持学校"五四"剧团活动，亲自担任舞台美术工作。在减租减息运动中，他带领学生到燕村、楼村、唐家村等地进行宣传，出色地完成了工作任务，受到上级表扬。

1945年10月，东宝中学停办，学校教师面临去向选择。恰在这时，黄研的家庭遭受变故，他在广州经商的胞兄（家庭唯一的经济支柱）突然病逝。黄研原本可以向党组织申请回广州接管家族的生意，同时方便就近照顾家人。但在家庭和革命事业之间，作为中国共产党党员的他义无反顾地选择了将革命放在第一位，自觉服从党组织安排，在安顿好家人后，继续回到东莞新五区区委坚持斗争。

1945年11月，他和一位战友在执行"反抢割"任务途中，遭遇敌伪军的袭击，他同战友撤向沙田，跑到锦厦乌沙河边时，因情况紧急，纵身跳入河中，在泅渡过河时不幸牺牲，年仅26岁。1956年被追认为革命烈士。

革命斗争的血与火将这位喜欢写字画画的文弱书生锻造成了铁肩担道义的英雄。

黄研烈士光荣纪念证

教导主任、党支部宣传委员兼团支书梁克寒（1922—1989年）

梁克寒，广东东莞市人，曾与黄研一起在粤北四战区政治大队从事抗日宣传工作，就读于广东省立艺术专科学校，毕业后进入韶关力行中学执教。

教导主任、党支部宣传委员梁克寒

东宝中学成立后，梁克寒担任学校教导主任、党支部宣传委员兼团支部书记。他组织创建了学校的"五四"剧团，并担任副团长。他亲自编导并参演了《老虎九》《奴隶养成所》《中国人民胜利了》等剧目。剧团师生们的足迹遍及东宝地区城镇山乡，演出深受广大群众欢迎，为抗战宣传工作做出了重要贡献。

学校停办后，他移居香港，继续开展革命事业。历任香港中原剧社理事兼研究部主任，《鹏声月刊》主编，九龙培知中学兼职教师，中共港九工委群众工作委员会青委委员、副书记，还参加了华南地区青年团的筹建工作。在此期间，他坚持中国共产党的文艺方针，大力组织进步戏剧活动，积极宣传中国共产党的方针政策。

中华人民共和国成立后，梁克寒同志长期从事党的文艺宣传工作和体育工作，历任华南文工团副团长、华南团委宣传部副部长、军体部部长，还兼管少先队的工作。他是筹建广东省体育运动会的主要负责人之一。1953年后，历任广东省体委副主任、党组副书记，中华全国体育总会委员，中华全国体育委员会广东分会副主席，曾被国家体委授予"新中国体育事业的开拓者"的光荣称号。1962年以后，担任广州体育学院第一副院长，广州市体育运动会副主席、党组副书记；1972年担任广州市文化局副局长等职。

离休后仍然笔耕不辍，撰写关于港九青年运动、华南文工团、东宝中学等革命回忆录，以及广东省体育运动发展的史料。1989年7月23日，梁克寒同志在广州病逝，终年67岁。

教育长、党支部组织委员周大洲（1905—1985年）

周大洲是一位老革命，1905年出生于广东海丰，1925年，年仅20岁的周大洲跟随彭湃闹革命。1927年大革命失败后，他流亡海外。1930年回到广东潮安苏区工作，后遭国民党反动派逮捕入狱，狱中六载，他始终坚贞不屈。1937年出狱后，赴延安陕北公学学习。

1945年3月，周大洲奉命调到东江纵队路西地区东宝行政督导处创办的东宝中学，接任郑盾担任东宝中学教育长。他从不以老革命自居，为人低调谦虚，生活艰苦朴素，善于团结同志，尊重党外人士。他担任政治常识课讲师，教学工作认真负责，教学方法上注重循序渐进，循循善诱，学生都亲切地叫他"周大哥"。

周大洲的治学精神十分令人钦佩。虽然他只念完了小学，但后来由于勤奋自学，文化水平得到迅速提高，并且练就了一手好字。特别值得一提的是，他将延安陕北公学的办学模式和革命学风带到东宝中学，并提议将毛泽东同志为延安"抗大"所题的校训"团结、紧张、严肃、活泼"作为东宝中学校训，他对东宝中学的办学发挥了极其重要的作用。

周大洲同志在工作中充分表现出一名中国共产党党员的高风亮节与崇高的党性修养。支部书记黄研是一名年轻的党员，作为老革命的他担任支部组织委员，他服从党组织安排，从不计较个人职位，积极配合黄研同志的工作，与黄研、梁克寒同志团结合作，忠实履行党内职责，使党支部成为东宝中学的坚强领导核心。

东宝中学停办后，周大洲被党组织派到香港从事地下工作。中华人民共和国成立后，他担任广东省教育工会副主席，在"文化大革命"中曾遭受较大冲击。"文化大革命"结束后，他写下一段话："一生艰苦，深心向党；两度解放，庆幸余生；一息尚存，应尽余热；惟愿后辈，为国为民。"

1965年5月4日，学校在黄松岗校区举行庆祝东宝中学建校20周年活动，他得到消息后，寄来亲笔题词"发扬革命传统，正确贯彻教育方针，促使学校革命化"。

周大洲，这位东宝中学的革命老前辈，对革命的坚定信念，对中国共产党的忠贞不二，对学校的殷切期望，其心可昭日月，其情感奋后人。

周大洲同志于1985年在广州病逝，终年80岁。

附录2 学校历任校长及任期

何恩明
(1945年2月—1945年10月)

李光
(1959年8月—1960年8月)

廖政祥
(1960年8月—1961年8月
1963年8月—1970年8月)

何如德
(1961年8月—1963年8月)

刘汝祥
(1970年8月—1976年6月
1977年8月—1980年9月)

陈志南
(1976年6月—1977年8月)

张志文
(1980年9月—1981年7月)

刘鉴宏
(1981年8月—1983年7月)

高桂熊
(1983年8月—1984年8月)

赖辉强
（1984年8月—1987年8月）

曾闻历
（1987年9月—1988年8月）

蔡根来
（1988年8月—1990年8月）

萧进洲
（1990年8月—1993年8月）

吕静锋
（1993年9月—1997年8月）

罗玉平
（1997年8月—2012年12月）

邹小新
（2012年12月—2017年4月）

程显友
（2017年5月—2020年10月）

肖扬昆
（2020年11月—　　　）

附录3　学校历任班子成员及任期

时间	行政		党组织		工会
	校长	副校长	书记	副书记	主席
1945年2月—1945年10月	何恩明	曾劲夫	黄研（烈士）	周大洲（党支部组织委员） 梁克寒（党支部宣传委员兼团支书）	
1956年8月—1957年8月	在东宝中学原址上复办，招收初一年级两个班，由公明中心小学代管				
1957年8月—1958年7月	再招收初一年级两个班，至此学校已有初一、初二两个年级共四个班				
1958年9月—1959年8月	初三、初二两个年级分别整体转到南头中学和沙井中学；重新招收初一年级两个班，由公明中心小学代管				
1959年8月—1960年8月	李光（负责人）		—		—
1960年8月—1961年8月	廖政祥（负责人）	—			凌东来
1961年8月—1963年8月	何如德		何如德		刘雄辉
1963年8月—1966年3月	廖政祥	刘汝祥	廖政祥		凌鹤鸣
1966年3月—1969年8月					
1969年8月—1970年8月					
1970年8月—1975年6月	刘汝祥	—	刘汝祥	—	
1975年6月—1976年6月		陈志南			
1976年6月—1977年8月	陈志南	—	陈志南		
1977年8月—1979年7月	刘汝祥	陈志南	刘汝祥		姚子坤
1979年8月—1980年9月					
1980年9月—1981年7月	张志文		陈志南		
1981年8月—1982年8月	刘鉴宏	张志文	刘鉴宏		蔡发林
1982年8月—1983年7月		高桂熊			
1983年8月—1984年8月	高桂熊	赖辉强	高桂熊		
1984年8月—1985年8月	赖辉强	曾闻历	赖辉强		—
1985年9月—1987年8月					曾闻历

(续表)

时间	行政		党组织		工会
	校长	副校长	书记	副书记	主席
1987年9月—1988年8月	曾闻历	—	—		莫焕坤
1988年8月—1990年8月	蔡根来	萧进洲	蔡根来		薄根如
1990年8月—1991年8月	萧进洲	—	薄根如	—	
1991年8月—1993年8月					
1993年9月—1993年11月	吕静锋	陈伟林			陈伟林
1993年11月—1994年8月				薄根如	
1994年9月—1996年8月			吕静锋		文锡洪
1996年8月—1997年8月		王熙远（主持工作）陈伟林			
1997年8月—1998年2月	罗玉平	陈伟林 张世建	谭海明		
1998年2月—1998年10月					
1998年10月—2007年1月					薄根如
2007年1月—2009年4月		张世建 刘向红			
2009年4月—2010年1月		张世建 刘向红 余迅	罗玉平		谭海明
2010年1月—2011年5月					
2011年5月—2012年7月				谭海明 张世建	
2012年7月—2012年8月					
2012年8月—2012年12月				张世建 刘向红	
2012年12月—2013年4月	邹小新	刘向红 余迅 杨海春	—	刘向红 曾才	刘向红
2013年4月—2014年8月			邹小新		
2014年8月—2017年4月					
2017年5月—2017年10月	程显友		—		
2017年10月—2018年12月					
2018年12月—2019年2月				刘向红 邓克	
2019年2月—2019年4月					
2019年4月—2019年11月		余迅 杨海春 陈芋鑫	程显友	刘向红（专职副书记）邓克	曾才
2019年11月—2020年9月					
2020年9月—2020年10月		杨海春（主持工作）陈芋鑫		刘向红（专职副书记）邓克（兼纪委书记）	
2020年10月—2020年11月	—				
2020年11月—	肖扬昆	陈芋鑫 郝银龙	肖扬昆		

附录 4　学校大事记

东宝中学时期（1945年2月—1945年11月）大事记

- 1944年10月，东江纵队在东宝地区建立的广东第一个县级抗日民主政权——东宝行政督导处决定筹办东宝中学（松岗中学的前身）。
- 黄松岗青年会、黄松岗商会成员文焕庭、文炳高等文姓乡亲绅老和公明麦启、陈灶等捐资，筹得建校款项66万法币。
- 1945年2月，东宝中学正式开办，校址设在原宝安县公明圩水贝下村（现光明新区公明街道下村）陈氏祠堂。首任校长何恩明，副校长曾劲夫，教育长郑盾，教导主任梁克寒；同时成立党支部，党支部书记黄研，组织委员周大洲，宣传委员梁克寒。招收两个班：一个30多人的简易师范班，班主任黄研，班长胡剑华；一个40多人的春季初中班，班主任文萍踪，班长冼杏娟。
- 1945年3月，周大洲接任郑盾担任东宝中学教育长。
- 1945年，开办秋季初中班，学生40余人，班主任梁燕云，班长蔡志坚；一个升中班。
- 1945年5—8月，东宝中学"五四"剧团排演的话剧《老虎九》在庆祝苏联红军攻克柏林和东宝地区农民抗敌协会成立一周年大会的晚会上正式公演，并随学校暑期工作团下乡巡回演出。
- 1945年7—8月，东宝中学组织师生成立暑期下乡工作团，到东宝地区各区、乡进行"节粮度荒"工作，协助区、乡政府计算征收抗日公粮田亩和征收公粮数量；同时在各区、乡开展减租减息运动。
- 1945年9月，东宝行政督导处在宝安县公明圩附近的合水口召开庆祝抗日战争胜利大会，东宝中学"五四"剧团和东江纵队的"东流"剧团共同参加了庆祝大会的演出。
- 1945年10月，东宝中学奉东江纵队东宝行政督导处之命，暂时停办，全校师生疏散回家或转移到其他城市读书或工作。
- 1945年11月，东宝中学党支部书记黄研与战友在执行任务途中遭到敌伪军袭击，不幸牺牲，他的忠骨始葬于井冈头山，后迁于霄边村后的将军山上。

复办时期（1956年8月—1963年7月）大事记

- 1956年8月，学校在公明水贝下村陈氏祠堂的老校址复办，校务暂由公明中心小学代管。
- 1956年秋季，学校招收初一年级两个班。
- 1957年秋季，学校再招收初一年级两个班。
- 1958年秋季，因学校校舍场地限制和师资缺乏等原因，学校将1956年秋入学的初中三年级及1957年秋入学的初中二年级的学生，分别整体转入南头中学和沙井中学就读。学校重新在陈氏祠堂旧址招收初一年级两个班。
- 1959年9月，李光被指定为学校事务负责人。
- 1960年8月，学校独立出来后，校名确定为"宝安县公明初级中学"，廖政祥被指定为学校负责人，凌东来当选为工会主席。
- 1961年，在杨康华等老领导的关怀下，开始筹建新校区，选址为松岗山门村白龙冈，并请来专业人员绘制了新校区的设计图。
- 1961年秋，动员全校学生及村民捐献建校材料，师生参与建校劳动。
- 1961年8月，何如德被正式任命为校长，刘雄辉当选为工会主席。
- 1961年9月，学校党支部成立，何如德当选为支部书记。
- 1962年2月，建成设计蓝图中的三间教室、一间教师办公室及一间简易食堂。
- 1962年春季开学，初三年级率先搬来白龙冈校区，师生自己动手砌起简易的校门，并书写校名为"松岗初级中学"。
- 1962年7月，白龙冈校区的初三年级毕业，以校门为背景拍了毕业合影照。
- 1962年夏秋之交，校舍遭台风暴雨，严重损毁。
- 1962年9月，时任广东省副省长杨康华、时任广东高教局副局长袁溥之（陈郁同志夫人）到白龙冈、黄松岗实地考察。
- 1962年9月，因招生规模扩大，除初三年级仍留在水贝下村陈家祠堂本部外，初一、初二年级分散到光明农场薯粉厂、合水口粮仓、公明圩镇乡公所等地，借场地作教室上课。
- 1963年，经时任广东省副省长杨康华批示，宝安县政府拨款一万元，将位于黄松岗下的宝安县党校旧校舍一部分连同相邻的松岗糖厂的职工宿舍，划给学校使用。

黄松岗时期（1963年8月—1999年9月）大事记

1963—1969年

- 1963年秋季，何如德校长、廖政祥主任主持迁校工作。全校学生在老师们的带领下，将台桌、板凳、黑板等物资搬到黄松岗校区。
- 1963年8月，廖政祥被任命为校长，凌鹤鸣当选为工会主席。
- 1963年9月，宝安县教育主管部门指示，为方便教育局发通知起见，学校仍继续沿用"宝安县公明初级中学"校名。此时，尽管单位官方名称（公章）未变，但师生们日常中已将校名改称"松岗中学"。
- 1963年9月，学校党支部成立，廖政祥当选为党支部书记。
- 1963年秋到1965年，学校栽种果树2000余棵，植树5000余棵，开挖水井3个，建设露天舞台1个、150米校道1条、运动场1个、150米的学校围墙，花果山1座、学校小型农场1个。
- 1964年，黄研烈士遗骸由井冈头山迁入霄边村后的将军山上。
- 1965年5月4日，在黄松岗校区举行东宝中学建校20周年校庆。时任广东省副省长、原东江纵队政治部主任杨康华寄来贺信，时任广东省教育工会副主席、原东宝中学教育长兼党支部组织委员周大洲寄来亲笔题词："发扬革命传统，正确贯彻教育方针，促使学校革命化。"
- 1965年10月，宝安县人民委员会正式通知学校将位于黄松岗的"宝安县公明初级中学"正式改名为"宝安县松岗初级中学"，任命廖政祥为松岗中学首任校长，连同学校公章交给廖政祥。
- 1966年4月，刘汝祥由龙华中学调到松岗中学担任副校长，主持学校工作。
- 1968年5月，刘汝祥校长结束下乡社教工作，重新回到松岗中学主持工作。
- 1968年9月，松岗中学开始开办高中，将1965年、1966年考上南头中学的本地学生转回松岗中学就读。
- 1969年7月，松岗中学第一届高中学生毕业。
- 1969年8月，刘汝祥当选为学校党支部书记。

1970—1979 年

- 1970 年 8 月，刘汝祥被正式任命为校长。
- 1973 年，学校将初中和高中的学制由三年制缩短为两年制，办学规模为初中、高中四个年级，共八个班。
- 1974 年，在萧进洲老师的指导下，数学老师薄根如带领学生前往松岗燕川开展实地勘测，详细勘测了松岗燕川的地形地貌，同时还测量了学校附近黄松岗山，得出等高线数据。
- 1974 年 9 月，学校组建一个 50 人的"文艺宣传班"，由文雅丽老师担任班主任。宣传班学生深入潭头大队的麻风村进行慰问演出。
- 1974 年 9 月，松岗中学成立武术队，由古劳咏春拳传人吴传海担任总教练。
- 1975 年—1976 年，将农业技术学习引进课堂。
- 1975 年 6 月，陈志南被任命为副校长。
- 1975 年 7 月，抗战时期的抗日少年先锋队队长、松岗中学历史上第一批共青团员（东宝中学时期）蔡志坚被选调到松岗中学任教。
- 1976 年 6 月，陈志南被任命为校长，并当选为学校党支部书记。
- 1977 年 8 月，刘汝祥再次被任命为校长，并补选为学校党支部书记；姚子坤当选为工会主席。
- 1977 年 9 月，国家恢复高考，学校领导向松岗公社争取到一台电视机，让学生每晚收看华南师院（现华南师范大学）教授们的高考辅导课。
- 1978 年 7 月，宝安县教育局在松岗中学设置考点，刘汝祥校长担任考场副主考，具体负责考场组织工作，共有 100 多名考生在松岗中学考点参加考试。
- 1978 年 9 月，张海鹰同学考上中山医科大学，文立章同学考上湛江医学院，文树威同学考上广州体育学院。
- 1979 年 7 月，毕业班学生流失严重，薄根如老师带领仅剩的 9 名学生前往公明考点参加考试。

1980—1989 年

- 1980 年 7 月，学校停止高中招生。
- 1980 年 9 月，张志文被任命为校长；陈志南当选为党支部书记。
- 1981 年 8 月，刘鉴宏被任命为校长，并被补选为党支部书记；张志文被任命为副校长，蔡发林当选为工会主席。
- 1982 年 8 月，高桂熊被任命为副校长。
- 1983 年 8 月，高桂熊被任命为校长，并当选为党支部书记；赖辉强被任命为副校长。
- 1984 年 8 月，赖辉强被任命为校长，曾闻历被任命为副校长。
- 1984 年 9 月，补选赖辉强为党支部书记。
- 1985 年 9 月，曾闻历当选为工会主席。
- 1986 年 7 月，松岗中学中考英语成绩稳居宝安县第三名，其中蔡惠尧（现任深圳博物馆副馆长）以优异的总分成绩及英语单科高分考入深圳中学。
- 1986 年 9 月，学校恢复普通高中招生，与南头中学合作招收两个中专班。
- 1987 年 5 月 4 日，东宝中学建校 42 周年暨校友会成立座谈会在宝安县政府西园招待所召开。
- 1987 年 9 月，曾闻历被任命为校长，莫焕坤当选为工会主席。
- 1987 年 9 月，学校筹建教工子弟幼儿园。松岗镇中心幼儿园成立后，学校教工幼儿园停办，全部器材无偿捐给了中心幼儿园。
- 1988 年 8 月，蔡根来被任命为校长，并当选为党支部书记。萧进洲被任命为副校长，薄根如当选为工会主席。
- 1988 年 9 月，薄根如被评为深圳市先进教育工作者。
- 20 世纪 80 年代初至 90 年代中期，赖辉强、曾闻历、蔡根来、萧进洲等几任校长前后接力，主持建成了一栋单身教职工宿舍、四栋教职工家属宿舍，教师的住房问题得到了根本改善。

1990—1999 年

- 1990 年 8 月，蔡根来调任松岗镇政府科教卫办公室主任。
- 1990 年 8 月，萧进洲担任松岗中学校长，补选薄根如为党支部书记。
- 1990 年 8 月，胡四海被评为深圳市先进学校体育工作者。
- 1991 年 8 月，陈伟林当选为工会主席。
- 1991 年 9 月，陈伟林被评为深圳市先进教育工作者。
- 1993 年 8 月，吕静锋被任命为副校长，一个月后，被正式任命为校长。
- 1993 年 9 月，胡四海被评为深圳市先进学校体育工作者。
- 1993 年 9 月，暂停普通高中的招生，在读高中学生全部转学到宝安中学。
- 1993 年 11 月，党支部换届，吕静锋当选为支部书记，薄根如当选为支部副书记。
- 1994 年 9 月，补选谭海明为党支部副书记；文锡洪当选为工会主席。
- 1994 年 9 月，谭海明被评为深圳市优秀教师。
- 1994 年 9 月，胡四海被评为深圳市先进学校体育工作者。
- 1994 年 9 月，学校被评为深圳市宝安区教育工作先进单位。
- 1995 年 5 月 4—6 日，东宝中学建校 50 周年纪念会在东莞市政府招待所召开。
- 1995 年 9 月，冼仲强被评为深圳市优秀教师。
- 1995 年，学校被评为深圳市宝安区教育工作先进单位，并获得"深圳市卫生先进单位""深圳市宝安区文明单位""深圳市宝安区体育先进单位""深圳市宝安区模范党支部""深圳市宝安区中等学校统一招生考试先进单位""深圳市宝安区成人中专优秀分教处"等荣誉称号。
- 1995 年 5 月，松岗中学黄松岗校区举办第一届科技艺术节。
- 1996 年 1 月，校报《松岗中学报》创刊。
- 1996 年 8 月，吕静锋调任宝安区教育局局长助理，由常务副校长王熙远主持学校工作。
- 1996 年 9 月，学校被确定为深圳市宝安区三所德育试点学校之一，拍摄了全面反映学校德育工作的专题片《一枝红杏出墙来——松岗中学德育工作纪实》。

- 1996年10月，学校参与"中学生主体性教育实验"课题研究，承担农村中学生主体教育实验课题的研究工作。
- 1996年11月，校刊《教科研》创刊。
- 1996年—1998年，松岗镇人民政府采取政府投资与社会捐资相结合的方式，筹措兴建松岗中学东方大道大田洋新校。文洪磋博士捐资1000万港币；社会各界共捐资2799万元，其中包括松岗中学100多名教职工的捐资14.62万元和松岗中学工会从松岗各村委、松岗商会、松岗本地企业家，以及松岗和公明两地校友处募得的校庆捐款100万余元人民币。
- 1997年7月，新校区行政楼、图书馆、高中部教学楼、实验楼、科技楼（钟楼）、教工宿舍1栋、学生宿舍1栋和2栋、食堂、球场看台等主体建设基本竣工。
- 1997年8月，罗玉平被任命为校长，张世建被任命为副校长。
- 1998年4月，学校党支部换届，罗玉平当选为党支部书记，谭海明当选为副书记。
- 1998年11月，薄根如当选为工会主席。
- 1998年11月，在黄松岗校区举行40周年校庆活动。
- 1998年，学校被评为宝安区一级学校。
- 1999年9月，坐落于东方大道大田洋，占地11万平方米、总投资5000万元的现代化新学校落成。为表彰香港同胞文洪磋博士为建校捐资1000万港币的善举，弘扬松岗地区百姓尊师重教的传统，根据文洪磋博士希望以其父文存贵先生的名字命名的意向，经上级教育部门同意，松岗镇人民政府决定将松岗中学又名"文存贵纪念中学"。
- 1999年9月，学校迁入位于东方大道大田洋的新校区。
- 1999年9月，学校开始探索全寄宿教学试验，成为深圳市第一所初中学生全寄宿的公办学校。

东方大道时期（1999年9月—2020年12月）大事记

2000年

- 3月，学生宿舍3栋竣工交付使用。
- 7月，中考成绩600分以上有17人。本届初三年级长为杨海春。
- 8月，教工宿舍2栋竣工交付使用。
- 9月，松岗中学开办第一届新疆班，接收三个班共120名学生。松岗中学被深圳市政府列为"重点投入，重点建设，重点提高"的学校。
- 9月，张世建副校长担任新疆部分管校领导，杨海春担任新疆部主任。
- 9月，学校获得深圳市教师节文艺汇演优秀奖。
- 11月，学校承办深圳市宝安区第七届中学生田径运动会。
- 陈伟林老师获深圳市宝安区化学教案评比一等奖。
- 叶国锋同学获深圳市宝安区初中物理竞赛第一名，指导老师为冼仲强。
- 蔡夏欣获深圳市宝安区中小学生创意绘画、制作现场比赛一等奖。

2001年

- 1月，制定《松岗中学2001—2004年发展规划》，并提交教代会讨论通过。
- 3月，新食堂竣工并交付使用。
- 3月，家长学校工作启动，包强斌在阶梯教室上了第一堂题为"帮助孩子树立自信心"家庭教育课。
- 5月，学校举办东方大道新校区第一届科技艺术节。
- 7月，江冰同学获宝安区"祖国统一赞"征文一等奖，指导老师为葛涵。
- 9月，张世建被评为深圳市优秀教师。
- 9月，初三教学楼竣工并交付使用。
- 9月，学校恢复普通高中招生，招收1个班共48名学生。
- 9月，松语文学社成立，首席指导老师为唐江云。
- 10月，语文科组启动了"生本教育"实验研究。
- 11月，学校举办2001年秋季田径运动会。
- 学校被评为深圳市一级学校、深圳市卫生先进单位、深圳市"园林式、花园式"达标单位、深圳市爱国卫生先进单位、宝安区教育工作先进单位。

2002年

- 1月，学校党支部及工会组织了对退休教师、因病住院的教师的慰问活动。
- 2月，综合楼竣工并交付使用。
- 2月，学校组织新疆班学生春节联欢及古尔邦节的庆祝活动。
- 3月，学生宿舍4栋竣工并交付使用。
- 5月，学校举办第二届科技艺术节。
- 7月，唐少玲被评为深圳市优秀教师。
- 11月，学校举办2002年秋季田径运动会。
- 12月，学校通过了深圳市办学效益评估。
- 12月，学校"语文生本式教育研究"及"新疆少数民族学生非智力因素研究"两个课题被列为深圳市教育规划课题。

2003年

- 1月，学校工会被评为宝安区教育工会2001—2002年度工会工作先进单位。
- 4月，教工宿舍3栋竣工并交付使用。
- 5月，学校举办第三届科技艺术节。
- 8月，学校地理社团获"首届全国中学生地理知识竞赛"高中组团体一等奖，唐小军获高中组优秀教师指导奖。
- 9月，学校被评为宝安区2002—2003年度教育工作先进单位。
- 10月，学校被评为宝安区2002—2003学年初中教学工作先进单位。
- 11月，学校举办2003年秋季田径运动会。
- 11月，"生本教育理念下的中学语文教学探索"课题在全国教育科学"十五"规划教育部重点课题"生本教育的观念和实践式研究"优秀成果评选中获一等奖。
- 11月，学校航模社团在2003年深圳市中小学航海模型竞赛中，获中学男子组"公主号"遥控项目单项团体一等奖，指导老师为张月德。

2004 年

- 1 月，学校获深圳市宝安区首届教学基本功大赛优秀组织奖。
- 5 月，学校获深圳市宝安区首届"新课程、新理念"优质课教学大赛优秀组织奖。
- 5 月，学校成立了松岗中学新课程委员会，制订新课改方案。
- 5 月，学校举办第四届科技艺术节。
- 6 月，学校设立高考定点考场，成为深圳特区成立后第一个设立高考考场的街道（镇）级中学。
- 6 月，第一届新疆班学生毕业。
- 9 月，学校被评为深圳市 2003—2004 年度教育系统先进单位。
- 10 月，学校被评为宝安区 2003—2004 学年初中教学工作先进单位。
- 10 月，学校通过广东省一级学校评估。
- 11 月，学校举办 2004 年秋季田径运动会。
- 12 月，学校被评为深圳市 2003—2004 年度高中教育教学先进单位。
- 12 月，学校获深圳市第五届"读书月"青少年读书论坛优秀组织奖。
- 学校被评为深圳市宝安区高考工作先进单位。

2005 年

- 1 月，学校被评为深圳市宝安区 2003—2004 年度工会工作先进单位。
- 4 月，学校被评为深圳市宝安区师德师风建设先进单位。
- 5 月，学校举办第五届科技艺术节。
- 9 月，学校被评为 2004—2005 学年度宝安区教育工作先进单位。
- 10 月，学校被评为深圳市高中教学工作先进单位。
- 10 月，学校获深圳市 2005 年高考工作进步奖。
- 11 月，学校举办 2005 年秋季田径运动会。
- 11 月，学校被评为深圳市宝安区 2004—2005 学年初中教学工作先进单位。
- 11 月，学校荣获深圳市宝安区"民族精神代代传"中学生演讲比赛优秀组织奖。
- 12 月，学校获深圳市第六届"读书月"活动优秀组织奖。
- 12 月 9 日，学校获深圳市办学效益奖。

2006 年

- 1月，学校被评为广东省民族团结进步模范集体。
- 3月，学生宿舍5栋竣工并交付使用。
- 5月，学校举办第六届科技艺术节。
- 7月，地理科组被评为深圳市优秀科组。
- 10月，学校被评为深圳市高考工作先进单位。
- 11月，学校举办2006年秋季田径运动会。
- 11月，学校承担的广东省教科院分配的课题"关于历史社会在珠三角开设的可行性研究"正式开题。全国规划"十五"课题"中学语文生本教育研究与实验"进入研究中期。学校被授予"中国西部教育顾问单位""广东省生本教育观念""实际模式研究试验基地"等称号。
- 11月，学校被评为深圳市文明单位、深圳市第八届精神文明建设先进单位、深圳市宝安区依法治校示范学校。
- 11月，罗玉平被评为深圳市宝安区优秀校长、宝安区优秀党务工作者，并获深圳市宝安区教育突出贡献奖。

2007 年

- 1月，刘向红由深圳市光明中学副校长调任为松岗中学副校长。
- 2月，体育馆竣工并交付使用。
- 3月，初中部教学楼（1期）和学生宿舍6栋竣工并交付使用。
- 4月，松岗中学初中语文科组被评为深圳市基础教育示范教研组。
- 5月，学校提出"四环节"课堂教学改革设想，明确了"培养学生自主学习能力"的改革目标。
- 5月，学校举办第七届科技艺术节。
- 6月，学校被推荐为深圳市首批"人工智能机器人走进课堂"试点学校、宝安区科普教育试验基地、宝安区信息技术奥赛特色学校。
- 7月，学校中考460分以上人数达36人，高分率列全区第一；高考重点上线率47%，列全市第八；冶晓倩、高杰分获深圳市英语、物理单科状元。
- 9月，学校被授予"深圳市宝安区学科奥赛特色学校"称号。
- 11月，学校通过广东省高中教学水平评估。

- 11月，学校代表队参加第八届全国少数民族运动会，在秋千、蹴球等项目比赛中，获得4银2铜。
- 11月，学校举办2007年秋季田径运动会。

2008年

- 3月，学校通过广东省普通高中教学水平评估。
- 4月，学校通过深圳市绿色学校评估。
- 5月，学校举办第八届科技艺术节，全校师生为汶川地震灾区捐款346688.6元。
- 5月，期中考试之后，学校决定在高一年级开办松岗中学首届美术高考班，探索美术高考之路。首届美术班班主任为隆国念，美术科组长为曹强，年级长为邱绍谦、王立平。
- 5月16—17日，广东省高中英语课堂教学范式宣讲团模块整体教学暨"十一五"规划课题"网络环境下的高中英语阅读研究"研讨会在学校召开。
- 8月，完成二号综合楼和三号教学楼的建设。
- 9月，张世建被评为新疆维吾尔自治区先进教育工作者。
- 9月，李永进被评为深圳市教育系统优秀班主任。
- 9月，郑传林被评为深圳市教育系统优秀教师。
- 9月10日教师节，松岗街道党工委书记、街道办主任吴汉明来松岗中学慰问全体教师，发表题为"认识松岗，热爱松岗，奉献松岗"的讲话，给全校教师以极大鼓舞。
- 9月24日，学校组织召开英语科组课改专题座谈会，通过讨论达成改革共识。自此以"将耳朵叫醒，把嘴巴打开"为口号的松岗中学英语课堂教学改革正式启动。
- 10月，学校被评为深圳市首批"书香校园"。
- 10月，学校通过深圳市义务教育均衡发展督导评估。
- 10月13日，新疆维吾尔自治区副主席靳诺率自治区政府考察团来校看望新疆班师生，并与学校领导和师生代表亲切座谈。
- 11月，学校通过广东省国家级示范性普通高级中学督导评估。
- 11月，学校举办2008年秋季田径运动会。
- 12月8—10日，广东省教育督导室专家组对松岗中学申报广东省国家级示范性普通高中进行了初期督导验收，学校高分通过初期督导验收。
- 12月18日，罗玉平校长率领学校行政、骨干教师团队前往山东省杜郎口中学参观考察，并现场召开研讨会。

2009年

- 2月23日，学校召开教学改革研讨会，罗玉平校长发表"新课程改革下教师的作用"主题讲话。
- 2月28日，中央教科所邓友超博士来学校调研，充分肯定了松岗中学教改模式理念先进、方向正确、思路清晰、措施可行，并提出"凝练办学思想，彰显松岗特色"的建议。
- 4月，谭海明当选为学校工会主席。
- 4月25—26日，首届港、台与内地（祖国大陆）语文教学圆桌会议报告会暨散文教学研讨会在学校举行。
- 5月，将课堂教学改革由"四环节"模式发展为ALTER模式，创建"培养学生自主学习能力，让学生学会自学，让教师学会导学，让教学回归学科，让管理走向人本"的"一个中心，四个基本点"的松岗中学模式。
- 5月，学校举办第九届科技艺术节暨迁校10周年庆祝晚会。
- 7月，学校组织2008—2009年度优秀校本课题结题报告评审会，评选出6个优秀校本课题。
- 7月13日，深圳市教育局、宝安区教育局、宝安区公安局有关领导，罗玉平校长及张世建、刘向红副校长等亲自护送新疆班学生暑假返疆。
- 9月，成立中共深圳市松岗中学总支委员会，罗玉平当选为总支部书记，谭海明当选为总支部副书记；同时成立中共深圳市松岗中学总支委员会下属三个支部，杨海春当选为第一支部书记，程华当选为第二支部书记，曾才当选为第三支部书记。
- 9月，唐少玲被评为深圳市首届名班主任。
- 9月，邱绍谦被评为南粤优秀教师。
- 9月，杨海春被评为新疆维吾尔自治区优秀教师。
- 9月8日，罗玉平被评为深圳优秀教育工作者，邱绍谦被评为深圳市优秀教师。

- 9月底，首届高考美术班在曹强、吴江南的带领下，赴广州白云区培训基地开始考前封闭式集训，另有10余名学生赴北京参加培训。
- 10月9日，学校举行由唐少玲主持的深圳市名班主任培训班课题"后进生心理问题的表现、成因及转化教育的个案研究"结题报告会。
- 11月，学校举办2009年秋季田径运动会。
- 12月，宝安区教育局、教科培中心向全区推广松岗中学教学模式。
- 12月，学校被评为广东省民族团结进步模范集体。
- 12月，学校被评为宝安区2006—2009年度教科研工作先进集体（三年一评）。
- 12月，松岗中学课改期刊《松岗中学教育研究》创刊。
- 12月，学校被授予深圳市宝安区初中教学管理标兵单位。

2010年

- 1月，余迅被任命为松岗中学副校长。
- 1月，学校顺利通过深圳市宝安区双优学校评估。
- 1月，深圳市宝安区教育局、教科培中心在海上田园召开松岗中学教改模式研讨会，向全区正式推广松岗中学课改模式。
- 3月，学校顺利通过广东省国家级示范性普通高中终期验收。
- 广东省高中英语网络课堂阅读与口语教学研讨会在松岗中学召开，贺君、赵莉、张美祥、周笑天、许铃佼等老师上展示课。
- 4月27—30日，全校师生为四川玉树地震灾区捐款45386.5元。
- 5月，学校举办第十届科技艺术节。
- 7月，"松岗中学ALTER自主学习模式研发"课题获得宝安区教育科学"十二五"重点课题立项。
- 9月，初中部教学楼（2期）、综合楼（附楼）、学生宿舍7栋和8栋竣工并交付使用。
- 11月，学校举办2010年秋季田径运动会。
- 12月，学校向深圳市教育局正式申报深圳市课程改革特色学校。
- 12月，学校获深圳市高考工作卓越奖。
- 12月，学校获第四届广东省民运会优秀组织奖。

2011 年

- 1月9—13日，全国语文名师高峰论坛暨语文"名师育名师"活动在松岗中学举行。
- 3月，松岗中学被评为深圳市首批"课程改革特色学校"（全市中小学仅评出10所）。
- 4月2日，全国人大常委会委员、全国人大民族委员会副主任雷鸣球率全国人大民委调研组来校调研考察新疆班工作。
- 4月21日，新疆人大常委会党组副书记张国梁来校看望新疆班学生。
- 5月，杨海春被任命为副校长，张世建被补选为党总支部副书记。
- 5月，学校举办第十一届科技艺术节。
- 6月，学校党总支被评为深圳市宝安区先进基层党组织。
- 9月，罗玉平校长当选为深圳市"十佳优秀校长"，接受许勤市长的颁奖。
- 9月，学校被评为2010—2011学年度深圳市宝安区教育工作先进单位。
- 10月12日，由深圳市宝安教育局、教科培中心举办的首批卓越绩效示范评估校长演讲评审会中，罗玉平校长以95.67分的高分夺得第一名。
- 10月17日，深圳电视台对学校的校园文化建设进行了专题报道。
- 10月28日，新疆内高办考察团来学校考察。
- 10月，学校被评为深圳市2011年高考工作先进单位。
- 10月，学校被评为深圳市宝安区2010—2011学年度初中教学管理标兵单位。
- 10月，学校被评为2011年深圳市宝安区首批卓越绩效模式示范学校。
- 11月24日，学校党总支召开全体党员会议，选举程华为中共深圳市宝安区第五届代表大会代表。
- 11月，学校举办2011年秋季田径运动会。
- 学校党总支被推选为2011年宝安区先进基层党组织。
- 12月12—15日，中央电视台采访松岗中学教改模式。
- 12月，学校被评为全国语文教改示范学校。
- 12月28日，《南方都市报》以"松岗中学模式：整体改革解放教师，解放学生"为题报道松岗中学教改模式。

2012 年

- 3月13日，深圳市宝安区教科培中心的各科教研员来学校考察松岗中学教改模式。
- 3月23日，第十一届全国政协委员、新疆维吾尔自治区党委常委、自治区总工会主席尔肯江·吐拉洪来学校视察。
- 4月，唐少玲被评为深圳市第三届中青年骨干教师。
- 4月19日，罗玉平名校长工作室举行挂牌仪式。
- 5月18日，深圳市深化中小学课程改革基层创新工作现场交流会（高中组）在学校召开。
- 5月，学校举办第十二届科技艺术节。
- 6月8日，学校党总支第一支部为7名优秀学生举行入党宣誓仪式。
- 6月，松岗中学北京校友会和上海校友会正式成立。
- 6月，初中历史与社会科组被评为深圳市示范科组。
- 7月，学校党总支换届，罗玉平当选为党总支书记，张世建、刘向红当选为党总支副书记。
- 罗玉平被评为2012年度深圳市优秀共产党员、宝安区十佳共产党员。
- 9月19日，学校工会换届，刘向红当选为工会主席，廖国军、田树波当选为工会副主席；田树波当选为经审委员会主任，程华当选为女工委员会主任。
- 9月，蔡俊标、王胜川分别被评为深圳市优秀教师和优秀班主任。
- 9月26日，广东省教育厅厅长罗伟其一行来学校调研松岗中学模式和新疆班办学情况。
- 10月26日，学校教工乒乓球队荣获深圳市科教文卫体工会系统职工乒乓球大赛冠军。
- 11月5日，2012年深圳市宝安区课程改革成果展示活动在松岗中学召开，余迅副校长代表松岗中学在大会上作"再造一个激情燃烧的火红年代"的主题演讲。
- 12月下旬，罗玉平调任深圳市宝安区教科培中心副主任，邹小新被任命为松岗中学校长。
- 12月下旬，举办学校秋季田径运动会。
- 12月，学校被评为2012年深圳市高考工作先进单位、2011—2012年度深圳市宝安区高考工作先进单位卓越奖、2011—2012学年度宝安区初中教学管理标兵单位。
- 12月，学校举办2012年秋季田径运动会。

2013年

- 4月，全校师生为新疆班患白血病学生艾力木古丽捐款10.28万元，在邓克主任的帮助下，艾力木古丽顺利住进新疆医科大学第一附属医院进行治疗。
- 4月16日，学校党总支部召开全体党员大会和党总支委员会议，补选邹小新为党总支书记。
- 4月18日，全市高中地理教研活动在学校举行。
- 5月13日，学校顺利通过深圳市宝安区德育绩效评估。
- 5月21日，学校举行第十三届艺术节展演。
- 6月，唐少玲被评为广东省新一轮"百千万人才工程"名教师培养对象。
- 9月，李颖、隆国念分别被评为深圳市优秀教师和深圳市优秀班主任。
- 9月，余迅被评为新疆维吾尔自治区优秀教师。
- 11月，学校举办2013年秋季田径运动会。
- 在深圳市宝安区第七届教工运动会上，学校代表队获乒乓球团体第一名、羽毛球团体第二名，并获体育道德风尚奖。
- 司马静波获得首届宝安教育"感动宝安"十大人物。
- 学校被评为深圳市宝安区2013年高考工作先进单位。

2014年

- 1月17日上午，全国政协副主席、国家民委主任王正伟一行来学校调研新疆班办学情况。
- 3月13日，学校举行全国教育技术重点研究课题"信息技术环境下提高初中生自主学习能力的策略研究"开题报告会。
- 4月，唐少玲被评为深圳市第四届青年骨干教师。
- 4月，学校高中数学科组和初中思品科组被评为深圳市中小学示范科组。

- 4月，余迅被确定为"深圳市宝安区未来教育家"培养对象。
- 4月8日，广东省副省长林少春一行来学校调研。
- 5月，学校举办第十四届艺术节。
- 6月3日，中共广东省委常委、深圳市委书记王荣来松岗中学调研新疆班办学情况，张思平、王宏彬等领导陪同调研。
- 高中教学楼加固工程自2014年6月初开始，至8月底完工。
- 9月，松岗中学被评为第六届"全国民族团结进步模范集体"。
- 9月28日，邹小新代表学校赴北京参加中央民族工作会议暨国务院第六次全国民族团结进步表彰大会。
- 9月，曾才被补选为党总支部副书记。
- 9月，学校被评为深圳市教育工作先进单位。
- 9月，岳铮、吴天德分别被评为深圳市优秀班主任和深圳市优秀教师。
- 9月，新疆班学生代表团参加第五届广东省少数民族传统体育运动会，在秋千、踢球、毽球等比赛中，获得了三银一铜的佳绩。
- 10月，学校被评为深圳市高考工作先进单位，并获市高考工作卓越奖。
- 10月16日，深圳市委书记王荣会见了荣膺"全国民族团结进步模范集体"和"全国民族团结进步模范个人"的本市代表，松岗中学邹小新校长受到市领导接见。
- 11月，学校被评为深圳市宝安区高考工作先进单位。
- 11月，学校被评为深圳市宝安区初中教学管理标兵单位。
- 11月，学校的初中道德与法治科组被评为深圳市宝安区优秀科组。
- 11月，学校举办2014年秋季田径运动会。
- 12月，学校教师合唱团荣获宝安区教职工合唱比赛一等奖（并列第一名）。
- 12月，邓克获得第二届宝安教育"感动宝安"十大人物。
- 12月，学校被深圳市宝安区教育局、深圳市宝安区教育工会评为2012—2014年度深圳市宝安区工会工作先进集体。

2015 年

- 5 月，学校举办第十五届艺术节。
- 5 月 26 日，学校召开"问题化教学设计"研讨会。
- 6 月 3 日，学校党总支第一支部在"中共宝安一大"旧址为优秀学生缪定文、薛萌萌、李凯和牡丹古丽举行了庄严的入党宣誓仪式。
- 学校被评为深圳市宝安区 2015 年高考工作先进单位。
- 学校被评为深圳市宝安区教育工作先进单位。
- 邹小新被增聘为 2015 年深圳市第四届督学。
- 唐少玲被评为深圳市基础教育系统"名师工程"骨干教师。
- 9 月，张翠英、陈全凯分别被评为深圳市优秀班主任和深圳市优秀教师。
- 9 月 8 日，在阶梯教室举行庆祝教师节暨"十佳教师"和"十佳师德标兵"表彰大会。
- 9 月 9 日，在深圳市庆祝第 31 个教师节文艺演出会上，学校的原创节目《给母校的一封信》代表宝安区参加汇演。
- 10 月，学校提升工程开工。
- 11 月 6 日，学校被评为深圳市首批智慧校园。
- 11 月 14 日下午，新疆维吾尔自治区党委常委、新疆维吾尔自治区人民政府副主席艾尔肯·吐尼亚孜一行来校调研新疆班办学工作。
- 11 月，学校举办 2015 年秋季田径运动会。
- 12 月 18 日，中央电视台、中央人民广播电台、人民日报社、中国民族报社和经济日报社 10 余名记者，来松岗中学采访新疆班办学情况。
- 12 月，学校被评为深圳市宝安区初中教学管理标兵单位。

2016 年

- 1月5日下午，学校召开问题化教学总结大会。
- 1月7日，中央电视台《朝闻天下》栏目中，以"内地班为民族地区孩子编织未来"为题报道了松岗中学新疆班。
- 4月1日，学校举行"关爱史美伦同学"捐助仪式，邹小新校长将学校师生捐助的12.8382万元爱心款交给史美伦的母亲。
- 4月，学校校史展览馆举办的"庆祝新疆班办班十五周年展"对全校师生开放。
- 5月，学校举办第十六届艺术节。
- 5月11日，学校党总支部换届选举。邹小新当选为党总支书记，刘向红、曾才当选为党总支副书记；杨海春、余迅、邓克、程华当选为党总支委员。
- 5月31日，学校党总支第一支部在"中共宝安一大"纪念馆为2名新疆班优秀学生举行入党宣誓仪式。
- 6月，学校乒乓球队获深圳市宝安区中小学生乒乓球大赛高中组男、女队团体双冠军。
- 7月6日，学校举行2015—2016学年度家校联系总结暨优秀家长义工表彰大会。
- 学校师生为已毕业6年的身患重疾的新疆班学生班涛捐款67680.2元。
- 9月，石明媚、廖晓青分别被评为深圳市优秀班主任和深圳市优秀教师。
- 9月，邹小新被评为深圳市"十佳校长"。
- 9月12日，吴海燕参加深圳市教育局支教团赴河源市连平县大湖中学支教。
- 10月12日—12月11日，贺君、赵涵参加广东省教育厅民族教育支教团，赴新疆喀什高级中学支教两个月。
- 10月27日，学校召开第四届家委会代表聘任大会暨家校联系工作会议。
- 10月28日，学校召开松岗中学第七届教工代表大会第二次会议，表决通过《松岗中学新疆班特岗津贴发放方案》。
- 学校通过"广东省义务教育标准化"复评验收。
- 11月11日，学校与喀什高级中学结为友好学校。
- 11月，学校举办2016年秋季田径运动会。

- 11月上旬，学校举办第十三届信息科技节。
- 学校获深圳市2016年高考工作"卓越奖"。
- 学校被评为2015—2016年度初中教学管理先进单位。

2017年

- 1月4日，学校举行首批名班主任工作室（邱绍谦名班主任工作室和丁文祥名班主任工作室）挂牌仪式。
- 2月13日，学校举行新学期开学典礼。
- 2月28日，高三年级举行2017年高考百日誓师大会。
- 2月，学校通过广东省绿色学校评估。
- 3月7日，校团委、学生会组织开展了2016—2017学年第二学期"志愿同行，光盘行动"主题签名活动暨文明周启动仪式。
- 3月16日，初三年级举行2017届中考百日冲刺誓师大会。
- 3月，吴天德、唐少玲被认定为深圳市宝安区教育系统名师工程名教师。
- 4月17日，学校首届班主任节在学术报告厅开幕。
- 4月22日，学校女教工舞蹈队获深圳市宝安区第十届教工运动会健身广场舞特等奖。
- 5月4日，深圳市宝安区教育局在学校学术报告厅召开干部会议，任命程显友为松岗中学校长。
- 5月4日，学校召开2017年松岗中学"五四"表彰大会暨举行新团员入团仪式。
- 5月5日，学校首届班主任节举行闭幕式。
- 5月9日，邱绍谦名班主任工作室举行开题报告会。
- 5月18日，学校在田径运动场举行艺术节闭幕式。
- 6月5日，学校党总支第一支部在"中共宝安一大"旧址为优秀学生黄译萱、再依努尔同学举行入党宣誓仪式。
- 6月9日，学校举行2017届高三毕业典礼。
- 6月9—18日，程显友带队前往新疆家访，主持召开新疆班学生家长会议，并到乌鲁木齐67中学考察交流。
- 6月26日，学校举行2017届初三毕业典礼。

- 6月30日，德育处召开松岗中学优秀家长义工表彰大会。
- 7月，邱绍谦名班主任工作室获得2016年度名班主任工作室"积极作为奖"。
- 7月7日，吴海燕圆满完成在河源市连平县大湖中学为期一年的支教任务返校。
- 7月，唐少玲被评为宝安区教育类高层次人才。
- 7月，阿孜古丽·尔曼从北京师范大学历史系毕业，正式入职松岗中学，成为学校新疆班办班以来第一个回到母校工作的学生，也是本校第一个维吾尔族教师。
- 9月1日，学校举行2017—2018学年第一学期开学典礼暨创建全国文明城市动员大会。
- 9月8日，学校提升工程完工。此工程自2015年10月开始至2017年9月结束。
- 9月，刘玲玲、陈胜华分别被评为深圳市优秀班主任和深圳市优秀教师。
- 9月27日，学校召开第五届家委会成立大会。
- 9月，学校被评为深圳市宝安区"德育家庭教育年"工作先进单位。
- 9月，程显友获宝安教育突出贡献奖。
- 10月，程显友被补选为党总支书记。
- 10月9日—12月9日，顾球瑛、陈禹参加广东省教育厅民族教育支教团，赴新疆喀什高级中学支教两个月。
- 11月23日，学校举办2017年秋季田径运动会。
- 11月29日，学校举办第十四届信息科技节。
- 12月1日，陈爽获广东省首届青年教师教学技能大赛总决赛数学学科（高中）第一名。
- 12月4日，学校在运动场举行2017级新生军训开营仪式。
- 12月11日，2017"校长杯"篮球赛举行启动仪式。
- 12月18日，高三年级举行18岁成人礼宣誓仪式。
- 12月18日，学校召开班主任工作总结表彰会。
- 12月，学校被评为2017年深圳市宝安区高考工作先进单位。

2018年

- 1月16日下午，学校进行"校长杯"男子篮球总决赛。
- 2月26日，学校举行2017—2018学年第二学期开学典礼。
- 2月28日，学校高三年级师生举行2018届高三高考百日誓师大会。
- 3月19日，初三年级举行2018届决战中考百日誓师大会。
- 4月9日，学校举行第二届班主任节开幕式暨德育安全工作会议。
- 4月，学校被评为首届广东省中小学青年教师教学能力大赛先进集体。
- 5月4日，学校团委召开"五四"表彰大会。
- 5月上中旬，丁文祥名班主任工作室"家校共育"三个社区工作站先后挂牌运作。
- 5月29日，学校举办第一届"与法同行"法律知识竞赛决赛。
- 5月，学校工会被评为深圳市宝安教育工会"十佳"先进集体。
- 6月1日，学校初一年级举行"告别童年，成长跨越"庆祝"六一"儿童节活动暨第一批新团员入团宣誓仪式。
- 6月10日，学校举行2018届高三毕业典礼。
- 6月，学校拍摄法治教育宣传片《守护青春 与法同行》和法治教育微电影《伙伴》，《伙伴》被选入广东省中小学法治教育专题资源建设（二期）项目。
- 6月25日，学校举行2018届初三毕业典礼。
- 6月26日，深圳市宝安区中学法治教育现场会在学校召开。深圳市宝安区委副书记、政法委书记王立德及深圳市宝安区委常委、区政府党组成员孟锦锦等领导出席，全区政法系统、教育系统主要领导和300多名代表参加会议。
- 7月10日，学校举行2017—2018学年度家长总结暨优秀家长义工表彰大会。
- 7月14—17日，全体党员赴韶山等地参加党性教育培训。
- 8月，王渊赴新疆喀什塔库库尔干塔吉克自治县深塔中学支教。
- 9月3日—11月2日，王立平、高强参加广东省教育厅内地民族班教师跟班学习培训，赴新疆喀什工作两个月。
- 9月，程显友被评为南粤优秀教育工作者。
- 9月，张彩霞、钟敏分别被评为深圳市优秀班主任和深圳市优秀教师。

- 10月，学校德育处始推"多彩青春，文明校园"校徽制度，将六个年级校徽按"赤、橙、黄、绿、蓝、紫"分色（此前校服无校徽）。
- 10月，学校被评为深圳市教育工作先进单位。
- 10月，邱绍谦被评为深圳市名班主任工作室主持人。
- 10月，陈爽被评为深圳市宝安区首批"十佳教育教学能手"。
- 10月，言静获深圳市第七届中小学班主任专业能力大赛（高中组）一等奖第一名，并代表深圳市参加11月的广东省第七届中小学班主任专业能力大赛（高中组）。
- 10月16日，学校在学术报告厅召开松岗中学2018—2019学年师徒结对工作会议。
- 10月20日，学校党委组织部分党员前往古田参观学习。
- 10月25日，学校举行2018年松岗中学艺术节之校园歌手总决赛。
- 10月，学校获深圳市高考工作特色奖。
- 10月，程显友主持的法治教育课题获得深圳市规划课题立项。
- 11月1—2日，学校举办2018年田径运动会。
- 11月，言静获广东省第七届中小学班主任专业能力大赛（高中组）综合总分一等奖（最高奖），同时获情景答辩单项一等奖。
- 11月15—17日，学校举行校园艺术节舞蹈、合唱比赛决赛。
- 11月28—29日，美术科组组织首届校园井盖涂鸦比赛。
- 11月，学校获深圳市宝安区初中教学工作进步奖。
- 11月，学校被评为深圳市宝安区2018年高考工作先进单位。
- 12月1日，学校举行2018年区级及以上课题开题报告会。
- 12月6日，举行深圳市宝安区程显友名校长工作室揭牌仪式。
- 12月25日，学校召开中共深圳市松岗中学委员会成立大会暨党员大会，程显友、刘向红、邓克、余迅、杨海春、陈芊鑫、吴天德等七名同志当选为第一届党委委员；程显友当选为第一届党委书记，刘向红、邓克当选为党委副书记。

2019 年

- 1月7日，学校为高三学生举行"坚定信念，飞扬青春"18岁成人礼宣誓仪式。
- 1月9日，学校召开2018年度领导班子成员专题民主生活会。
- 1月9日，吴明老师受到深圳市宝安区委区政府嘉奖。
- 1月上旬，学校党委发扬我党"支部建在连上"的光荣传统，按年级、部门成立九个下属党支部，分别选举余金水、王立平、陈玉领、李德国、李永进、邱绍谦、叶芷珊、吴金凤、舒灿为第一至第九支部书记。
- 2月25日，中央统战部副部长、中央新疆办主任侍俊一行来校调研新疆班办学情况。
- 2月26日，学校召开深圳市松岗中学工会换届大会，曾才当选为工会主席，廖国军、唐江云、余金水当选为工会副主席；其中唐江云兼宣传委员，余金水兼经审委员会主任；顾球瑛当选为女工委员会主任。
- 2月27日，学校举行2019届高三"决战高考 百日誓师"百日誓师大会。
- 3月5日，学校召开中共深圳市松岗中学2019年第一季度全体党员会议和全校教师大会。
- 3月13日，初三年级师生举行"百日圆梦 感恩同行"百日誓师大会。
- 3月18日，学校举办松岗中学第十五届科技节开幕式。
- 3月，学校被评为深圳市宝安区中小学依法治校示范校。
- 4月8日，学校第三届班主任节开幕。
- 4月28日，学校第七支部到宝安"中共宝安一大"会址参观学习。
- 4月，学校被评为深圳市消防安全标准化单位。
- 4月，陈芋鑫被正式任命为松岗中学副校长。
- 5月12日，中共深圳市松岗中学委员会第一、第二支部党员前往东莞市大岭山东江纵队纪念馆开展"不忘初心，牢记使命"主题党日活动。
- 5月17日，邱绍谦名班主任工作室获深圳市第二批名班主任工作室授牌。
- 5月19日，学校举行开放日活动。
- 5月28日下午，学校团委在学术报告厅召开"五四"表彰大会。
- 5月30日，中国少年先锋队深圳市松岗中学第一次代表大会暨少先队工作委员会成立大会在学术报告厅举行。

- 6月4日，中共深圳市松岗中学委员会第三、第四和第八支部全体党员到"中共宝安一大"会址开展主题党日活动。
- 6月，刘涛参加"中华情·文化心"中华文化夏令营，前往马来西亚沙巴州为中英学校全校1300多名学生授课，被当地媒体广泛报道。
- 6月9日，学校举行2019届高三毕业典礼。
- 6月11日，"东江铁流 南粤旌旗"东江纵队史实图片展和影视宣传片走进松岗中学，配合学校开展"不忘初心，牢记使命"主题教育活动。
- 6月20日，学校党委专职副书记刘向红与退休老党员薄根如首次探访学校发源地——公明水贝下村东宝中学旧址。
- 6月25日，学校举行2019届初三年级毕业典礼。
- 6月28日下午，学校召开庆祝建党98周年"七一"表彰暨"不忘初心，牢记使命"主题教育党员大会。
- 6月28日，学校党委被评为深圳市宝安区教育系统先进基层党组织，言静、杜幸元被评为深圳市宝安区教育系统优秀共产党员，刘向红被评为深圳市宝安教育系统优秀党务工作者。
- 9月，邓克被评为第七届全国民族团结进步模范个人，赴京接受颁奖，受到习近平总书记的接见；并作为观礼嘉宾在天安门广场参加庆祝中华人民共和国成立70周年大会。
- 9月，王密娟、衣美莹分别被评为深圳市优秀班主任和深圳市优秀教师。
- 10月13日，学校举行庆祝中国少年先锋队建队70周年庆典。
- 10月16日，学校在行政楼第一会议室召开第七届家长委员会成立大会。
- 10月16—17日，新华社、《中国教育报》、中国教育电视台、《中国青年报》以及深圳卫视、深圳都市频道等中央、地方主流媒体，对学校承办新疆班近20年来所取得的辉煌成就和成功经验进行全方位采访报道。
- 10月中下旬，学校工会和家委会发动师生和家长，为患髓母细胞瘤的学生肖其臻捐款444520元。
- 10月，学校获深圳市2019年高考工作超越奖。
- 10月，学校被评为深圳市宝安区高考工作先进单位。
- 11月初，学校党政联席会研究决定，筹备建校75周年及承办新疆班20周年庆典活动，会上明确了班子成员的任务分工。

- 11月9—10日，开文化润疆电影之先河的影片《喀什古丽》摄制组，经深圳援疆指挥部推荐，来学校取景拍摄，并邀请本校新疆班学生参演剧中角色。
- 11月9日，学校党委在学术报告厅召开全体党员大会，纪委书记邓克发表讲话。
- 11月20日，邓克、刘向红代表学校党委参加宝安区基层学校纪委成立授牌仪式，接受授牌。
- 12月3日，学校与喀什市东城第二初级中学结为友好学校。
- 12月5—6日，王杨荣获深圳市第二届"我最喜爱的班主任"荣誉称号。
- 12月10日下午，学校召开2019年区级立项课题开题报告会议。
- 12月17日，学校在学术报告厅召开松岗中学全体教师暨党员大会。
- 12月中旬，学校举办第十九届艺术节。
- 12月21日，邱绍谦被评为正高级教师，成为学校历史上首位正高级教师。
- 12月23日，文洪磋之子文肇伟重访松岗中学。
- 12月，唐少玲、吴天德老师被增补为深圳市宝安区教育系统名师工作室主持人。

2020年

- 学校被评为2019年深圳市宝安区中小学文明校园。
- 1月16日，校史小组召开第一次会议，校史编纂工作正式启动。
- 1月上旬，学校党委同意李德国因身体原因辞去第四支部书记职务，同意第四支部改选马静为支部书记。
- 2月2日上午，深圳市教育工委书记、教育局局长陈秋明，深圳市教育局副局长赵立一行，在深圳市宝安区常务副区长蔡英权，深圳市宝安区教育局局长范燕塔等陪同下，来学校慰问新疆班师生，检查新冠肺炎疫情防控情况。
- 2月，王渊圆满完成新疆喀什塔什库尔干塔吉克自治县深塔中学一年半的支教任务，载誉归来。
- 4月，程显友被聘为第十二届广东省督学。
- 3月2日至5月9日，第九支部书记舒灿和第二党支部党员高强，主动报名参加全区机关事业单位抽调党员干部参加社区疫情防控工作，在社区坚守两个月。

- 5月18日，学校在学术报告厅召开全体教师暨全体党员大会。
- 5月下旬，举行第四届班主任节开幕式。
- 6月上旬，经学校党委研究，同意陈玉领因身体原因辞去第三支部书记职务，改选张辉为支部书记。
- 6月16—18日，学校党委专职副书记刘向红、第一支部书记余金水代表学校党组织慰问退休老党员。
- 6月19日，学校领导及校史组成员拜访慰问东宝中学老校友、松岗中学老教师蔡志坚的夫人、学校退休教师江才笑。
- 6月30日，学校党委在学术报告厅隆重召开全体党员大会暨"七一"表彰大会。
- 7月9—10日，学校党委拍摄党建专题宣传片《松岗盛开雪莲花》。
- 7月中旬，学校两批共22名党员骨干教师护送队，"顶疫逆行"，将870多名新疆学生平安护送到家。回来后又经历了长达半个多月的酒店隔离或居家隔离。
- 9月，鄢伟红和江高威分别被评为深圳市优秀班主任和深圳市优秀教师。
- 李永进获本年度深圳市宝安区教育突出贡献奖。
- 信息技术科组被评为深圳市在线教学先进科组。
- 9月，王杨荣获广东省"最美教师"称号。
- 9月，学校档案室建成，由信息科组王玉红老师兼任档案室管理员。
- 9月中旬，学校党委被深圳市宝安区教育工委推荐参加第一批全省基础教育党建工作示范校评选。
- 9月30日，学校召开全体干部会议，宣布郝银龙任松岗中学副校长。
- 国庆节期间，刘向红副书记率学校党办干事龚奇锋和团委书记郑连超，根据资料线索前往霄边村将军山寻找学校第一任党支部书记黄研烈士墓，祭奠先烈。
- 10月1日，"学习强国"平台转发《南方都市报》有关王杨老师事迹的报道，题为"深圳老师创作《天山上的来客》带全班参演，还创作班歌"。
- 10月14日，学校承办"学习贯彻第三次中央新疆工作座谈会会议精神暨内派教师培训会"。
- 10月16日，国家民族事务委员会副主任赵勇来校调研新疆班办学情况，并寄语松岗中学。

- 10月，邱绍谦被评为深圳市宝安区教育类高层次人才。
- 10月21日下午，学校召开干部大会，宝安区教育局副局长郭杜宁宣布区委区政府的人事任免决定：程显友任宝安中学（集团）校长，不再担任深圳市松岗中学校长。
- 10月下旬，学校高分通过深圳市宝安区中小学书法教育示范评估。
- 11月，学校举办2020年秋季田径运动会。
- 11月，吴天德名师工作室揭牌。
- 11月27日，学校召开干部会议，深圳市宝安区教育局局长范燕塔宣布校长任命决定：肖扬昆担任松岗中学校长。深圳市宝安区区委常委、常务副区长蔡英权发表了讲话，程显友和肖扬昆分别发表了离职、任职感言。
- 12月，学校举办第二十届艺术节闭幕式。
- 12月，唐少玲名师工作室揭牌。